# DURCH STARTEN

# LATEIN

## ÜBUNGSBUCH LÖSUNGSHEFT

1. Lernjahr

1

VERITAS

**Nota bene:**
SUBSTANTIVA: Bei Einzelwörtern ist bei der Übersetzung des **Ablativs** aus Gründen der Übersichtlichkeit in der Regel nur die Variante des Mittelsablativs („mit") angeführt.
VERBA: Das lateinische **Perfekt** ist meist mit dem deutschen Präteritum wiedergegeben.
Das lateinische **Futur Exakt** ist meist mit dem deutschen Präsens oder Perfekt übersetzt.

### 1

| | | |
|---|---|---|
| **1.** puer: | 1. F. Sg. m. | „der Bub" |
| **2.** puellam: | 4. F. Sg. f. | „das Mädchen" |
| **3.** oculos: | 4. F. Pl. m. | „die Augen" |
| **4.** deae: | 2./3. F. Sg./1. F. Pl. f. | „der Göttin"/„die Göttinnen" |
| **5.** templorum: | 2. F. Pl. n. | „der Tempel" |
| **6.** aedificii: | 2. F. Sg. n. | „des Gebäudes" |
| **7.** pensis: | 3./6. F. Pl. n. | „(mit) den Aufgaben" |
| **8.** gladio: | 3./6. F. Sg. m. | „(mit) dem Schwert" |
| **9.** vita: | 1./6. F. Sg. f. | „das Leben" / „mit dem Leben" |
| **10.** amice: | 5. F. Sg. m. | „Freund!" |
| **11.** feminas: | 4. F. Pl. f. | „die Frauen" |
| **12.** gaudia: | 1./4. F. Pl. n. | „die Freuden" |
| **13.** spectaculum: | 1./4. F. Sg. n. | „das Schauspiel" |
| **14.** via: | 1./6. F. Sg. f. | „die Straße" / „auf der Straße" |
| **15.** statuarum | 2. F. Pl. f. | „der Statuen" |

### 2

**1.** 2. F. Sg. m., „des Auges" / 1. F. Pl. m., „die Augen"
**2.** 1. F. Sg. f., „die Sprache" / 6. F. Sg. f., „mit der Sprache"
**3.** 2. F. Sg. f., „der Freundin" / 3. F. Sg. f., „der Freundin" / 1. F. Pl. f., „die Freundinnen"
**4.** 2. F. Sg. n., „des Schauspiels"
**5.** 3. F. Sg. n., „dem Tempel" / 6. F. Sg. n., „mit dem Tempel"
**6.** 4. F. Sg. f., „die Göttin"
**7.** 1. F. Pl. n., „die Worte" / 4. F. Pl. n., „die Worte"
**8.** 4. F. Pl. f., „die Straßen"
**9.** 3. F. Pl. n., „den Aufgaben" / 6. F. Pl. n., „mit den Aufgaben"
**10.** 4. F. Sg. f., „die Menge"
**11.** 2. F. Sg. n., „der Freude"
**12.** 2. F. Pl. m., „der Schwerter"

### 3

**1.** amicus
**2.** magistri
**3.** discipulum
**4.** puellae / puellas
**5.** filiorum
**6.** verbo
**7.** amicis
**8.** gladii / gladios
**9.** spectaculum / spectaculum
**10.** viae / viae

### 4

**1.** superas: Verb
**2.** Romanum: Adjektiv
**3.** verbi: Neutrum
**4.** video: Verb
**5.** puella: feminin

### 5

**Sg.:**
**1.** puer, terra
**2.** puellae, templi
**3.** puellae, oculo
**4.** magistrum, viam
**5.** puer, terra
**6.** terra, oculo

**Pl.:**
**1.** puellae, pensa
**2.** deorum, copiarum
**3.** verbis, spectaculis
**4.** pensa, gladios
**5.** puellae, pensa
**6.** verbis, spectaculis

### 6

**maskulin:** nuntius, annus, liber, poeta, filius, puer, vir, magister, liberi
**feminin:** iniuria, vita, filia, aqua, femina, dea, magistra, statua, puella
**neutrum:** bellum, arma, consilium, castra, auxilia, spectaculum, pensum, exemplum, verbum

### 7

**1.** vitam (4. F. Sg.) ► (4. F. Pl.) vitas = „die Leben"
**2.** discipulum (4. F. Sg.) ► (4. F. Pl.) discipulos = „die Schüler"
**3.** terrae (2. F. Sg.) ► (2. F. Pl.) terrarum = „der Länder" / (3. F. Sg.) ► (3. F. Pl.) terris = „den Ländern"
**4.** oculi (2. F. Sg.) ► (2. F. Pl.) oculorum = „der Augen"
**5.** puero (3. F. Sg.) ► (3. F. Pl.) pueris = „den Buben"

### 8

**1.** amicae (1. F. Pl.) ► (1. F. Sg.) amica = „die Freundin"
**2.** viis (3. F. Pl.) ► (3. F. Sg.) viae = „der Straße" / (6. F. Pl.) ► (6. F. Sg.) via = „mit/auf der Straße"
**3.** gladiorum (2. F. Pl.) ► (2. F. Sg.) gladii = „des Schwertes"
**4.** verba (1. F. Pl.) ► (1. F. Sg.) verbum = „das Wort" / (4. F. Pl.) ► (4. F. Sg.) verbum = „das Wort"
**5.** magistros (4. F. Pl.) ► (4. F. Sg.) magistrum = „den Lehrer"

### 9

**1.** Quinte
**2.** Iulia
**3.** Iuli
**4.** Lydia
**5.** Alexander
**6.** Gai
**7.** amice
**8.** amica
**9.** fili
**10.** puer
**11.** Marce
**12.** Claudia
**13.** Luci

### 10

| | | |
|---|---|---|
| **1.** homo: | 1. F. Sg. m. | „der Mensch" |
| **2.** virginem: | 4. F. Sg. f. | „das Mädchen" |
| **3.** milites: | 1./4. F. Pl. m. | „die Soldaten" |
| **4.** corporis: | 2. F. Sg. n. | „des Körpers" |
| **5.** nominum: | 2. F. Pl. n. | „der Namen" |
| **6.** flumina: | 1./4. F. Pl. n. | „die Flüsse" |
| **7.** canibus: | 3./6. F. Pl. m. | „(mit) den Hunden" |
| **8.** honore: | 6. F. Sg. m. | „mit der Ehre" |
| **9.** hosti: | 3. F. Sg. m. | „dem Feind" |
| **10.** regum: | 2. F. Pl. m. | „der Könige" |

### 11

**1.** homini: 3. F. Sg. m., „dem Menschen"
**2.** patris: 2. F. Sg. m., „des Vaters"
**3.** voces: 1./4. F. Pl. f., „die Stimmen"
**4.** corporibus: 3./6. F. Pl. n., „(mit) den Körpern"
**5.** nomine: 6. F. Sg. n., „mit dem Namen"
**6.** imperatorum: 2. F. Pl. m., „der Feldherren"
**7.** flumina: 1./4. F. Pl. n., „die Flüsse"
**8.** reges: 1./4. F. Pl. m., „die Könige"
**9.** multitudini: 3. F. Sg. f., „der Menge"
**10.** montem: 4. F. Sg. m., „den Berg"

### 12

**1.** matribus
**2.** nominis
**3.** fratrem
**4.** regum
**5.** virtute
**6.** flumina
**7.** imperatoribus
**8.** canes
**9.** vocibus
**10.** homini
**11.** corpore
**12.** patrem
**13.** militis

### 13

**1.** uxoris ► uxorum = „der Ehefrauen"
**2.** facinora ► facinus = „die Untat"
**3.** virgini ► virginibus = „den Jungfrauen"
**4.** arte ► artibus = „den Künsten"
**5.** operum ► operis = „des Werks"
**6.** caput ► capita = „die Köpfe"
**7.** partibus ► parti = „dem Teil" / ► parte = „mit dem Teil"
**8.** mare ► maria = „die Meere"
**9.** hostes ► hostis = „der Feind" / ► hostem = „den Feind"
**10.** adulescentem ► adulescentes = „die jungen Männer"
**11.** nomine ► nominibus ► „mit den Namen"
**12.** homini ► hominibus ► „den Menschen"
**13.** flumen ► flumina ► „die Flüsse"
**14.** imperatorum ► imperatoris ► „des Feldherrn"

**14**

| a-Deklination | o-Deklination | 3. Deklination |
|---|---|---|
| prudentiae = der Klugheit | saxa = die Felsen | facinoribus = (mit) den Taten |
| naturam = die Natur | iusso = (mit) dem Befehl | sceleris = des Verbrechens |
| cenis = (mit) den Mählern | locis = (an) den Orten | arbores = die Bäume |
| insularum = der Inseln | tauros = die Stiere | morte = mit dem Tod |
| iniuria = (durch) das Unrecht | magistros = die Lehrer | rex = der König |
| curas = die Sorgen | filii = des Sohnes / die Söhne | monti = dem Berg |
| portae = der Tür / die Türen | liberi = die Kinder | hostes = die Feinde |

**15**

| Form | 1., 2. Fall, Geschlecht | Deklination | Fall, Zahl, Geschlecht | Übersetzung |
|---|---|---|---|---|
| pulchritudinis | pulchritudo, -inis f. | 3. Dekl. | 2. F. Sg. | „der Schönheit“ |
| horis | hora, -ae f. | a-Dekl. | 3./6. F. Pl. | „(mit) den Stunden“ |
| flumini | flumen, -inis n. | 3. Dekl. | 3. F. Sg. | „dem Fluss“ |
| populi | populus, -i m. | o-Dekl. | 2. F. Sg. / 1. F. Pl. | „des Volkes“/ „die Völker“ |
| bellum | bellum, -i n. | o-Dekl. | 1./4. F. Sg. | „der/den Krieg“ |
| militum | miles, -itis m. | 3. Dekl. | 2. F. Pl. | „der Soldaten“ |
| civitas | civitas, -atis f. | 3. Dekl. | 1. F. Sg. | „der Staat“ |
| terras | terra, -ae f. | a-Dekl. | 4. F. Pl. | „die Länder“ |
| homo | homo, -inis m. | 3. Dekl. | 1. F. Sg. | „der Mensch“ |
| templo | templum, -i n. | o-Dekl. | 3./6. F. Sg. | „(mit) dem Tempel“ |

**16**

1. libertas: 3. Dekl., 1. F. Sg.
2. auxilium: o-Dekl., 1./4. F. Sg.
3. honori: 3. Dekl., 3. F. Sg
4. fluminis: 3. Dekl., 2. F. Sg.
5. amice: o-Dekl., 5. F. Sg.
6. dicis: Verb
7. saepe: Adverb
8. voci: kein Vokativ
9. regum: kein Akkusativ
10. statua: kein 1./4. F. Pl. neutrum

**17**

| amicus/amica | Fall, Zahl, Geschlecht | homo |
|---|---|---|
| amicas | 4. F. Pl. f. | homines |
| amicorum | 2. F. Pl. m. | hominum |
| cum amico | 6. F. Sg. m. | cum homine |
| amici | 2. F. Sg. m.<br>1. F. Pl. m. | hominis<br>homines |
| amicis | 3. F. Pl. m./f. | hominibus |
| amicus | 1. F. Sg. m. | homo |
| amicae | 2. F. Sg. f.<br>3. F. Sg. f.<br>1. F. Pl. f. | hominis<br>homini<br>homines |
| amice | 5. F. Sg. m. | homo |
| cum amicis | 6. F. Pl. m./f. | cum hominibus |
| amico | 3. F. Sg. m. | homini |
| amocarum | 2. F. Pl. f. | hominum |

**18**

1. 4. F. Sg. f., „den Frieden“
2. 2. F. Pl. f., „der Städte“
3. 1./4. F. Sg. n., „das Tier“
4. 6. F. Sg. f., „mit der Stimme“
5. 4. F. Sg. f., „die Kraft“
6. 3. F. Sg. n., „dem Namen“
7. 1./4. F. Pl. n., „die Meere“
8. 2. F. Pl. m., „der Feinde“
9. 3./6. F. Sg. f., „(mit) dem Turm“
10. 3./6. F. Pl. f., „(mit) den Schiffen“
11. 1./4. F. Pl. n., „die Körper“
12. 1./2. F. Sg. f., „der Durst“ / „des Durstes“
13. 1./4. F. Pl. f. „die Teile“
14. 3. F. Sg. f. „dem Schiff“

**19**

| Mischdeklination | Kons. Deklination | o-Deklination |
|---|---|---|
| partium | hominum | consilium |
| hostium | imperatorum | bellum |
| navium | corporum | filium |
| urbium | fluminum | virorum |

**20**

| „Kraft", „Gewalt" | „Mann" |
|---|---|
| vires: 1./4. F. Pl. = „die Kräfte" | viros: 4. F. Pl. = „die Männer" |
| vis: 1. F. Sg. = „die Kraft" | viri: 2. F. Sg. / 1. F. Pl. = „des Mannes" / „die Männer" |
| viribus: 3./6. F. Pl. = „(mit) den Kräften" | viris: 3. F. Pl. = „den Männern" |
| vim: 4. F. Sg. = „die Kraft" | virum: 4. F. Sg. = „den Mann" |
| virium: 2. F. Pl. = „der Kräfte" | virorum: 2. F. Pl. = „der Männer" |
| vi: 6. F. Sg. = „mit der Kraft" | viro: 3. F. Sg. = „dem Mann" |

**21**

**1.** 6. F. Sg. m., „mit der Furcht"
**2.** 4. F. Sg. m., „den Tag"
**3.** 3. F. Sg. f., „der Hand"
**4.** 1. F. Pl. n., „die Hörner" / 4. F. Pl. n., „die Hörner"
**5.** 1. F. Sg. f., „die Hand" / 2. F. Sg. f., „der Hand" / 1. F. Pl. f., „die Hände" / 4. F. Pl. f., „die Hände"
**6.** 3. F. Pl. m., „den Fällen / 6. F. Pl. m., „mit den Fällen"
**7.** 1. F. Sg. f., „die Sache" / 1. F. Pl. f., „die Sachen" / 4. F. Pl. f., „die Sachen"
**8.** 4. F. Sg. m., „den Senat"
**9.** 6. F. Sg. f., „mit der Hoffnung"
**10.** 4. F. Sg. f., „die Treue"
**11.** 3. F. Pl. f., „den Händen" / 6. F. Pl. f., „mit den Händen"
**12.** 6. F. Sg. m., „mit dem Fall"
**13.** 4. F. Sg. f., „das Haus" / „nach Hause"
**14.** 2. F. Pl. f., „der Häuser"

**22**

**1.** manus
**2.** senatui
**3.** die
**4.** casus
**5.** meridie
**6.** spes / spem
**7.** metu
**8.** rei (2. + 3. F. Sg.)
**9.** domui
**10.** cornibus

**23**

**1.** manibus firmis: „(mit) den festen Händen"
**2.** spei parvae/-ae: „der kleinen Hoffnung"
**3.** exercitum magnum: „das große Heer"
**4.** res publica/-ae/-as: „der Staat" / „die Staaten"
**5.** rei bonae: „der guten Sache"
**6.** domus antiqua/-ae/-ae: „das alte Haus" / „des alten Hauses" / „die alten Häuser"
**7.** metu magno: „durch die große Furcht"
**8.** exercitus clarus/-i/-i/-os: „das berühmte Heer" / „des berühmten Heeres" / „die berühmten Heere" (1. + 4. F. Pl)
**9.** diem pulchrum: „den schönen Tag"
**10.** cornu longum/-o/-um/-o: „das lange Horn" / „dem langen Horn" / „das lange Horn" / „mit dem langen Horn"
**11.** manuum magnarum: „der großen Hände"
**12.** diebus longis: „(an) den langen Tagen"
**13.** domui parvae: „dem kleinen Haus"
**14.** re mala: „durch die schlechte Sache"
**15.** spei magnae/-ae: „der großen Hoffnung" (2. + 3. F. Sg.)

**24**

**1.** 4. F. Sg. m. ► dominum, feminam, bellum
**2.** 2. F. Sg. f. ► domini, feminae, belli /
**3.** 4. F. Pl. m. ► dominos, feminas, bella
**4.** 3./6. F. Sg. f. ► dominis, feminis, bellis
**5.** 2. F. Pl. f. ► dominorum, feminarum, bellorum
**6.** 6. F. Sg. m. ► domino, femina, bello
**7.** 4. F. Sg. m. ► dominum, feminam, bellum
**8.** 3. F. Sg. m. ► domino, feminae, bello
**9.** 1. F. Pl. f. ► domini, feminae, bella
**10.** 3./6. F. Pl. m. ► dominis, feminis, bellis
**11.** 1./4. F. Pl. n. ► domini/-os, feminae/-as, bella
**12.** 1. F. Sg. m. ► dominus, femina, bellum
**13.** 2. F. Pl. f. ► dominorum, feminarum, bellorum
**14.** 4. F. Pl. f. ► dominos, feminas, bella
**15.** 4. F. Sg. m. ► dominum, feminam, bellum
**16.** 2. F. Sg. f. ► domini, feminae, belli
**17.** 6. F. Sg. f. ► domino, femina, bello
**18.** 3. F. Sg. m. ► domino, feminae, bello

**25**

| | | | | | | | | |
|---|---|---|---|---|---|---|---|---|
| 1. | | | D | **I** | E | R | U | M |
| 2. | M | A | N | **U** | S | | | |
| 3. | | | S | **P** | E | M | | |
| 4. | | | S | **P** | E | | | |
| 5. | | R | E | **I** | | | | |
| 6. | | M | E | **T** | U | I | | |
| 7. | | | R | **E** | B | U | S | |
| 8. | | C | O | **R** | N | U | A | |

**26**

**-us:** o-Dekl. maskulin: 1. F. Sg.
u-Dekl.: 1./2. F. Sg., 1./4. F. Pl.

**-a:** a-Dekl.: 1./6. F. Sg.
o-Dekl. neutrum: 1./4. F. Pl.

**-i:** o-Dekl. maskulin: 2. F. Sg. / 1. F. Pl.
3. Dekl.: 3. F. Sg.

**-is:** a-/o-Dekl.: 3./6. F. Pl.
3. Dekl.: 2. F. Sg.

**-e:** o-Dekl. maskulin: 5. F. Sg.
3. Dekl.: 6. F. Sg.

**-es:** 3. Dekl.: 1./4. F. Pl.
e-Dekl.: 1. F. Sg., 1./4. F. Pl.

**27**

**1.** libri = die Bücher
**2.** regum = der Könige
**3.** agri = des Feldes
**4.** crucis = des Kreuzes
**5.** deis = den Göttern
**6.** consilia = die Beschlüsse
**7.** amice = Freund!
**8.** belli = des Krieges
**9.** morem = die Sitte
**10.** imperatori = dem Feldherrn
**11.** viribus = (mit) den Kräften
**12.** domus = das Haus
**13.** mare = das Meer
**14.** gladiorum = der Schwerter

**28**

| Form | Deklination | Fall, Zahl, Geschlecht | Übersetzung |
|---|---|---|---|
| pericula | o-Dekl. | 1./4. F. Pl. n. | „die Gefahren“ |
| insula | a-Dekl. | 1./6. F. Sg. f. | „die Insel“ / „mit der Insel“ |
| domine | o-Dekl. | 5. F. Sg. m. | „Herr!“ |
| sole | 3. Dekl. | 6. F. Sg. m. | „mit der Sonne“ |
| curae | a-Dekl. | 2./3. F. Sg. / 1. F. Pl. f. | „der Sorge“/ „die Sorgen“ |
| agri | o-Dekl. | 2. F. Sg. / 1. F. Pl. m. | „des Feldes“ / „die Felder“ |
| capiti | 3. Dekl. | 3. F. Sg. n. | „dem Kopf“ |
| amore | 3. Dekl. | 6. F. Sg. m. | „mit der Liebe“ |
| navium | 3. Dekl. | 2. F. Pl. f. | „der Schiffe“ |
| virgines | 3. Dekl. | 1./4. F. Pl. f. | „die Jungfrauen“ |
| gladiis | o-Dekl. | 3./6. F. Pl. m. | „(mit) den Schwertern“ |
| pacis | 3. Dekl. | 2. F. Sg. f. | „des Friedens“ |
| operis | 3. Dekl. | 2. F. Sg. n. | „des Werkes“ |
| rei | e-Dekl. | 2./3. F. Sg. f. | „der Sache“ |
| viro | o-Dekl. | 3. F. Sg. m. | „dem Mann“ |
| vires | 3. Dekl. | 1./4. F. Pl. f. | „die Kräfte“ |
| casus | u-Dekl. | 1./2. F. Sg. / 1./4. F. Pl. m. | „der Fall“ / „des Falles“ / „die Fälle“ |
| virtus | 3. Dekl. | 1. F. Sg. f. | „die Tapferkeit“ |
| auxilio | o-Dekl. | 3./6. F. Sg. n. | „(mit) der Hilfe“ |
| flumina | 3. Dekl. | 1./4. F. Pl. n. | „die Flüsse“ |
| liberi | o-Dekl. | 1. F. Pl. m. | „die Kinder“ |
| domui | u-Dekl. | 3. F. Sg. f. | „dem Haus“ |
| corpora | 3. Dekl. | 1./4. F. Pl. n. | „die Körper“ |

**29**

| | | | |
|---|---|---|---|
| **Sg. 1. F.** | vir clarus | puella pulchra | oppidum magnum |
| **2. F.** | viri clari | puellae pulchrae | oppidi magni |
| **3. F.** | viro claro | puellae pulchrae | oppido magno |
| **4. F.** | virum clarum | puellam pulchram | oppidum magnum |
| **5. F.** | vir clare | puella pulchra | oppidum magnum |
| **6. F.** | cum viro claro | cum puella pulchra | oppido magno |
| **Pl. 1. F.** | viri clari | puellae pulchrae | oppida magna |
| **2. F.** | virorum clarorum | puellarum pulchrarum | oppidorum magnorum |
| **3. F.** | viris claris | puellis pulchris | oppidis magnis |
| **4. F.** | viros claros | puellas pulchras | oppida magna |
| **5. F.** | viri clari | puellae pulchrae | oppida magna |
| **6. F.** | cum viris claris | cum puellis pulchris | oppidis magnis |

**30**

**1.** discipulum bonum
**2.** feminae iratae
**3.** aedificiis magnis
**4.** dei clari
**5.** terris alienis
**6.** gladio magno
**7.** libros novos
**8.** amice bone

**31**

**1.** 2. F. Pl. f., „der berühmten"
**2.** 2. F. Sg. m., „des guten" / 2. F. Sg. n., „des guten" / 1. F. Pl. m., „die guten"
**3.** 1. F. Sg. f., „die arme" / 6. F. Sg. f., „mit der armen" / 1. F. Pl. n., „die armen" / 4. F. Pl. n., „die armen"
**4.** 2. F. Sg. f., „der schlechten" / 3. F. Sg. f., „der schlechten" / 1. F. Pl. f., „die schlechten"
**5.** 1. F. Sg. n., „das neue" / 4. F. Sg. m., „den neuen" / 4. F. Sg. n., „das neue"
**6.** 4. F. Pl. m., „die zornigen"
**7.** 4. F. Sg. f., „die große"
**8.** 3. F. Sg. m. „dem kleinen" / 3. F. Sg. n. „dem kleinen" / 6. F. Sg. m. „mit dem kleinen" / 6. F. Sg .n. „mit dem kleinen"

**32**

**1.** magnum flumen: „der große Fluss" / „den großen Fluss"
magnum gladium: „das große Schwert"
magnum templum: „der große Tempel" / „den großen Tempel"
**2.** pulchra arte: „durch die schöne Kunst"
pulchra femina: „die schöne Frau"
pulchra oppida: „die schönen Städte"
pulchra virgo: „die schöne Jungfrau"
**3.** claris regnis: „(mit) den berühmten Königreichen"
claris viris: „den berühmten Männern"
**4.** parvi templi: „des kleinen Tempels"
parvi filii: „des kleinen Sohnes" / „die kleinen Söhne"
**5.** novae urbes: „die neuen Städte"
novae rei: „der neuen Sache"

**33**

**1.** vox pulchra: „die schöne Stimme"
**2.** imperatoris iusti: „des gerechten Feldherrn"
**3.** magistrorum iratorum: „der zornigen Lehrer"
**4.** dies pulcher: „der schöne Tag" / pulchri: „die schönen Tage" / pulchros: „die schönen Tage"
**5.** manu firma: „mit fester Hand"
**6.** templum antiquum: „der alte Tempel"/ „den alten Tempel"
**7.** urbes magnae: „die großen Städte" / magnas: „die großen Städte"
**8.** regi irato: „dem zornigen König"
**9.** flumen longum: „der lange Fluss" / „den langen Fluss"
**10.** hominum miserorum: „der armen Menschen"
**11.** mater mala: „die schlechte Mutter"
**12.** nave parva: „mit dem kleinen Schiff"
**13.** clamore magno: „mit lautem Geschrei"
**14.** mare altum: „das tiefe Meer"
**15.** milites laeti: „die frohen Soldaten" / laetos: „die frohen Soldaten"
**16.** regem clarum: „den berühmten König"

**34**

**1.** rebus malis: „den schlechten Sachen"
**2.** urbes antiquae: „die alten Städte"
**3.** manum parvam: „die kleine Hand"
**4.** patri irato: „dem zornigen Vater"
**5.** animal parvum: „das kleine Tier"
**6.** homines boni: „die guten Menschen"
**7.** montes altos: „die hohen Berge"
**8.** luce clara: „mit dem hellen Licht"

**35**

| **Sg. 1. F.** | **vir fortis** | **femina felix** | **pensum difficile** |
|---|---|---|---|
| **2. F.** | viri fortis | feminae felicis | pensi difficilis |
| **3. F.** | viro forti | feminae felici | penso difficili |
| **4. F.** | virum fortem | feminam felicem | pensum difficile |
| **5. F.** | vir fortis | femina felix | pensum difficile |
| **6. F.** | cum viro forti | cum femina felici | penso difficili |
| **Pl. 1. F.** | viri fortes | feminae felices | pensa difficilia |
| **2. F.** | virorum fortium | feminarum felicium | pensorum difficilium |
| **3. F.** | viris fortibus | feminis felicibus | pensis difficilibus |
| **4. F.** | viros fortes | feminas felices | pensa difficilia |
| **5. F.** | viri fortes | feminae felices | pensa difficilia |
| **6. F.** | cum viris fortibus | cum feminis felicibus | pensis difficilibus |

**36**

| | | | |
|---|---|---|---|
| **Sg. 1. F.** | fortis / crudele | **Pl. 1. F.** | acres / facilia |
| **2. F.** | fortis | **2. F.** | difficilium |
| **3. F.** | celeri | **3. F.** | prudentibus |
| **4. F.** | atrocem / crudele | **4. F.** | acres / facilia |
| **6. F.** | celeri | **6. F.** | prudentibus |

**37**

| | | maskulin | feminin | neutrum |
|---|---|---|---|---|
| prudens, -entis | **1. F. Sg.** | prudens | prudens | prudens |
| | **2. F. Sg.** | prudentis | prudentis | prudentis |
| felix, -icis | **1. F. Sg.** | felix | felix | felix |
| | **4. F. Sg.** | felicem | felicem | felix |
| facilis, -e | **1. F. Sg.** | facilis | facilis | facile |
| | **1. F. Pl.** | faciles | faciles | facilia |
| celer, -is, -e | **1. F. Sg.** | celer | celeris | celere |
| | **4. F. Pl.** | celeres | celeres | celeria |
| dives, -itis | **1. F. Sg.** | dives | dives | dives |
| | **2. F. Sg.** | divitis | divitis | divitis |

**38**

1. 4. F. Sg. f., „den schnellen Tod“
2. 2. F. Pl. m., „der ähnlichen Brüder“
3. 1./4. F. Pl. m., „die vornehmen Menschen“
4. 2. F. Sg. m., „des grausamen Diktators“
5. 3. F. Pl. m., „den tapferen jungen Männern“
6. 6. F. Sg. f., „mit der süßen Stimme“
7. 1./4. F. Sg. n. „die kurze Zeit“

**39**

1. 3. F. Sg. f., „der reichen Frau“
2. 1./4. F. Sg. n., „die leichte Aufgabe“
3. 1. F. Sg. m., „der kluge Lehrer“
4. 2. F. Sg. m., „des glücklichen Buben“
5. 3./6. F. Sg. m., „(mit) dem riesigen Pferd“
6. 4. F. Pl. m., „die tapferen Männer“
7. 2. F. Sg. f., „der grausamen Strafe“

**40**

1. morte atroci: „mit dem grässlichen Tod“
2. viri fortes: „die tapferen Männer“
3. tempus breve: „die kurze Zeit“
4. femina nobilis: „die vornehme Frau“
5. pensis difficilibus: „(mit) den schwierigen Aufgaben“

**41**

1. hominum fortium
2. filiarum felicium
3. liberis divitibus
4. pensa difficilia
5. litterae breves
6. viri nobilis
7. multis diebus
8. nave celeri
9. viri / viros prudentes

**42**

1. culpa acris: „die heftige Schuld“
2. facinore crudeli: „durch die grausame Untat“
3. pensa similia: „die ähnlichen Aufgaben“
4. liberis miseris: „den armen Kindern“
5. amici felicis: „des glücklichen Freundes“
6. filias prudentes: „die klugen Töchter“
7. poenae atroci: „der grässlichen Strafe“
8. discipulorum diligentium: „der sorgfältigen Schüler“
9. liberi celeres: „die schnellen Kinder“
10. feminam nobilem: „die vornehme Frau“
11. pensum difficile: „die schwierige Aufgabe“
12. viros fortes: „die tapferen Männer“

**43**

1. familiis divitibus: „den reichen Familien“
2. regum nobilium: „der vornehmen Könige“
3. consilium prudens: „der kluge Beschluss“ / „den klugen Beschluss“
4. spectaculi crudelis: „des grausamen Schauspiels“
5. canes celeres: „die schnellen Hunde“
6. voce dulci: „mit der süßen Stimme“
7. militem fortem: „den tapferen Soldaten“
8. pensa facilia: „die leichten Aufgaben“
9. hominis felicis: „des glücklichen Menschen“
10. vir acer: „der heftige Mann“

**44**

1. crudelis viri: „des grausamen Mannes“ / facinoris: „der grausamen Tat“
2. nobili regi: „dem vornehmen König“ / filiae: „der vornehmen Tochter“
3. fortes milites: „die tapferen Soldaten“ / filiae: „die tapferen Töchter“ / servos: „die tapferen Sklaven“
4. prudentium amicorum: „der klugen Freunde“ / imperatorum: „der klugen Feldherren“
5. felix dies: „der glückliche Tag“ / virgo: „die glückliche Jungfrau“ / taurus: „der glückliche Stier“
6. celerem virum: „den schnellen Mann“ / canem: „den schnellen Hund“

**45**

| | Positiv | Komparativ | Superlativ |
|---|---|---|---|
| **Sg. 1. F.** | vir fortis | vir fortior | vir fortissimus |
| **2. F.** | viri fortis | viri fortioris | viri fortissimi |
| **3. F.** | viro forti | viro fortiori | viro fortissimo |
| **4. F.** | virum fortem | virum fortiorem | virum fortissimum |
| **6. F.** | cum viro forti | cum viro fortiore | cum viro fortissimo |
| **Pl. 1. F.** | viri fortes | viri fortiores | viri fortissimi |
| **2. F.** | virorum fortium | virorum fortiorum | virorum fortissimorum |
| **3. F.** | viris fortibus | viris fortioribus | viris fortissimis |
| **4. F.** | viros fortes | viros fortiores | viros fortissimos |
| **6. F.** | cum viris fortibus | cum viris fortioribus | cum viris fortissimis |

**46**

| Positiv | Komparativ | Superlativ |
|---|---|---|
| fortis | atrocior | clarissimus |
| breve | prudentior | facillimum |
| celeris | crudelius | pulcherrima |
| varius | longius | latissimum |

**47**

| | | |
|---|---|---|
| **1.** | 1) die schönere Frau | 2) die ziemlich schöne Frau |
| **2.** | 1) die grausamsten Verbrechen | 2) die sehr grausamen Verbrechen |
| **3.** | 1) die schwerste Aufgabe | 2) die sehr schwere Aufgabe |
| **4.** | 1) des klügsten Königs | 2) des sehr klugen Königs |
| **5.** | 1) dem längeren Fluss | 2) dem ziemlich langen Fluss |
| **6.** | 1) den schlechtesten Menschen | 2 den sehr schlechten Menschen |
| **7.** | 1) auf dem höheren Berg | 2) auf dem ziemlich hohen Berg |
| **8.** | 1) den tapfersten Soldaten | 2) den sehr tapferen Soldaten |
| **9.** | 1) durch den grässlicheren Krieg | 2) durch den ziemlich grässlichen Krieg |

**48**

1. homo clarior: „der berühmtere Mensch“
2. amicae nobiliori: „der vornehmeren Freundin“
3. iter longius: „der längere Weg“ / „den längeren Weg“
4. urbibus pulchrioribus: „(mit) den schöneren Städten“
5. filiae prudentiores: „die klügeren Töchter“
6. litterarum breviorum: „des kürzeren Briefes“
7. aedificia altiora: „die höheren Gebäude“
8. milites fortiores: „die tapfereren Soldaten“

**49**

1. belli atrocissimi: „des grässlichsten Krieges“
2. amica novissima: „die neueste Freundin“
3. exemplorum difficillimorum: „der schwierigsten Beispiele“
4. pugna crudelissima: „durch den grausamsten Kampf“
5. periculis acerrimis: „(mit) den heftigsten Gefahren“
6. vocem pulcherrimam: „die schönste Stimme“
7. regi prudentissimo: „dem klügsten König“
8. pensi facillimi: „der leichtesten Aufgabe“

**50**

1. „der ärmste / sehr arme Schüler"
2. „des klügsten / sehr klugen Menschen"
3. „die längsten / sehr langen Flüsse"
4. „dem ehrenhaftesten / sehr ehrenhaften König"
5. „(mit) den schwierigsten / sehr schwierigen Sachen"
6. „die schönste / sehr schöne Göttin"
7. „die leichteste / sehr leichte Aufgabe"
8. „den grausamsten / sehr grausamen Feldherrn"
9. „der tapfersten / sehr tapferen Soldaten"
10. „der heftigste / sehr heftige Kampf" / „durch den heftigsten / sehr heftigen Kampf"

**51**

1. „der beste Schüler"
2. „die schlechteste Schülerin"
3. „der größere Tempel"
4. „die meisten Menschen"
5. „das kleinere Haus"
6. „mehr Wein"
7. „der größte Schmerz"
8. „das bessere Geschenk"
9. „der schlechtere Feldherr"
10. „die kleinste Gefahr"
11. „die meiste Zeit"

**52**

| Steigerungs-form | Komparativ oder Superlativ? | Grundstufe des Adjektivs | Übersetzung (der Steigerungsform!) |
|---|---|---|---|
| minor | Komparativ | parvus 3 | „der/die kleinere" |
| optima | Superlativ | bonus 3 | „die beste" |
| plus | Komparativ | multum | „mehr" |
| melius | Komparativ | bonus 3 | „das bessere" |
| plurimi | Superlativ | multi, -ae, -a | „die meisten" |
| maximum | Superlativ | magnus 3 | „das größte" |
| peior | Komparativ | malus 3 | „der/die schlechtere" |
| minima | Superlativ | parvus 3 | „die kleinste" |
| pessimus | Superlativ | malus 3 | „der schlechteste" |
| maius | Komparativ | magnus 3 | „das größere" |
| plures | Komparativ | multi, -ae, -a | „mehr" |

**53**

1. cena peior / cena pessima
2. plures liberi / plurimi liberi
3. liber melior / liber optimus
4. pars minor / pars minima
5. flumen maius / flumen maximum
6. plus aquae / plurimum aquae
7. amica melior / amica optima
8. magister peior / magister pessimus
9. puer minor / puer minimus
10. statua maior / statua maxima
11. plura pensa / plurima pensa
12. oppidum minus / oppidum minimum

**54**

1. „des größeren / sehr großen Heeres"
2. „der schöneren / ziemlich schönen Göttin"
3. „die klügeren / ziemlich klugen Männer"
4. „dem sorgfältigeren / ziemlich sorgfältigen Schüler"
5. „der kleinere / ziemlich kleine Tempel"
6. „(mit) den leichtesten / sehr leichten Aufgaben"
7. „die tapfereren / ziemlich tapferen Söhne"
8. „des reicheren / ziemlich reichen Freundes"
9. „mit größter / sehr großer Tapferkeit"
10. „der ältesten / sehr alten Stadt"
11. „die grässlichsten / sehr grässlichen Kriege"
12. „(mit) dem besten / sehr guten Beschluss"
13. „die schwierigsten / sehr schwierigen Sachen"
14. „die bessere / ziemlich gute Schülerin"

**55**

1. prudentior: „klüger"
2. optimus: „der Beste"
3. facillimum: „am leichtesten"
4. peius: „schlechter"
5. fortissimus: „der Tapferste"
6. pulchrior: „schöner"
7. minimus: „der Kleinste"
8. prudentissimus: „der Klügste"
9. maior: „größer"
10. fortior: „tapferer"
11. maximus: „der Größte"
12. plus: „mehr"

**56**

| Grundstufe | Komparativ | Superlativ |
|---|---|---|
| longus | longior | longissimus |
| clarus | clarior | clarissimus |
| pulcher | pulchrior | pulcherrimus |
| prudens | prudentior | prudentissimus |
| celer | celerior | celerrimus |
| acre | acrius | acerrimum |
| fortis | fortior | fortissimus |
| facilis | facilior | facillimus |
| bonus | melior | optimus |
| malus | peior | pessimus |
| multum | plus | plurimum |
| parvus | minor | minimus |
| multi | plures | plurimi |
| magnus | maior | maximus |

**57**

1. melius: Komparativ
2. minus: Komparativ
3. pulchriorum: Komparativ
4. committimus: Verb

**58**

1. grate = „dankbar", „angenehm"
2. certe = „sicher"
3. magnifice = „großartig"
4. longe = „lange"
5. misere = „elend"
6. pulchre = „schön"
7. alte = „hoch", „tief"
8. male = „schlecht"

**59**

1. fortiter = „tapfer"
2. acriter = „heftig"
3. atrociter = „schrecklich"
4. crudeliter = „grausam"
5. prudenter = „klug"
6. celeriter = „schnell"
7. feliciter = „glücklich"
8. breviter = „kurz"

**60**

1. breviter
2. clare
3. male
4. alte
5. feliciter
6. celeriter
7. varie
8. longe
9. prudenter
10. difficulter
11. bene
12. facile

**61**

1. **pulchra / pulchre** – Claudia ist ein schönes Mädchen, aber sie kann nicht schön singen.
2. **mali / facilia** – Der Lehrer sagt: „Gaius und Markus, ihr seid schlechte Schüler! Nicht einmal leichte Aufgaben könnt ihr machen!"
3. **altum / celeriter** – Die Kinder bestiegen einen hohen Berg, dann eilten sie schnell nach Hause.
4. **fortes / male** – Diese Soldaten sind nicht tapfer, daher kämpfen sie schlecht.
5. **prudens / fortiter** – Der kluge Feldherr kämpfte im Krieg tapfer.
6. **atroci / miseros** – Die Römer töteten in dem grässlichen Kampf viele Menschen.
7. **bonus / prudenter** – Augustus war ein guter Kaiser und herrschte lange klug.
8. **pulchra / parva** – Paris segelte mit der schönen Helena auf einem kleinen Schiff nach Troja.
9. **celeriter** – Daher versammelte Menelaos schnell ein Heer.
10. **altum** – Dann eilte er durch das tiefe Meer nach Troja.
11. **bene** – Diese Aufgabe hast du gut gemacht!
12. **difficile** – Diese Aufgabe ist nicht schwierig.
13. **facile** – Jenes Heer konnte leicht besiegt werden.
14. **clarissimus** – Dieser Mann ist ein sehr berühmter Redner.
15. **male** – In der Nacht schlafe ich immer schlecht.

**62**

| Adjektiv | Adverb | | |
|---|---|---|---|
| | Grundstufe | Komparativ | Superlativ |
| clarus 3 | clare | clarius | clarissime |
| fortis, -e | fortiter | fortius | fortissime |
| celer, -is, -e | celeriter | celerius | celerrime |
| altus 3 | alte | altius | altissime |
| atrox, -ocis | atrociter | atrocius | atrocissime |
| honestus 3 | honeste | honestius | honestissime |
| facilis, -e | facile | facilius | facillime |
| miser, -a, -um | misere | miserius | miserrime |
| gratus 3 | grate | gratius | gratissime |
| prudens, -ntis | prudenter | prudentius | prudentissime |
| bonus 3 | bene | melius | optime |
| malus 3 | male | peius | pessime |

**63**

1. am schlechtesten
2. heftig
3. am schönsten
4. schnell
5. am schwierigsten
6. tapferer
7. berühmter
8. weise
9. schlecht
10. leichter
11. am grässlichsten
12. klug
13. länger
14. am besten

**64**

1. **dulcissime** – Orpheus pflegte sehr lieblich zu singen.
2. **improbior** – Niemand war schlechter als Tantalus.
3. **prudentissimum** – Im trojanischen Krieg fasste Odysseus einen sehr klugen Plan.
4. **ingenti** – Polyphem verschloss die Höhle mit einem riesigen Stein.
5. **fortissime** – Sowohl die Griechen als auch die Trojaner kämpften sehr tapfer.
6. **melius** – Die Römer kämpften besser als die Gallier.
7. **facile** – Jupiter konnte Europa leicht mit sich führen.
8. **celeriter** – Paris segelte schnell mit Helena nach Troja.
9. **optimus** – Cicero war der beste römische Redner.

**65**

1. **prudenter / prudentius / prudentissime** – Augustus regierte klug / ziemlich klug / sehr klug.
2. **bonum / meliorem / optimum** – Daher hielten die Römer ihn für einen guten / ziemlich guten / sehr guten Kaiser.
3. **pulchram / pulchriorem / pulcherrimam** – Paris erblickte die schöne / ziemlich schöne / sehr schöne Helena.
4. **magno / maiore / maximo** – Sofort wurde er von großer / ziemlich großer / sehr großer Liebe ergriffen.
5. **celeriter / celerius / celerrime** – Daher fuhr er mit ihr schnell / ziemlich schnell / sehr schnell nach Troja.
6. **iratus / iratior / iratissimus** – Aus diesem Grund war Menelaos zornig / ziemlich zornig / sehr zornig.
7. **ingentem / ingentiorem / ingentissimum** – Mit seinem Bruder Agamemnon sammelte er ein riesiges / ziemlich riesiges / sehr riesiges Heer und segelte nach Troja.

**66**

| | | | | | | | | | | | |
|---|---|---|---|---|---|---|---|---|---|---|---|
| 1. | P | R | U | D | E | N | T | E | R | | |
| 2. | A | L | T | I | S | S | I | M | E | | |
| 3. | | I | M | P | R | O | B | E | | | |
| 4. | | | | | | B | E | N | E | | |
| 5. | | | | | A | C | R | I | U | S | |
| 6. | | C | E | L | E | R | I | T | E | R | |
| 7. | M | I | S | E | R | I | U | S | | | |
| 8. | | F | O | R | T | I | S | S | I | M | E |

**67**

1. mir
2. wir / uns
3. euch
4. dich
5. mit uns
6. sich
7. deiner
8. mich
9. ihr / euch
10. du
11. unser
12. von mir
13. sich
14. meiner
15. von euch
16. ich
17. mit sich
18. von uns

**68**

1. Der Lehrer ermahnt immer mich.
2. Gefällt dir die lateinische Sprache?
3. Julia betrachtet euch, Gaius und Quintus!
4. Wer von euch liebt Julia nicht?
5. Erschrecken die Buben dich oft, Julia?
6. Ist es uns erlaubt, nach Hause zu eilen?
7. Der Vater lobt uns oft.
8. Die lateinische Sprache erfreut mich.
9. Viele von uns lieben Rom.
10. Julius hat seine Aufgabe nicht bei sich.
11. Zeigt mir die römischen Tempel!
12. Wir erwarten euch schon lange!

**69**

1. **nobis** – Der Lehrer erzählt uns über die Schauspiele.
2. **vestrum** – Wer von euch liebt die lateinische Sprache nicht?
3. **te** – Die Eltern müssen dich oft ermahnen.
4. **secum /mihi** – Julia denkt bei sich: „Alexander gefällt mir sehr!"
5. **Vos** – Ihr müsst in die Schule eilen.
6. **me** – Gute Schüler erfreuen mich sehr.
7. **Nos/vobiscum** – Wir kommen gerne mit euch!
8. **tibi** – Ist es dir erlaubt, auf dem Forum spazieren zu gehen?
9. **nostrum** – Vielen von uns gefallen die römischen Tempel.
10. **vobis** – Ich eile ohne euch in die Schule.

**70**

| | Singular | | |
|---|---|---|---|
| 1. F. | amicus meus | amica mea | pensum meum |
| 2. F. | amici mei | amicae meae | pensi mei |
| 3. F. | amico meo | amicae meae | penso meo |
| 4. F. | amicum meum | amicam meam | pensum meum |
| 6. F. | cum amico meo | cum amica mea | penso meo |
| | **Plural** | | |
| 1. F. | amici mei | amicae meae | pensa mea |
| 2. F. | amicorum meorum | amicarum mearum | pensorum meorum |
| 3. F. | amicis meis | amicis meis | pensis meis |
| 4. F. | amicos meos | amicas meas | pensa mea |
| 6. F. | cum amicis meis | cum amicis meis | pensis meis |

**71**

1. unsere Kinder
2. mein Haus
3. deine Freundin
4. (mit) eurer Hilfe
5. meine Schuld / durch meine Schuld
6. durch unser Geschrei
7. deine Hunde
8. unserer Feinde
9. (mit) euren Schiffen
10. durch meine Tapferkeit

**72**

1. Ich mache eure Aufgaben nicht!
2. Wir laden dich und deinen Bruder ein.
3. Dein Freund gefällt mir nicht.
4. Wir haben unsere Aufgaben immer bei uns!
5. Deine Freundin liebt mich.
6. Wir haben die Feinde durch deine Tapferkeit und meine Truppen besiegt.
7. Wer von euch kommt mit mir auf das Forum?
8. Die Eltern erwarten euch vor dem Haus.
9. Paris führte Helena mit sich nach Troja.
10. Menelaos wollte seine Frau mit sich nach Hause führen.
11. Die Kinder fürchten euch!
12. Unser Lehrer ermahnt dich oft, aber mich lobt er immer.
13. Mein Freund segelte mit seiner Freundin nach Griechenland.
14. Warum kann euer Vater nicht bei uns sein?
15. Die Schauspiele erfreuen uns oft.

### 73

1. Romulus – Romulus tötet(e) seinen Bruder.
2. Troiani – Die Trojaner mussten in ihrer Heimat Krieg führen.
3. Helena – Helena verließ ihren Ehemann.
4. Galli – Die Gallier verteidigten ihre Städte.
5. Caesar – Cäsar wurde von seinen Freunden getötet.
6. Europa – Europa wurde von Jupiter aus ihrer Heimat nach Kreta geführt.
7. Daedalus – Dädalus floh mit seinem Sohn aus Kreta.
8. Ariadna – Ariadne half Theseus und nicht dem Minotaurus, ihrem Bruder.
9. Daedalus et Icarus – Dädalus und Ikarus verließen mit ihren Flügeln Kreta.
10. Mater bona – Eine gute Mutter liebt ihre Kinder.
11. Magistri – Lehrer loben ihre Schüler gerne.
12. Daedalus – Dädalus liebte seine Heimat sehr.

### 74

1. Barbaram – Quintus liebt Barbara und deren Schönheit.
2. Quintum – Barbara aber liebt nicht Quintus, sondern dessen Bruder.
3. Quinto – Barbara gefällt nicht nur Quintus, sondern auch dessen Bruder sehr.
4. Gaium – Claudia sieht auf dem Forum Gaius und dessen Freunde.
5. amico – Livia spaziert mit ihrem Freund und dessen Eltern durch die Stadt.
6. uxorem – Weder die neue Frau meines Vaters noch deren Kinder mag ich.
7. Hannibalem – Die Römer fürchteten Hannibal und dessen Soldaten sehr.
8. Orpheo – Pluton wurde von Orpheus und dessen sehr lieblicher Stimme bewegt.
9. Caesarem – Brutus konnte Cäsar und dessen Herrschaft nicht mehr ertragen.
10. Quintus – Sowohl Quintus als auch dessen Bruder sind sehr schlechte Schüler.
11. Achillem – Die Trojaner fürchteten Achilles und dessen Heer sehr.
12. Fratrem meum – Ich habe meinen Bruder und dessen Frau eingeladen.
13. Claudiae – Dieses Buch gehört nicht Claudia, sondern deren Freundin.
14. Iuliam – Der Lehrer muss Julia und deren Freundinnen oft ermahnen.
15. Quintum – Ich mag weder Quintus noch dessen Eltern.
16. Hunc puerum – Ich kann diesen Buben und dessen Geschrei nicht mehr ertragen.

### 75

**1.** suas, **2.** Vos, **3.** tuus, **4.** Ego, **5.** meus, **6.** te, **7.** nostram, **8.** eius, **9.** suam, **10.** Ego, **11.** te, **12.** tuus, **13.** meus, **14.** Ego, **15.** te, **16.** nostrum, **17.** nos, **18.** suae

Claudia mag Barbara und Julia, ihre Freundinnen, sehr. Oft sagt sie: „Ihr seid die besten Freundinnen!" Aber Claudia liebt auch Quintus, Julias Bruder. Nach der Schule erzählt Claudia Julia: „Dein Bruder ist schön! Ich liebe Quintus sehr!" Julia antwortet: „Arme Claudia – mein Bruder liebt nicht dich, sondern Barbara, unsere Freundin!" Claudia ist zornig und eilt zum Haus von Barbara und deren Eltern. Sie sieht ihre Freundin und ruft: „Ich liebe Quintus sehr! Aber Quintus liebt dich! Ist er dein Freund?" Barbara antwortet: „Quintus ist nicht mein Freund! Ich liebe Quintus nicht, sondern dich, die beste Freundin, mag ich! Keine von uns ist die Freundin von Quintus – aber wir sind gute Freundinnen!" Claudia lacht und dankt ihrer Freundin.

### 76

1. **te** – Der Lehrer ruft: „Dich muss ich immer ermahnen, Quintus!"
2. **mihi** – Mir gefallen die römischen Bauwerke sehr.
3. **tuo** – Ich habe schon viel von deinem Bruder gehört!
4. **mecum** – Wer kommt mit mir zum Tempel?
5. **nos** – Die Freunde haben uns eingeladen.
6. **nostrum** – Viele von uns lieben Schauspiele.
7. **vos** – Erfreuen die Schauspiele auch euch?
8. **nobis / tua** – Du erzählst uns oft über dein Leben.
9. **vestrae** – Eure Freundinnen sind schön.
10. **te** – Wo erwartet ihr mich, Freunde?

### 77

| | | | | |
|---|---|---|---|---|
| **Sg.** | **1.** | is / idem puer | ea / eadem puella | id / idem verbum |
| | **2.** | eius / eiusdem pueri | eius / eiusdem puellae | eius / eiusdem verbi |
| | **3.** | ei / eidem puero | ei / eidem puellae | ei / eidem verbo |
| | **4.** | eum / eundem puerum | eam / eandem puellam | id / idem verbum |
| | **6.** | cum eo / eodem puero | cum ea / eadem puella | eo / eodem verbo |
| **Pl.** | **1.** | ii / iidem pueri | eae / eaedem puellae | ea / eadem verba |
| | **2.** | eorum / eorundem puerorum | earum / earundem puellarum | eorum / eorundem verborum |
| | **3.** | iis / iisdem pueris | iis / iisdem puellis | iis / iisdem verbis |
| | **4.** | eos / eosdem pueros | eas / easdem puellas | ea / eadem verba |
| | **6.** | cum iis / iisdem pueris | cum iis / iisdem puellis | iis / iisdem verbis |

### 78

1. dieselbe Küste
2. diese Befehle
3. mit dieser Schönheit
4. demselben Stier
5. diese Könige
6. dieselbe Insel
7. diese Körper
8. diese Berge
9. derselben Jungfrau
10. derselben Feinde

**79**

1. eiusdem: „desselben"
2. iidem: „dieselben"
3. easdem: „dieselben"
4. eundem: „denselben"
5. idem: „dasselbe"
6. ea: „diese"
7. eorum: „deren"
8. iis: „diesen"
9. ei: „diesem" / „dieser"
10. eam: „diese"

**80**

| | | | |
|---|---|---|---|
| Sg. | 1. | ea | idem |
| | 2. | eius | eiusdem |
| | 3. | ei | eidem |
| | 4. | eum | idem |
| | 6. | ea | eodem |
| Pl. | 1. | ea | iidem |
| | 2. | earum | eorundem |
| | 3. | iis | iisdem |
| | 4. | ea | eosdem |
| | 6. | iis | iisdem |

**81**

| | | | | |
|---|---|---|---|---|
| Sg. | 1. | rex ipse | illa navis | hoc verbum |
| | 2. | regis ipsius | illius navis | huius verbi |
| | 3. | regi ipsi | illi navi | huic verbo |
| | 4. | regem ipsum | illam navem | hoc verbum |
| | 6. | cum rege ipso | illa nave | hoc verbo |
| Pl. | 1. | reges ipsi | illae naves | haec verba |
| | 2. | regum ipsorum | illarum navium | horum verborum |
| | 3. | regibus ipsis | illis navibus | his verbis |
| | 4. | reges ipsos | illas naves | haec verba |
| | 6. | cum regibus ipsis | illis navibus | his verbis |

**82**

1. (mit) diesen Teilen
2. jene Türen
3. durch jene Tapferkeit
4. der Soldat selbst
5. den Hund selbst
6. dieser/n Fluss
7. jenes Sohnes
8. der Kinder selbst
9. in diesem Jahr
10. die Brüder selbst

**83**

1. Lucretia se **ipsam** gladio occidit. – Lukrezia tötete sich selbst mit dem Schwert.
2. **Illi** homines semper consilia bona capiunt. – Jene Menschen fassen immer gute Beschlüsse.
3. Gaius et Lucius **illam** puellam amant. – Gaius und Lucius lieben jenes Mädchen.
4. **Hic** imperator cum **his** militibus Hannibalem superavit. – Dieser Feldherr besiegte mit diesen Soldaten Hannibal.
5. Non **hac** nave, sed **illa** nave Cretam petimus. – Nicht mit diesem (Schiff), sondern mit jenem Schiff suchen wir Kreta auf (= reisen wir nach Kreta).
6. **Hae** feminae ad templum Iovis **ipsius** contendunt. – Diese Frauen eilen zum Tempel des Jupiter selbst.
7. **Illud** bellum crudelissimum est. – Jener Krieg ist der grausamste/sehr grausam.
8. **Huic** viro decem naves sunt. – Dieser Mann hat zehn Schiffe.

**84**

1. die Menschen selbst
2. dieselben Menschen
3. des Gottes selbst
4. den Sklaven selbst
5. demselben Volk
6. dieselben Geschenke
7. idem amicus
8. amicus ipse
9. filiarum ipsarum
10. eadem aedificia
11. eodem anno
12. servum ipsum

**85**

1. diese Insel
2. diese Befehle
3. an derselben Küste
4. jenes Stieres
5. die Jungfrauen selbst
6. desselben Ortes
7. diese Städte
8. mit diesem Schiff
9. jener Kämpfe
10. derselbe Name / denselben Namen
11. in jener Nacht
12. dem Soldaten selbst

**86**

1. **eadem** vox: „dieselbe Stimme"
2. **illius** fluminis: „jenes Flusses"
3. **haec** castra: „diese(s) Lager"
4. **ipsam** familiam: „die Familie selbst"
5. **eas** horas: „diese Stunden"
6. **illud** templum: „jener/n Tempel"
7. **ii** populi: „diese Völker"
8. **hos** filios: „diese Söhne"
9. **huic** vitae: „diesem Leben"
10. **iisdem** gladiis: „(mit) denselben Schwertern"

**87**

1. haec puella: „dieses Mädchen" / haec bella: „diese Kriege" / haec uxor: „diese Ehefrau"
2. ea nave: „mit diesem Schiff" / ea femina: „diese Frau" / ea oppida: „diese Städte" / ea virgo: „diese Jungfrau"
3. illis viris: „jenen Männern" / hominibus: „jenen Menschen"
4. idem flumen: „derselbe Fluss" / idem servus: „derselbe Sklave"
5. eius terrae: „dieses Landes" / eius nominis: „dieses Namens" / eius magistri: „dieses Lehrers"
6. ipsi regi: „dem König selbst" / ipsi militi: „dem Soldaten selbst"

**88**

1. eius / huius magistri
2. illi puellae / virgini
3. eundem discipulum
4. ea / haec templa
5. milites ipsi
6. eadem aedificia
7. illa voce
8. earum / harum statuarum
9. eadem via
10. hostibus ipsis
11. illis feminis
12. magistri eiusdem
13. ille gladius
14. huic / ei hosti
15. illo bello
16. discipulum ipsum
17. eidem discipulae
18. hoc / id gaudium
19. deos ipsos
20. illud aedificium

**89**

1. Wer kommt?
2. Wen betrachtet ihr?
3. Wem gefällt meine Tochter?
4. Von wem bekommst du ein Geschenk?
5. Was macht ihr?
6. Wessen Hund ist das?
7. Wer lehrt die lateinische Sprache?
8. Wem gehört dieses Buch?
9. Mit wem spazierst du auf dem Forum?
10. Was gefällt dir am besten?

**90**

1. **Quem** – Wen ließ Theseus auf der Insel zurück?
2. **Quis** – Wer war der Bruder des Romulus?
3. **Quid** – Was denkt Julia bei sich?
4. **Cuius** – Wessen Tochter war Ariadne?
5. **Cui** – Wem gefiel das Geschenk der Venus am meisten?
6. **Quis** – Wer war die Frau des Menelaos?
7. **Cuius** – Wessen Ehemann war Odysseus?
8. **Quem** – Wen fürchten die Römer am meisten?
9. **Quid** – Was machte Hannibal mit den Elefanten?
10. **Cum quo** – Mit wem kam Theseus nach Kreta?

**91**

1. **Quis** – Wer liebt Markus?
2. **Quem** – Wen liebt Markus?
3. **Cui** – Wem gefällt dieses Mädchen nicht?
4. **Cui** – Wem gibt Claudia ein Geschenk?
5. **Quis** – Wer war der erste König der Römer?
6. **Quem** – Wen fürchteten die Gallier sehr?
7. **Cuius/ Cui** – Wessen Buch ist das? / Wem gehört das Buch?
8. **Quis** – Wer von euch kommt mit mir?

**92**

1. Welcher Freund kommt?
2. Welchen Lehrer erwartet ihr?
3. Welchem Buben gefällt meine Tochter?
4. In welcher Nacht hast du vor zu flüchten?
5. Die Tochter welcher Frau ist das?
6. Die Bücher welcher Dichter lesen/ lasen wir?
7. Welches Mädchen liebst du?
8. Welches Geschenk gebt ihr mir?
9. Über welchen berühmten Mann liest du?
10. Welche Aufgabe musst du machen?

**93**

1. **Quam** – Welches Mädchen ließ Theseus auf einer Insel zurück?
2. **Quae** – Welche Aufgaben musst du machen?
3. **Quod** – Welche Stadt zerstörten die Griechen?
4. **Cui** – Welchem Feldherrn gefiel Kleopatra sehr?
5. **Quas** – Welche Statuen zeigst du den griechischen Freunden?
6. **Quos** – Welche Freunde erwartest du?
7. **Quae** – Welche Frau wartete lange auf Odysseus?
8. **Qui** – Welcher kluge Mann führte die Elefanten über die Alpen?
9. **Quibus** – Mit welchen Schiffen segelten die Griechen nach Troja?
10. **Quem** – Welchen griechischen Mann tötete Hektor?
11. **quo** – Mit welchem Buben spaziert Claudia durch die Straßen?
12. **Qui** – Welche Brüder erbauten Rom?

**94**

1. **Quod** – Welches Ungeheuer tötete Theseus?
2. **Cui** – Welchem Buben gefällt Julia sehr?
3. **Quos** – Welche Bücher lest ihr gerne?
4. De **quibus** – Über welche berühmten Römer habt ihr schon gelesen?
5. **Quas** – Welche Frauen liebte Cäsar?
6. **Quae** – Welche Tempel hast du gesehen?
7. **Qua** – In welcher Stunde eilst du in die Schule?
8. **Quas** – Welche Mädchen ermahnt der Lehrer?
9. **Qui** – Welcher Mann führte Helena mit sich nach Troja?
10. **Cui** – Welchem Mädchen gefällt Gaius nicht?
11. **Cui** – Welchem Schüler gehört dieses Buch?
12. **Quibus** – Mit welchen Waffen kämpften die römischen Soldaten?
13. **Quae** – Welches Mädchen ist die beste Schülerin?
14. **Quem** – Welches Buch lest ihr in der Schule?

**95**

1. quod: das
2. cuius: dessen / deren
3. cui: dem / der
4. quem: den
5. quo: mit dem
6. quorum: deren
7. quibus: (mit) denen
8. quas: die

**96**

1. 2. F. Sg. m./f./n. „dessen“ / „deren“
2. 1. F. Sg. m. / 1. F. Pl. m. „der“ / „die“
3. 3./6. F. Pl. m./f./n. „(mit) denen“
4. 1. F. Sg. f. / 1. F. Pl. f. / 1./4. F. Pl. n. „die“
5. 1./4. F. Sg. n. „das“
6. 6. F. Sg. f. „mit der“
7. 2. F. Pl. f. „deren“
8. 3. F. Sg. m./f./n. „dem“ / „der“
9. 6. F. Sg. m./n. „mit dem“
10. 4. F. Pl. m. „die“

**97**

1. quem: vir, virum
2. quod: nomine
3. cui: amici, hominis, familia
4. qui: clamorem, servus
5. quibus: terrae, populos
6. quas: puellae
7. quorum: annos, gaudia
8. quae: terrae, spectacula, discipulam

**98**

1. Puella, quam – Das Mädchen, das du siehst, ist meine Freundin.
2. Magistrum, qui – Den Lehrer, der eintritt, lieben wir sehr.
3. Poetam, cuius – Den Dichter, dessen Bücher wir lesen, lieben wir nicht.
4. Quintum, cui – Barbara erwartet Quintus, dem Julia gefällt.
5. Gaius et Quintus, qui – Gaius und Quintus, die niemals Aufgaben machen, sind schlechte Schüler.
6. Puer, quocum – Der Bub, mit dem Livia auf dem Forum spazieren geht, ist mein Bruder.
7. Templa, quae – Die Tempel, die wir betrachten, sind schön.
8. puellas, quae – Der Lehrer ermahnt die Mädchen, die oft lachen.
9. Iulia et Quintus, qui – Julia und Quintus, die auf dem Forum spazieren gehen, sind gute Freunde.
10. Vir, cuius – Der Mann, dessen Tochter Barbara ist, ist Lateinlehrer.
11. Iulia, quam – Quintus pflegt mit Julia, die er sehr liebt, spazieren zu gehen.
12. milites, qui – Der Feldherr lobte die Soldaten, die tapfer gekämpft hatten.
13. Amicus meus, cui – Mein Freund, der fünf Brüder hat, ist niemals alleine.
14. Pueri, quos – Die Buben, die der Lehrer oft ermahnt, sind schlechte Schüler.

**99**

| | | | | |
|---|---|---|---|---|
| 1. quam: | 1) „die“/ „welche“<br>4) „möglichst“ | 2) „als“ | 3) „wie“ | |
| 2. quod: | 1) „das“ / „welches“ | 2) „weil“ | 3) „dass“ | |
| 3. quo: | 1) „mit dem“ | 2) „wohin“ | | |
| 4. cuius: | 1) „dessen“/„deren“ / „welches/-r“ | | 2) „wessen“ | |
| 5. cui: | 1) „dem“ / „welchem“ | 2) „wem“ | | |
| 6. quem: | 1) „den“ / „welchen“ | 2) „wen“ | | |

**100**

1. (Dem) Quintus gefällt Julia sehr. Diese pflegt mit Markus über das Forum zu spazieren.
2. Mit den griechischen Freunden habe ich am Vormittag viele römische Tempel besichtigt. Diese haben mich am Nachmittag zu einem Mahl eingeladen.
3. Menelaos liebte Helena sehr. Diese Ehefrau gefiel auch vielen anderen Männern.
4. Cäsar besiegte in vielen Schlachten die Gallier. Dessen Sieg wurde in Rom sehr viele Tage lang gefeiert.
5. Hannibal kam mit Elefanten vor die Tore Roms. Durch diese Sache wurden viele Römer erschreckt.
6. Minos, der König von Kreta, befahl Dädalus ein Labyrinth zu bauen. In dieses Labyrinth wurde später der Minotaurus geschickt.
7. Theseus segelte mit einigen Kindern nach Kreta. Auf dieser Insel wohnte Minotaurus, der den Kopf eines Stieres und den Körper eines Menschen hatte.
8. Cicero, ein sehr berühmter Redner, schrieb auch viele Bücher. In diesen Büchern lobt er oft sich selbst.
9. Sicher habt ihr schon von Lucretia gehört. Diese Frau war nicht nur sehr schön, sondern auch sehr tapfer.
10. Orpheus pflegte sehr schön zu singen. Dessen Lieder erfreuten sowohl die Menschen als auch die Tiere.
11. Hast du Claudia, die neue Freundin von Alexander, gesehen? Dieses Mädchen ist sehr schön!
12. In der Schule betrachtet Quintus Julia. Während er dies tut, wird er vom Lehrer gefragt und kann nicht antworten.

**101**

1. Welches Mädchen liebt Quintus? – **Fragepronomen**
2. Quintus liebt Julia, die er für das schönste aller Mädchen hält. – **Relativpronomen**
3. Die, die Julia das schönste aller Mädchen nennen, haben Claudia noch nicht gesehen. – **Relativpronomen**
4. Claudia ist die neue Freundin von Lucius. Dieses Mädchen gefällt den meisten Buben. – **Relativer Anschluss**

5. Welches Mädchen ist schöner, Julia oder Claudia? – **Fragepronomen**
6. Über diese Sache streiten viele Buben. – **Relativer Anschluss**
7. In der Schule gibt es auch Buben, die Claudia und Julia lieben. – **Relativpronomen**
8. Dies gefällt den anderen Mädchen nicht. – **Relativer Anschluss**
9. Diese wollen auch von den Buben geliebt werden. – **Relativer Anschluss**
10. Aber welche Buben lieben weder Claudia noch Julia? – **Fragepronomen**
11. Es gibt keinen Buben, dem weder Claudia noch Julia gefällt. – **Relativpronomen**

## 102

| | ***quidam, quaedam, quoddam* = „ein (gewisser)"; Plural: „einige"** | | |
|---|---|---|---|
| | **m.** | **f.** | **n.** |
| **Sg. 1. F.** | quidam | quaedam | quoddam |
| **2. F.** | cuiusdam | cuiusdam | cuiusdam |
| **3. F.** | cuidam | cuidam | cuidam |
| **4. F.** | quendam | quandam | quoddam |
| **6. F.** | quodam | quadam | quodam |
| **Pl. 1. F.** | quidam | quaedam | quaedam |
| **2. F.** | quorundam | quarundam | quorundam |
| **3. F.** | quibusdam | quibusdam | quibusdam |
| **4. F.** | quosdam | quasdam | quaedam |
| **6. F.** | quibusdam | quibusdam | quibusdam |

## 103

| ***aliquis, aliquid* = „irgendjemand", „irgendetwas" (substantivisch)** | |
|---|---|
| **m. + f.** | **n.** |
| aliquis | aliquid |
| alicuius | – |
| alicui | – |
| aliquem | aliquid |
| cum aliquo | – |

| | ***aliqui, aliqua, aliquod* = „irgendein (-e, -es)" (adjektivisch)** | | |
|---|---|---|---|
| | **m.** | **f.** | **n.** |
| **Sg.** | aliqui | aliqua | aliquod |
| | alicuius | alicuius | alicuius |
| | alicui | alicui | alicui |
| | aliquem | aliquam | aliquod |
| | aliquo | aliqua | aliquo |
| **Pl.** | aliqui | aliquae | aliqua |
| | aliquorum | aliquarum | aliquorum |
| | aliquibus | aliquibus | aliquibus |
| | aliquos | aliquas | aliqua |
| | aliquibus | aliquibus | aliquibus |

## 104

| | ***quicumque, quaecumque, quodcumque* = „jeder, der", „wer auch immer"** | | |
|---|---|---|---|
| | **m.** | **f.** | **n.** |
| **Sg.** | quicumque | quaecumque | quodcumque |
| | cuiuscumque | cuiuscumque | cuiuscumque |
| | cuicumque | cuicumque | cuicumque |
| | quemcumque | quamcumque | quodcumque |
| | quocumque | quacumque | quocumque |
| **Pl.** | quicumque | quaecumque | quaecumque |
| | quorumcumque | quarumcumque | quorumcumque |
| | quibuscumque | quibuscumque | quibuscumque |
| | quoscumque | quascumque | quaecumque |
| | quibuscumque | quibuscumque | quibuscumque |

## 105

1. irgendwelche Mädchen
2. ein gewisses Gebäude
3. welche Straßen auch immer
4. irgendwen
5. irgendeiner Frau
6. ein gewisses Schwert
7. irgendeinen Mann
8. welche Könige auch immer
9. einige Kinder
10. die Kinder freilich
11. irgendetwas
12. zu irgendeiner Zeit
13. einiger Götter
14. welche Kriege auch immer
15. irgendein(en) Beschluss
16. einem gewissen Volk

## 106

1. einige Männer arbeiten
2. die Männer arbeiten freilich
3. nicht einmal die Männer arbeiten
4. irgendwelche Männer arbeiten
5. irgendjemand arbeitet
6. wenn irgendwelche Männer arbeiten
7. wenn irgendjemand arbeitet
8. Welche Männer arbeiten?
9. Wer arbeitet?
10. Was arbeiten sie?
11. alle Männer, die arbeiten
12. weil die Männer arbeiten
13. auch die Männer arbeiten
14. obwohl die Männer arbeiten
15. fünf Männer arbeiten
16. Wie arbeiten die Männer?

## 107

| | **m.** | **f.** | **n.** |
|---|---|---|---|
| **Sg. 1. F.** | solus | sola | solum |
| **2. F.** | solius | solius | solius |
| **3. F.** | soli | soli | soli |
| **4. F.** | solum | solam | solum |
| **6. F.** | solo | sola | solo |
| **Pl. 1. F.** | soli | solae | sola |
| **2. F.** | solorum | solarum | solorum |
| **3. F.** | solis | solis | solis |
| **4. F.** | solos | solas | sola |
| **6. F.** | solis | solis | solis |

## 108

1. irgendeines Berges
2. keiner von beiden Königen
3. mit dem ganzen Körper
4. eine Jungfrau
5. dem anderen Bruder
6. an keinem Ort
7. jeder/-n von beiden Tempeln
8. der anderen Tochter
9. keiner Schülerin
10. des einzigen Sohnes
11. irgendeinen Sklaven
12. mit jeder von beiden Freundinnen

## 109

1. nullus vir – kein Mann
2. totius urbis – der ganzen Stadt
3. uni virgini – der einen Jungfrau
4. alii homines – die anderen Menschen
5. utraque uxor – jede von beiden Ehefrauen
6. ullo anno – in irgendeinem Jahr
7. aliud flumen – der andere Fluss
8. solam filiam – die einzige Tochter

## 110

1. Julia ist Claudias einzige Freundin.
2. Die Griechen zerstörten die ganze Stadt der Trojaner.
3. Das irgendeinem Menschen zu erzählen ist dir nicht erlaubt!
4. Markus will nicht mit irgendeinem Mädchen, sondern mit Livia zu den Schauspielen gehen.
5. Die Feinde wurden durch die Tapferkeit eines (einzigen) Mannes besiegt.
6. Keiner von beiden Konsuln hatte vor Krieg zu führen.
7. Gaius lud jede von beiden Freundinnen zum Mahl ein.
8. Barbara liebt Quintus alleine und sieht andere Buben nicht an.
9. Cäsar besiegte mit Hilfe des ganzen römischen Heeres die Gallier.
10. Keine Frau war schöner als Helena.

## 111

| | | | |
|---|---|---|---|
| I | unus / primus | VII | septem / septimus |
| II | duo / secundus | VIII | octo / octavus |
| III | tres / tertius | IX | novem / nonus |
| IV | quattuor / quartus | X | decem / decimus |
| V | quinque / quintus | C | centum / centesimus |
| VI | sex / sextus | M | mille / millesimus |

**112**

| | | | |
|---|---|---|---|
| 6: | sex / sextus | 9: | novem / nonus |
| 10: | decem / decimus | 1000: | mille / millesimus |
| 1: | unus / primus | 8: | octo / octavus |
| 3: | tres / tertius | 2: | duo / secundus |
| 100: | centum / centesimus | 7: | septem / septimus |
| 5: | quinque / quintus | 4: | quattuor / quartus |

**113**

1. quinque 2 + 3 = 5
2. decem 2 + 8 = 10
3. septem 1 + 6 = 7
4. novem 5 + 4 = 9
5. novem 1 + 3 + 5 = 9

**114**

1. zur vierten Stunde
2. vier Stunden
3. im achten Jahr
4. acht Jahre
5. am zehnten Tag
6. zehn Tage
7. der erste Sohn
8. ein Sohn
9. anno tertio
10. tres annos
11. hora nona
12. novem horas
13. die sexto
14. sex dies
15. filia secunda
16. duae filiae

**115**

1. zwei Brüder
2. fünf Stunden
3. der erste König
4. zehn Freunden
5. in der dritten Stunde
6. (mit) drei Schwertern
7. des einen Mädchens
8. die zweite Ehefrau
9. hundert Soldaten
10. in der fünften Stunde
11. fünf Stunden
12. der zehnte Sohn
13. tausend Menschen
14. der drei Brüder

**116**

1. **duos** – Markus hat zwei Brüder.
2. **tres** / **unam** / **quattuor** – Der Vater von Markus hat drei Söhne und eine Tochter – daher hat er vier Kinder.
3. **primus** / **secundus** / **tertius** – Gaius ist der erste Sohn, Markus der zweite Sohn und Lucius der dritte Sohn.
4. **quarta** / **decima** – Die Buben kommen immer zur vierten Stunde in die Schule und eilen in der zehnten Stunde nach Hause.
5. **tres** / **quinque** – Die Buben gehen gerne mit drei Freunden auf das Forum, wo sie fünf Mädchen betrachten.

**117**

1. laudo: 1. P. Sg.
2. interrogant: 3. P. Pl.
3. laboratis: 2. P. Pl.
4. rides: 2. P. Sg.
5. gaudemus: 1. P. Pl.
6. clamat: 3. P. Sg.
7. sedemus: 1. P. Pl.
8. respondet: 3. P. Sg.

**118**

1. 1. P. Pl. „wir betrachten"
2. 3. Pl. Pl. „sie ermahnen"
3. 2. Pl. Pl. „ihr habt"
4. 2. P. Sg. „du liebst"
5. 3. P. Pl. „sie erwarten"
6. 1. P. Sg. „ich denke"
7. 2. P. Pl. „ihr seht"
8. 2. P. Sg. „du spazierst"
9. 3. P. Sg. „er/sie/es zeigt"
10. 1. P. Pl. „wir treten ein"

**119**

1. spectas (2. P. Sg.) ► spectatis (2. P. Pl.) = „ihr betrachtet"
2. clamant (3. P. Pl.) ► clamat (3. P. Sg.) = „er/sie/es ruft"
3. interrogamus (1. P. Pl.) ► interrogo (1. P. Sg.) = „ich frage"
4. video (1. P. Sg.) ► videmus (1. P. Pl.) = „wir sehen"
5. monstratis (2. P. Pl.) ► monstras (2. P. Sg.) = „du zeigst"
6. sedet (3. P. Sg.) ► sedent (3. P. Pl.) = „sie sitzen"
7. rides (2. P. Sg.) ► ridetis (2. P. Pl.) = „ihr lacht"
8. amo (1. P. Sg.) ► amamus (1. P. Pl.) = „wir lieben"
9. habet (3. P. Sg.) ► habent (3. P. Pl.) = „sie haben"
10. monetis (2. P. Pl.) ► mones (2. P. Sg.) = „du ermahnst"

**120**

1. spectant
2. cogitat
3. interrogo
4. mones
5. dicit
6. capitis
7. legimus
8. regno
9. donas
10. terreo
11. manetis
12. contendis
13. maneo
14. superatis / vincitis
15. necas
16. pugnat

**121**

1. amo, -as, -are a-Konjugation
2. tolero, -as, -are a-Konjugation
3. regno, -as, -are a-Konjugation
4. dico, -is, -ere konsonantische Konjugation
5. sedeo, -es, -ere e-Konjugation
6. rapio, -is, -ere Misch-Konjugation
7. mitto, -is, -ere konsonantische Konjugation
8. paro, -as, -are a-Konjugation
9. venio, -is, -ire i-Konjugation
10. facio, -is, -ere Misch-Konjugation
11. gero, -is, -ere konsonantische Konjugation
12. placeo, -es, -ere e-Konjugation
13. neco, -as, -are a-Konjugation
14. pugno, -as, -are a-Konjugation
15. relinquo, -is, -ere konsonantische Konjugation
16. capio, -is, -ere Misch-Konjugation
17. intellego, -is, -ere konsonantische Konjugation
18. reddo, -is, -ere konsonantische Konjugation
19. sto, stas, stare a-Konjugation
20. punio, -is, -ire i-Konjugation
21. neglego, -is, -ere konsonantische Konjugation
22. solvo, -is, -ere konsonantische Konjugation
23. cado, -is, -ere konsonantische Konjugation
24. peto, -is, -ere konsonantische Konjugation
25. pareo, -es, -ere e-Konjugation
26. invenio, -is, -ire i-Konjugation
27. do, das, dare a-Konjugation
28. navigo, -as, -are a-Konjugation
29. interficio, -is, -ere Misch-Konjugation
30. quaero, -is, -ere konsonantische Konjugation

**122**

1. er/sie/es bewegte
2. ich sang
3. wir hörten
4. ihr hörtet auf
5. du fragtest
6. ich bestrafte
7. sie wendeten
8. er/sie/es stand
9. ihr gabt zurück
10. du erkanntest
11. ich trank
12. sie lösten

**123**

1. stabat = „er/sie/es stand"
2. manebamus = „wir blieben"
3. sciebatis = „ihr wusstet"
4. puniebam = „ich bestrafte"
5. debebant = „sie mussten"
6. quaerebat = „er/sie/es suchte/fragte"
7. solebas = „du pflegtest"
8. faciebamus = „wir machten"
9. liberabant = „sie befreiten"
10. mittebam = „ich schickte"
11. pugnabas = „du kämpftest"
12. bibebamus = „wir tranken"

**124**

1. er/sie/es wird überreden
2. ich werde sagen
3. sie werden vergrößern
4. ihr werdet schließen
5. du wirst einladen
6. ihr werdet ausliefern
7. wir werden beginnen
8. ich werde zusammenrufen
9. ich werde aufnehmen
10. du wirst tun
11. wir werden üben
12. sie werden stellen

**125**

| Präsens | Konjugation | b- oder a/e-Futur? | Futur-Form |
|---|---|---|---|
| certant | a-Konj. | b-Futur | certabunt |
| mittit | kons. Konj. | a-/e-Futur | mittet |
| manemus | e-Konj. | b-Futur | manebimus |
| facis | Misch-Konj. | a-/e-Futur | facies |
| venio | i-Konj. | a-/e-Futur | venies |
| audes | e-Konj. | b-Futur | audebis |
| imperat | a-Konj. | b-Futur | imperabit |
| solvimus | kons. Konj. | a-/e-Futur | solvemus |
| bibitis | kons. Konj. | a-/e-Futur | bibetis |
| debent | e-Konj. | b-Futur | debebunt |
| navigo | a-Konj. | b-Futur | navigabo |

**126**

1. dolebo
2. mittet
3. occupabimus
4. accipient
5. carebis
6. portabitis
7. rapiemus
8. veniam
9. tolerabunt
10. relinques
11. parebitis
12. dormiet

**127**

| | |
|---|---|
| **1.** dabit: | er wird geben |
| **2.** imperabunt: | sie werden befehlen |
| **3.** scribit: | er schreibt |
| **4.** solebas: | du pflegtest |
| **5.** bibis | du trinkst |
| **6.** canent: | sie werden singen |
| **7.** vertet: | er wird wenden |
| **8.** scietis: | ihr werdet wissen |
| **9.** audiam: | ich werde hören |
| **10.** monemus: | wir mahnen |
| **11.** dabis | du wirst geben |
| **12.** places: | du gefällst |

**128**

| Präsens | Imperfekt | Futur |
|---|---|---|
| dormit | dormiebat | dormiet |
| parent | parebant | parebunt |
| dicitis | dicebatis | dicetis |
| vides | videbas | videbis |
| facio | faciebam | faciam |
| terremus | terrebamus | terrebimus |
| mittunt | mittebant | mittent |
| adiuvas | adiuvabas | adiuvabis |
| paramus | parabamus | parabimus |
| toleras | tolerabas | tolerabis |

**129**

1. 1. P. Pl. Imperfekt „wir wohnten"
2. 2. P. Pl. Präsens „ihr raubt"
3. 2. P. Sg. Präsens „du wagst"
4. 2. P. Sg. Futur „du wirst hören"
5. 3. P. Pl. Imperfekt „sie töteten"
6. 2. P. Pl. Präsens „ihr rettet"
7. 3. P. Pl. Futur „sie werden flüchten"
8. 2. P. Pl. Präsens „ihr zerstört"
9. 1. P. Sg. Futur „ich werde berühren"
10. 3. P. Pl. Präsens „sie eilen"
11. 1. P. Pl. Präsens „wir siegen"
12. 1. P. Sg. Futur „ich werde befehlen"
13. 1. P. Sg. Futur „ich werde vertreiben"
14. 3. P. Sg. Präsens „er/sie/es fürchtet"
15. 3. P. Sg. Futur „er/sie/es wird tun"
16. 3. P. Pl. Futur „sie werden belagern"
17. 1. P. Sg. Imperfekt „ich erhielt"
18. 2. P. Sg. Präsens „du fällst"

**130**

1. pugnabam
2. capies
3. superabo / vincam
4. veniebas
5. donatis
6. faciebat / agebat
7. monebamus
8. videbimus
9. narrabatis
10. audiunt

**131**

1. e-Konj. Präsens „du siehst"
2. e-Konj. Präsens „er/sie/es zerstört"
3. kons. Konj. Futur „sie werden suchen/fragen"
4. kons. Konj. Futur „ihr werdet töten"
5. e-Konj. Präsens „wir gehorchen"
6. kons. Konj. Futur „sie werden spielen"
7. e-Konj. Präsens „wir fürchten"
8. kons. Konj. Futur „er/sie/es wird finden"

**132**

1. dicam: Futur
2. scribis: Präsens
3. ducet: Futur
4. narrabamus: Imperfekt

**133**

| | | | | | | | | | | |
|---|---|---|---|---|---|---|---|---|---|---|
| 1. | D | U | C | E | M | U | S | | | |
| 2. | | V | E | N | I | A | M | | | |
| 3. | | | C | A | N | E | B | A | T | |
| 4. | | | | M | O | N | E | B | A | M |
| 5. | | | P | E | T | E | T | | | |
| 6. | A | G | E | B | A | T | I | S | | |
| 7. | | | | C | U | P | I | U | N | T |
| 8. | | | T | E | R | R | E | B | A | M |
| 9. | | D | A | B | U | N | T | | | |
| 10. | | | D | A | S | | | | | |

**134**

1. ruf!
2. arbeitet!
3. sieh!
4. geh spazieren!
5. sag!
6. tretet ein!
7. gebt!
8. antwortet!
9. mach!
10. hört!
11. betrachte!
12. freu dich!

**135**

1. sede = „sitz!" sedete = „sitzt!"
2. interrogate = „fragt!" interroga = „frag!"
3. responde = „antworte!" respondete = „antwortet!"
4. veni = „komm!" venite = „kommt!"
5. facite = „macht!" fac = „mach!"
6. clamate = „ruft!" clama = „ruf!"
7. venite = „kommt!" veni = „komm!"
8. legite = „lest!" lege = „lies!"
9. propera = „eile!" properate = „eilt!"
10. dicite = „sagt!" dic = „sag!"

**136**

1. propera / properate
2. lege / legite
3. appropinqua / appropinquate
4. ascende / ascendite
5. fuge / fugite
6. dele / delete
7. fac / facite
8. mane / manete

**137**

1. **Vincite** – Besiegt die Feinde, Soldaten!
2. **Veni** – Komm mit mir zum Forum, Julia!
3. **Legite** – Lest dieses Buch, Schüler!
4. **Monstra** – Zeig mir deine Aufgabe, Paul!
5. **Narra** – Erzähle mir von den Römern und Griechen, Lehrer!
6. **Spectate** – Betrachtet die schönen Mädchen, Buben!
7. **Mitte** – Schick diesen Brief deiner Mutter, Corinna!
8. **Manete** – Bleibt in der Schule, Quintus und Gaius!

**138**

1. erbaue!
2. die Gebäude
3. gehorcht!
4. bereitet vor!
5. die Erde
6. erschrecke!
7. gib!
8. ich gebe
9. von / über
10. die Götter
11. mit der Hand
12. bleib!
13. gib zurück!
14. kehre zurück!
15. versammelt!
16. denk!
17. befreit!
18. die Befreiten
19. sicher
20. streite!

**139**

| | libero | prohibeo | dormio | occido | accipio |
|---|---|---|---|---|---|
| Sg. 1. P. | liberavi | prohibui | dormivi | occidi | accepi |
| 2. P. | liberavisti | prohibuisti | dormivisti | occidisti | accepisti |
| 3. P. | liberavit | prohibuit | dormivit | occidit | accepit |
| Pl. 1. P. | liberavimus | prohibuimus | dormivimus | occidimus | accepimus |
| 2. P. | liberavistis | prohibuistis | dormivistis | occidistis | accepistis |
| 3. P. | liberaverunt | prohibuerunt | dormiverunt | occiderunt | acceperunt |

**140**

1. navigo, -as, -are a-Konj. navigavi
2. punio, -is, -ire i-Konj. punivi
3. invito, -as, -are a-Konj. invitavi
4. debeo, -es, -ere e-Konj. debui
5. voco, -as, -are a-Konj. vocavi
6. prohibeo, -es, -ere e-Konj. prohibui
7. occupo, -as, -are a-Konj. occupavi
8. timeo, -es, -ere e-Konj. timui
9. servo, -as, -are a-Konj. servavi
10. careo, -es, -ere e-Konj. carui

**141**

1. capio, -is, -ere Misch-Konj. cepi
2. constituo, -is, -ere kons. Konj. constitui
3. expello, -is, -ere kons. Konj. expuli
4. mitto, -is, -ere kons. Konj. misi
5. facio, -is, -ere Misch-Konj. feci
6. do, das, dare a-Konj. dedi
7. duco, -is, -ere kons. Konj. duxi
8. relinquo, -is, -ere kons. Konj. reliqui
9. vinco, -is, -ere kons. Konj. vici
10. tango, -is, -ere kons. Konj. tetigi
11. respondeo, -es, -ere e-Konj. respondi
12. ludo, -is, -ere kons. Konj. lusi

**142**

1. sie lösten / haben gelöst
2. du ignoriertest / hast ignoriert
3. er/sie/es segelte / ist gesegelt
4. wir fielen / sind gefallen
5. ich wünschte / habe gewünscht
6. ihr gabt / habt gegeben
7. ich berührte / habe berührt
8. sie riefen / haben gerufen
9. du machtest / hast gemacht
10. ihr verlort / habt verloren
11. wir sahen / haben gesehen
12. sie halfen / haben geholfen
13. er/sie/es sagte / hat gesagt
14. du verließest / hast verlassen

**143**

1. wir lieben amavimus wir liebten
2. ich lobe laudavi ich lobte
3. sie sagen dixerunt sie sagten
4. ich mache feci ich machte
5. er/sie/es kommt venit er/sie/es kam
6. wir lehren docuimus wir lehrten
7. du bittest petivisti du batest
8. sie führen duxerunt sie führten
9. wir verlassen reliquimus wir verließen
10. sie geben dederunt sie gaben
11. ihr lest legistis ihr last
12. du betrachtest spectavisti du betrachtetest
13. er/sie/es bleibt mansit er/sie/es blieb
14. sie helfen iuverunt sie halfen
15. wir fassen cepimus wir fassten

**144**

| Präsens | Perfekt | Präsens und Perfekt |
|---|---|---|
| neglegit | vidit | occidit |
| punit | sedit | solvit |
| relinquit | fecit | fugit |
| rapit | iuvit | legit |
| petit | vicit | contendit |
| facit | risit | venit |
| ludit | restitit | constituit |

**145**

| | servo | timeo | punio | vinco | fugio |
|---|---|---|---|---|---|
| Sg. 1. P. | servaveram | timueram | puniveram | viceram | fugeram |
| 2. P. | servaveras | timueras | puniveras | viceras | fugeras |
| 3. P. | servaverat | timuerat | puniverat | vicerat | fugerat |
| Pl. 1. P. | servaveramus | timueramus | puniveramus | viceramus | fugeramus |
| 2. P. | servaveratis | timueratis | puniveratis | viceratis | fugeratis |
| 3. P. | servaverant | timuerant | puniverant | vicerant | fugerant |

**146**

1. er/sie/es hatte geübt
2. wir hatten gerufen
3. sie hatten befohlen
4. sie hatten geführt
5. du hattest ausgeliefert
6. sie hatten gelebt
7. ich hatte erhalten
8. wir hatten eingeschlossen
9. er/sie/es hatte gestellt
10. du hattest gesagt
11. wir hatten geführt
12. sie waren geblieben
13. er/sie/es war geflüchtet
14. ihr wart gestanden
15. wir hatten gesungen
16. ich hatte getan
17. sie hatten befohlen
18. ich hatte begonnen
19. er/sie/es hatte verteidigt
20. du hattest besiegt

**147**

1. amaverant „sie hatten geliebt"
2. steteram „ich war gestanden"
3. desierat „er/sie/es hatte aufgehört"
4. dolueras „du hattest getrauert"
5. verteratis „ihr hattet gewendet"
6. cecineramus „wir hatten gesungen"
7. fleveram „ich hatte geweint"
8. cognoverant „sie hatten erkannt"
9. egeras „du hattest gemacht"
10. didicerat „er/sie/es hatte gelernt"
11. dederat „er/sie hatte gegeben"
12. miseramus „wir hatten geschickt"

**148**

1. monueras „du hattest ermahnt"
2. cogitaverat „er/sie/es hatte gedacht"
3. dormiveram „ich hatte geschlafen"
4. miserant „sie hatten geschickt"
5. duxeramus „wir hatten geführt"
6. dederatis „ihr hattet gegeben"
7. viderant „sie hatten gesehen"
8. feceras „du hattest gemacht"
9. quaesiverat „er/sie/es hatte gefragt"
10. iuveram „ich hatte geholfen"
11. miseramus „wir hatten geschickt"
12. tetigerant „sie hatten berührt"
13. gesseramus „wir hatten geführt"
14. veneram „ich war gekommen"
15. egeratis „ihr hattet gemacht"

**149**

| | invito | doceo | audio | peto | fugio |
|---|---|---|---|---|---|
| Sg. 1. P. | invitavero | docuero | audivero | petivero | fugero |
| 2. P. | invitaveris | docueris | audiveris | petiveris | fugeris |
| 3. P. | invitaverit | docuerit | audiverit | petiverit | fugerit |
| Pl. 1. P. | invitaverimus | docuerimus | audiverimus | petiverimus | fugerimus |
| 2. P. | invitaveritis | docueritis | audiveritis | petiveritis | fugeritis |
| 3. P. | invitaverint | docuerint | audiverint | petiverint | fugerint |

**150**

1. ich werde bewegt haben
2. wir werden getrauert haben
3. sie werden bestraft haben
4. du wirst gestanden sein
5. er/sie/es wird erkannt haben
6. ihr werdet ignoriert haben
7. sie werden gewünscht haben
8. ich werde gemacht haben
9. sie werden gerufen haben
10. er/sie/es wird angekommen sein

**151**

1. 3. P. Sg. Futur II „er/sie/es wird erhalten haben / erhält"
2. 3. P. Sg. Plqpf. „er/sie/es hatte erhalten"
3. 3. P. Pl. Perfekt „sie besetzten"
4. 3. P. Pl. Plqpf. „sie hatten besetzt"
5. 3. P. Pl. Futur II „sie werden belagert haben / belagern"
6. 1. P. Pl. Plqpf. „wir hatten geschlafen"
7. 1. P. Pl. Futur II „wir werden geschlafen haben / schlafen"
8. 3. P. Sg. Präsens „er/sie/es erträgt"
9. 3. P. Sg. Plqpf. „er/sie/es hatte ertragen"
10. 3. P. Sg. Futur II „er/sie/es wird ertragen haben / erträgt"

**152**

| Perfekt | Plusquamperfekt | Futur Exakt |
|---|---|---|
| oppugnavi | oppugnaveram | oppugnavero |
| expulit | expulerat | expulerit |
| legimus | legeramus | legerimus |
| adiuverunt | adiuverant | adiuverint |
| venisti | veneras | veneris |
| rapuistis | rapueratis | rapueritis |
| appropinquavit | appropinquaverat | appropinquaverit |
| occidisti | occideras | occideris |
| amiserunt | amiserant | amiserint |
| confeci | confeceram | confecero |

**153**

1. du erblicktest
2. sie hatten gespielt
3. er/sie/es gab
4. sie werden aufgehört haben
5. wir wichen zurück
6. ich hatte befohlen
7. ich blieb
8. ihr saht
9. ich war gestanden
10. sie wendeten
11. sie siegten
12. du zogst
13. er/sie/es hatte gestellt
14. wir lachten
15. ich werde verlassen haben
16. sie berührten

**154**

1. regnavi / regnaveram / regnavero
2. timuit / timuerat / timuerit
3. duxerunt / duxerant / duxerint
4. scis / scivisti / sciveras / sciveris
5. quaesivimus / quaesiveramus / quaesiverimus

**155**

| Perfekt | Plusquamperfekt | Futur Exakt |
|---|---|---|
| navigavisti | invenerat | interfecerimus |
| debui | cecideras | dedero |
| petiverunt | petiverant | petiverint |
| cupivistis | biberamus | spectavero |
| steti | timueramus | videris |
| monstraverunt | contenderatis | regnaverint |

**156**

1. saluto, -as, -are, -avi (-atum)
2. mereo, -es, -ere, -ui (-itum)
3. opto, -as, -are, -avi (-atum)
4. finio, -is, -ire, -ivi (-itum)
5. visito, -as, -are, -avi (-atum)
6. noceo, -es, -ere, -ui, (-itum)
7. celebro, -as, -are, -avi (-atum)
8. debeo, -es, ere, -ui (-itum)
9. servio, -is, -ire, -ivi (-itum)
10. servo, -as, -are, -avi (-atum)
11. exploro, -as, -are, -avi (-atum)
12. disputo, -as, -are, -avi (-atum)
13. dormio, -is, -ire, -ivi (-itum)
14. damno, -as, -are, -avi (-atum)
15. ignoro, -as, -are, -avi (-atum)
16. censeo, -es, -ere, -ui (censum)
17. nuntio, -as, -are, -avi (-atum)
18. habeo, -es, -ere, -ui (-itum)

**157**

| Präsens | Imperfekt | Futur |
|---|---|---|
| interficit | cupiebatis | debebunt |
| er/sie/es tötet | ihr wünschtet | sie werden müssen |
| doles | discebat | cadam |
| du trauerst | er/sie/es lernte | ich werde fallen |
| exerceo | agebat | invitabo |
| ich übe | er/sie/es tat | ich werde einladen |
| caremus | regnabam | canes |
| wir entbehren | ich herrschte | du wirst singen |
| aedificas | capiebatis | tolerabit |
| du erbaust | ihr fasstet | er/sie/es wird ertragen |

| Perfekt | Plusquamperfekt | Futur Exakt |
|---|---|---|
| iuvimus | imperaveras | quaesivero |
| wir halfen | du hattest befohlen | ich frage / suche |
| dedit | biberas | consederint |
| er/sie/es gab | du hattest getrunken | sie setzen sich |
| petiverunt | conspexeram | cognoveritis |
| sie baten / suchten auf | ich hatte erblickt | ihr erkennt |
| reddidit | gesserant | legeris |
| er/sie/es gab zurück | sie hatten geführt | du liest |
| receperunt | miserat | paravero |
| sie nahmen auf | er/sie/es hatte geschickt | ich bereite vor |

**158**

1. 1. P. Sg. Perfekt „ich schenkte"
2. 2. P. Sg. Futur „du wirst kämpfen"
3. 1. P. Pl. Imperfekt „wir blieben"
4. 1. P. Sg. Futur „ich werde erbauen"
5. 2. P. Pl. Plqpf. „ihr hattet gesagt"
6. 3. P. Sg. Präsens „er/sie/es verlässt"
7. 3. P. Sg. Futur „er/sie/es wird verlassen"
8. 3. P. Sg. Perfekt „er/sie/es verließ"
9. 3. P. Pl. Plqpf. „sie hatten geführt"
10. 1. P. Sg. Futur II „ich eile"
11. 3. P. Pl. Präsens „sie schlafen"
12. 2. P. Sg. Imperfekt „du bestiegst"
13. 1. P. Sg. Perfekt „ich musste"
14. 2. P. Pl. Perfekt „ihr nahmt auf"
15. 3. P. Pl. Futur „sie werden machen"
16. 1. P. Pl. Präsens „wir siegen"
17. 3. P. Sg. Präsens „er/sie/es wagt"
18. 3. P. Sg. Präsens „er/sie/es hört"
19. 3. P. Sg. Futur „er/sie/es wird hören"
20. 1. P. Sg. Imperfekt „ich berührte"

**159**

| Präsens | Imperfekt | Futur | Perfekt | Plusquampf. | Futur Exakt |
|---|---|---|---|---|---|
| spectat | spectabat | spectabit | spectavit | spectaverat | spectaverit |
| punio | puniebam | puniam | punivi | puniveram | punivero |
| docemus | docebamus | docebimus | docuimus | docueramus | docuerimus |
| petunt | petebant | petent | petiverunt | petiverant | petiverint |
| vivitis | vivebatis | vivetis | vixistis | vixeratis | vixeritis |
| facis | faciebas | facies | fecisti | feceras | feceris |

**160**

1. tolerat: Präsens
2. voci: Substantiv
3. libertas: Substantiv
4. dixerunt: Perfekt
5. mittes: Futur

**161**

| | | | | | | | | | |
|---|---|---|---|---|---|---|---|---|---|
| 1. | | | F | E | C | E | R | A | M |
| 2. | | D | A | B | A | T | I | S | |
| 3. | M | I | S | E | R | U | N | T | |
| 4. | | | V | E | N | I | S | T | I |
| 5. | | | | C | U | P | I | A | M |
| 6. | T | I | M | E | N | T | | | |
| 7. | | | P | E | T | E | M | U | S |
| 8. | A | M | A | B | U | N | T | | |
| 9. | L | E | G | I | M | U | S | | |

**162**

| | vocare | | tangere | |
|---|---|---|---|---|
| Sg. 1. P. | vocor | ich werde gerufen | tangor | ich werde berührt |
| 2. P. | vocaris | du wirst gerufen | tangeris | du wirst berührt |
| 3. P. | vocatur | er/sie/es wird gerufen | tangitur | er/sie/es wird berührt |
| Pl. 1. P. | vocamur | wir werden gerufen | tangimur | wir werden berührt |
| 2. P. | vocamini | ihr werdet gerufen | tangimini | ihr werdet berührt |
| 3. P. | vocantur | sie werden gerufen | tanguntur | sie werden berührt |

**163**

| | | |
|---|---|---|
| 1. du liebst | amaris | du wirst geliebt |
| 2. ich führe | ducor | ich werde geführt |
| 3. wir sehen | videmur | wir werden gesehen |
| 4. sie siegten | vincebantur | sie wurden besiegt |
| 5. er/sie/es wird sehen | videbitur | er/sie/es wird gesehen werden |
| 6. ihr ruft | vocamini | ihr werdet gerufen |
| 7. du verteidigtest | defendebaris | du wurdest verteidigt |
| 8. sie betrachten | spectantur | sie werden betrachtet |
| 9. du wirst retten | servaberis | du wirst gerettet werden |
| 10. er/sie/es raubt | rapitur | er/sie/es wird geraubt |

**164**

1. 2. P. Sg. Präsens passiv „du wirst ertragen“
2. 1. P. Sg. Imperfekt passiv „ich wurde verlassen“
3. 2. P. Pl. Futur passiv „ihr werdet gefürchtet werden“
4. 3. P. Sg. Präsens passiv „er/sie/es wird gehört“
5. 3. P. Sg. Futur passiv „er/sie/es wird gehört werden“
6. 1. P. Pl. Imperfekt passiv „wir wurden unterstützt“
7. 1. P. Sg. Präsens passiv „ich werde geraubt“
8. 1. P. Sg. Futur passiv „ich werde erfreut werden“
9. 3. P. Sg. Imperfekt passiv „es wurde gekämpft“
10. 2. P. Pl. Futur passiv „ihr werdet erblickt werden“
11. 3. P. Pl. Präsens passiv „sie werden getötet“
12. 1. P. Pl. Präsens passiv „wir werden eingeladen“
13. 2. P. Sg. Präsens passiv „du wirst vernachlässigt“
    2. P. Sg. Futur passiv „du wirst vernachlässigt werden“
14. 1. P. Sg. Präsens passiv „ich werde gerufen“
15. 3. P. Pl. Präsens passiv „sie werden geführt“
16. 3. P. Pl. Imperfekt passiv „sie wurden gelobt“
17. 1. P. Pl. Präsens passiv „wir werden verteidigt“

**165**

| Aktiv | | Passiv | |
|---|---|---|---|
| dormis | du schläfst | expellebar | ich wurde vertrieben |
| tolerabunt | sie werden ertragen | ducuntur | sie werden geführt |
| dicis | du sagst | relinquebamini | ihr wurdet verlassen |
| mittet | er/sie/es wird schicken | rapiuntur | sie werden geraubt |
| videbitis | ihr werdet sehen | exspectaris | du wirst erwartet |

**166**

1. monetur „er/sie/es wird ermahnt“
2. tangeris „du wirst berührt“
3. inveniunt „sie finden“
4. amabor „ich werde geliebt werden“
5. videbatis „ihr saht“
6. monstrabitur „er/sie/es wird gezeigt werden“
7. delectamini „ihr werdet erfreut“
8. spectabamus „wir betrachteten“
9. servas „du rettest“
10. accipientur „sie werden aufgenommen werden“

**167**

1. amas du liebst
2. amabas du liebtest
3. amabis du wirst lieben
4. amabaris du wurdest geliebt
5. amaberis du wirst geliebt werden
6. amaris du wirst geliebt
7. amare zu lieben

**168**

1. moneor ich werde ermahnt
2. superaris du wirst besiegt
3. audient sie werden hören
4. docebuntur sie werden unterrichtet werden
5. capimur wir werden gefasst
6. capiemur wir werden gefasst werden
7. laudamini ihr werdet gelobt
8. defendes du wirst verteidigen
9. negleguntur sie werden vernachlässigt
10. certabatur es wurde gestritten

**169**

1. laudatus 3 „geliebt“
2. prohibitus 3 „abgehalten“
3. vocatus 3 „gerufen“
4. auditus 3 „gehört“
5. monitus 3 „ermahnt“
6. punitus 3 „bestraft“
7. narratus 3 „erzählt“

**170**

1. actus 3 „getan“
2. factus 3 „gemacht“
3. victus 3 „besiegt“
4. tractus 3 „gezogen“
5. missus 3 „geschickt“
6. visus 3 „gesehen“
7. dictus 3 „gesagt“
8. datus 3 „gegeben“
9. captus 3 „gefasst“
10. iussus 3 „befohlen“
11. defensus 3 „verteidigt“
12. statutus 3 „aufgestellt“

**171**

1. er ist eingeladen worden
2. sie war ermahnt worden
3. sie sind gehört worden
4. sie waren gelesen worden
5. du bist eingeschlossen worden
6. es ist gemacht worden
7. sie war gerufen worden
8. es war gesagt worden
9. sie sind ergriffen worden
10. ihr wart gesehen worden
11. es ist befohlen worden
12. wir waren besiegt worden
13. ich bin verlassen worden
14. du bist geschickt worden
15. es war gebracht worden
16. sie sind gegeben worden
17. ihr seid versammelt worden
18. sie war erblickt worden
19. sie waren ausgewählt worden
20. du bist gefasst worden

## 172

1. die besiegten Feinde
2. die Feinde sind besiegt worden
3. die geschlossene Tür
4. die Tür war geschlossen worden
5. die gemachten Aufgaben
6. die Aufgaben waren gemacht worden
7. die verlassene Frau
8. die Frau ist verlassen worden
9. die vernachlässigten Kinder
10. die Kinder sind vernachlässigt worden

## 173

1. laudatus/-a/-um est „er/sie/es ist gelobt worden"
2. auditi/-ae/-a sunt „sie sind gehört worden"
3. monitus/-a eras „du warst ermahnt worden"
4. missus/-a sum „ich bin geschickt worden"
5. lectum est „es ist gelesen worden"
6. ducti/-ae eramus „wir waren geführt worden"
7. dati/-ae eratis „ihr wart gegeben worden"
8. defensus/-a sum „ich bin verteidigt worden"
9. spectati/-ae estis „ihr seid betrachtet worden"
10. lati/-ae/-a erant „sie waren gebracht worden"

## 174

| Aktiv | Passiv | Übersetzung |
|---|---|---|
| spectavi | spectatus/-a sum | ich bin betrachtet worden |
| duxit | ductus/-a/-um est | er/sie/es ist geführt worden |
| reddiderunt | redditi sunt | sie sind zurückgegeben worden |
| puniveramus | puniti/-ae eramus | wir waren bestraft worden |
| invitavisti | invitatus/-a es | du bist eingeladen worden |
| intellexerat | intellectum erat | es war erkannt worden |
| interfecerant | interfecti/-ae erant | sie waren getötet worden |
| iuvisti | iutus es | du bist unterstützt worden |
| quaesivistis | quaesiti/-ae estis | ihr seid gefragt worden |
| iussi | iussus/-a sum | mir wurde befohlen |
| tradiderat | traditum erat | es war überliefert worden |
| coegerunt | coacti/-ae sunt | sie sind versammelt worden |
| viderat | visa erat | sie war gesehen worden |
| vicerunt | victi/-ae sunt | sie sind besiegt worden |

## 175

1. relicta – Penelope war von Odysseus in der Heimat zurückgelassen worden.
2. occupatam – Die Trojaner verteidigten die besetzte Stadt.
3. monitus / laudata – Markus war vom Lehrer ermahnt worden, aber Barbara ist gelobt worden.
4. victi / occisi – Die besiegten Trojaner sind von den Griechen getötet worden.
5. interfectus – Hektor, der tapferste Mann der Trojaner, war von Achilles getötet worden.
6. amatam / rapta – Menelaos wollte seine geliebte Frau, die von Paris geraubt worden war, nach Hause führen.

## 176

1. inclus**us** – Der Minotaurus ist im Labyrinth eingeschlossen worden.
2. relict**a** – Ariadne ist von Theseus auf einer Insel zurückgelassen worden.
3. rapt**a** – Helena war von Paris geraubt worden.
4. pugnat**um** – Zehn Jahre ist vor Troja gekämpft worden.
5. occis**i** – Viele Griechen sind vor Troja getötet worden.
6. vict**i** – Die Gallier waren von Cäsar und dessen Heer besiegt worden.
7. dat**a** – Den Soldaten sind große Belohnungen gegeben worden.
8. punit**i** – Tantalus und Sisyphus waren von den Göttern bestraft worden.
9. neglect**a** – Die Befehle des Dädalus sind von Ikarus ignoriert worden.
10. fact**um** – Diese Aufgabe war nicht von Markus, sondern von Quintus gemacht worden.

## 177

1. **amatum** – Penelope wartete viele Jahre lang auf Odysseus, ihren geliebten Ehemann.
2. **incensam** – Nero betrachtete die angezündete Stadt und sang.
3. **rapta** – Paris segelte mit der geraubten Frau sehr schnell nach Troja.
4. **clausam / amatae** – Der arme Mann saß viele Stunden vor der geschlossenen Tür der geliebten Frau.
5. **deletam / victorum / interfectorum** – Die Griechen verließen die zerstörte Stadt und führten die Ehefrauen der besiegten und getöteten Männer mit sich.
6. **relictam** – Bacchus heiratete die auf der Insel zurückgelassene Ariadne.

## 178

| Präsens | Imperfekt | Futur | Perfekt | Plusquampf. |
|---|---|---|---|---|
| vocor | vocabar | vocabor | vocatus/-a sum | vocatus/-a eram |
| ducimur | ducebamur | ducemur | ducti sumus | ducti eramus |
| occiduntur | occidebantur | occidentur | occisi/-ae sunt | occisi/-ae erant |
| datur | dabatur | dabitur | datum est | datum erat |
| videtur | videbatur | videbitur | visus/a/um est | visus/a/um erat |
| laudaris | laudabaris | laudaberis | laudatus/a es | laudatus/a eras |
| monetur | monebatur | monebitur | monitus/a est | monitus/a erat |
| docetur | docebatur | docebitur | doctus est | doctus erat |

## 179

**servo:** servare = „zu retten" / servari = „gerettet zu werden" / servavisse = „gerettet zu haben" / servatum esse: „gerettet worden zu sein" / servaturum esse = „retten werden"

**ago:** agere = „zu tun" / agi = „getan zu werden" / egisse = „getan zu haben" / actum esse = „getan worden zu sein" / acturum esse = „tun werden"

## 180

| Präsens aktiv | Präsens passiv | Perfekt aktiv | Perfekt passiv | Futur aktiv |
|---|---|---|---|---|
| tenere | quaeri | ambulavisse | iussum esse | puniturum esse |
| zu halten | gefragt zu werden | spaziert zu sein | befohlen worden zu sein | strafen (zu) werden |
| agere | convocari | cognovisse | versum esse | invitaturum esse |
| zu tun | zusammengerufen zu werden | erkannt zu haben | gewendet worden zu sein | einladen (zu) werden |
| stare | contineri | didicisse | actum esse | lecturum esse |
| zu stehen | zusammengehalten zu werden | gelernt zu haben | getan worden zu sein | lesen (zu) werden |

## 181

| Präsens aktiv | Präsens passiv | Perfekt aktiv | Perfekt passiv | Futur aktiv |
|---|---|---|---|---|
| spectare | spectari | spectavisse | spectatum esse | spectaturum esse |
| monere | moneri | monuisse | monitum esse | moniturum esse |
| punire | puniri | punivisse | punitum esse | puniturum esse |
| dicere | dici | dixisse | dictum esse | dicturum esse |
| rapere | rapi | rapuisse | raptum esse | rapturum esse |
| dare | dari | dedisse | datum esse | daturum esse |
| videre | videri | vidisse | visum esse | visurum esse |
| ponere | poni | posuisse | positum esse | positurum esse |

## 182

1. zu spazieren
2. gefürchtet zu haben
3. gehört worden zu sein
4. geraubt zu werden
5. gesehen worden zu sein
6. gemacht zu haben
7. zu lehren
8. gelobt zu werden
9. zerstört zu haben
10. zu flüchten
11. aufgenommen worden zu sein
12. berührt zu werden

**183**

1. superari besiegt zu werden
2. dictum esse gesagt worden zu sein
3. agi gemacht zu werden
4. clausisse eingeschlossen zu haben
5. capi gefasst zu werden
6. lectum esse gelesen worden zu sein
7. videri gesehen zu werden
8. dici gesagt zu werden

**184**

1. Alexander der Große konnte nicht besiegt werden.
2. Viele Schüler wollen gelobt werden.
3. Die Lehrer können viele Schüler nicht loben.
4. Diese Tür kann nicht geschlossen werden.
5. Paris wollte Helena rauben, auch Helena wollte geraubt werden.
6. Die Griechen hatten vor, die Trojaner zu besiegen.
7. Den Trojanern gefiel es nicht, von den Griechen besiegt zu werden.

**185**

1. audiri Inf. Präsens passiv „gehört zu werden"
2. trahi Inf. Präsens passiv „gezogen zu werden"
3. movi 1. P. Sg. Pf. „ich bewegte"
4. audi Imperativ Sg. „hör!"
5. rapi Inf. Präsens passiv „geraubt zu werden"
6. vidi 1. P. Sg. Pf. „ich sah"
7. solvi Inf. Präs. passiv / 1. P. Sg. Pf. „gelöst zu werden" / „ich löste"
8. puni Imperativ Sg. „bestrafe!"
9. iuvi 1. P. Sg. Pf. „ich half"
10. legi Inf. Präs. passiv / 1. P. Sg. Pf. „gelesen zu werden" / „ich las"
11. cessi 1. P. Sg. Pf. „ich wich"
12. veni 1. P. Sg. Pf. / Imperativ Sg. „ich kam" / „komm!"
13. bibi Inf. Präs. passiv / 1. P. Sg. Pf. „getrunken zu werden" / „ich trank"
14. clausi 1. P. Sg. Pf. „ich schloss ein"
15. senti Imperativ Sg. „fühle!"
16. feci 1. P. Sg . Pf. „ich machte"
17. agi Inf. Präsens passiv „getan zu werden"
18. dormi Imperativ Sg. „schlaf!"
19. lusi 1. P. Sg. Pf. „ich spielte"
20. poni Inf. Präsens passiv „gestellt zu werden"

**186**

| PPA (Partizip Präsens Aktiv) | PPP (Partizip Perfekt Passiv) | PFA (Partizip Futur) |
|---|---|---|
| petens | coniunctus | daturus |
| „bittend" | „der Verbundene" | „einer, der geben wird" |
| canens | ducta | victuri |
| „singend" | „die Geführte(n)" | „die, die siegen werden" |
| vocantes | liberati | dictura |
| „die Rufenden" | „die Befreiten" | „eine, die sagen wird" |
| dormientes | toleratum | capturi |
| „die Schlafenden" | „das Ertragene" | „die, die fassen werden" |
| contendentes | missa | aedificaturus |
| „die Eilenden" | „die Geschickte(n)" | „einer, der erbauen wird" |

**187**

| | Partizip Präsens | Partizip Perfekt | Partizip Futur |
|---|---|---|---|
| specto | spectans<br>„betrachtend" | spectatus 3<br>„betrachtet" | spectaturus 3<br>„einer, der betrachten wird" |
| moneo | monens<br>„ermahnend" | monitus 3<br>„ermahnt" | moniturus 3<br>„einer, der ermahnen wird" |
| punio | puniens<br>„bestrafend" | punitus 3<br>„bestraft" | puniturus 3<br>„einer, der bestrafen wird" |
| duco | ducens<br>„führend" | ductus 3<br>„geführt" | ducturus 3<br>„einer, der führen wird" |
| capio | capiens<br>„fassend" | captus 3<br>„gefasst" | capturus 3<br>„einer, der fassen wird" |
| video | videns<br>„sehend" | visus 3<br>„gesehen" | visurus 3<br>„einer, der sehen wird" |
| pono | ponens<br>„stellend" | positus 3<br>„gestellt" | positurus 3<br>„einer, der stellen wird" |

**188**

| Partizip Präsens (PPA) | Partizip Perfekt (PPP) | Partizip Futur (PFA) |
|---|---|---|
| laudans | laudatus 3 | laudaturus 3 |
| terrens | territus 3 | territurus 3 |
| petens | petitus 3 | petiturus 3 |
| dans | datus 3 | daturus 3 |
| faciens | factus 3 | facturus 3 |
| relinquens | relictus 3 | relicturus 3 |
| mittens | missus 3 | missurus 3 |
| iuvans | iutus 3 | iuturus 3 |
| ferens | latus 3 | laturus 3 |

**189**

1. der Gefragte
2. die Lachenden
3. des Rufenden
4. die Besiegten
5. den Fürchtenden
6. die Vertriebene
7. die Geraubten
8. der Geschickten
9. die Lesenden
10. den Flüchtenden
11. dem / der Spazierenden
12. der Geliebten / der Geliebten / die Geliebten

**190**

1. virginem raptam „die geraubte Jungfrau"
2. exercitu victo „mit dem besiegten Heer"
3. discipulum discentem „den lernenden Schüler"
4. matrum flentium „der weinenden Mütter"
5. poetae canenti „dem singenden Dichter"
6. servos punitos „die bestraften Sklaven"
7. manibus coniunctis „(mit) den verbundenen Händen"
8. regis imperantis „des befehlenden Königs"
9. urbs deleta „die zerstörte Stadt"
10. oppidum deletum „die zerstörte Stadt"

**191**

1. des lesenden Lehrers
2. der mahnenden Mutter
3. die eingeschlossene Tochter
4. die verbrachte Zeit
5. die helfenden Freunde
6. (mit) der gewünschten Belohnung
7. mit dem Feldherrn, der siegen wird
8. die lachenden Mädchen
9. dem gesuchten Weg
10. der vertriebenen Feinde
11. den trinkenden Männern
12. der liegende Hund
13. (mit) den geführten Kriegen
14. der Freund, der kommen wird
15. in der verteidigten Stadt
16. die begangene Untat
17. die schlafende Freundin
18. das verlorene Leben
19. der eroberten Stadt
20. dem besiegten Heer
21. die gehörten Stimmen

**192**

1. amata virgo: „die geliebte Jungfrau" / amata puella: „das geliebte Mädchen" / amata nave: „mit dem geliebten Schiff"
2. venientis patris: „des kommenden Vaters" / venientis puellae: „des kommenden Mädchens" / venientis viri: „des kommenden Mannes"
3. laudantes magistri: „die lobenden Lehrer" / laudantes magistros: „die lobenden Lehrer"
4.ondituri parentes: „die Eltern, die mahnen werden" /ondituri magistri: „die Lehrer, die mahnen werden" / „des Lehrers, der mahnen wird"
5. clamanti amico: „dem rufenden Freund"
6. superatis viris: „den besiegten Männern" / superatis hostibus: „den besiegten Feinden"
7. dormiens discipulus: „der schlafende Schüler" / dormiens amica: „die schlafende Freundin" / dormiens canis: „der schlafende Hund"

**193**

1. est — er ist
2. possunt — sie können
3. sumus — wir sind
4. potestis — ihr könnt
5. potes — du kannst
6. sunt — sie sind
7. possum — ich kann
8. estis — ihr seid
9. potest — sie kann
10. es — du bist

**194**

| Präsens | Imperfekt | Futur | Perfekt | Plqpf. | Futur Exakt |
|---|---|---|---|---|---|
| estis | eram | erunt | potuerunt | potueramus | potueritis |
| ihr seid | ich war | sie werden sein | sie konnten | wir hatten gekonnt | ihr könnt |
| potest | poterat | potero | fuisti | fueram | fuero |
| er/sie/es kann | er/sie/es konnte | ich werde können | du warst | ich war gewesen | ich bin |
| sum | erant | eris | fuerunt | potueramus | fuerint |
| ich bin | sie waren | du wirst sein | sie waren | wir hatten gekonnt | sie sind |

**195**

1. er/sie/es war
2. sie können
3. ich war
4. gewesen zu sein
5. ihr konntet
6. wir sind
7. wir konnten
8. ihr konntet
9. zu können
10. du warst
11. ich konnte
12. sie werden sein
13. du wirst sein
14. du warst
15. sie waren gewesen
16. er/sie/es kann

**196**

| Präsens | Imperfekt | Futur | Perfekt | Plqpf. | Futur Ex. |
|---|---|---|---|---|---|
| sunt | erant | erunt | fuerunt | fuerant | fuerint |
| sie sind | sie waren | sie werden sein | sie waren | sie waren gewesen | sie sind |

| Präsens | Imperfekt | Futur | Perfekt | Plqpf. | Futur Ex. |
|---|---|---|---|---|---|
| potest | poterat | poterit | potuit | potuerat | potuerit |
| er/sie/es kann | er konnte | er wird können | er konnte | er hatte gekonnt | er kann |

**197**

1. erunt: 3. P. Pl. Futur, „sie werden sein“ / erant: 3. P. Pl. Imperfekt, „sie waren“
2. fuerunt: 3. P. Pl. Perfekt, „sie waren“ / fuerant: 3. P. Pl. Plqpf., „sie waren gewesen“
3. potueris: 2. P. Sg. Futur Ex., „du kannst“ / poteris: 2. P. Sg. Futur: „du wirst können“
4. poterat: 3. P. Sg. Imperfekt: „er/sie konnte“ / potuerat: 3. P. Sg. Plqpf., „er/sie hatte gekonnt“
5. eris: 2. P. Sg. Futur, „du wirst sein“ / eras: 2. P. Sg. Imperfekt, „du warst“
6. potuerunt: 3. P. Pl. Perfekt, „sie konnten“ / potuerant: 3. P. Pl. Plqpf., „sie hatten gekonnt“

**198**

1. summus: „der höchste“ / sumus: „wir sind“
2. erat: „er/sie/es war“ / errat: „er/sie/es irrt“
3. erro: „ich irre“ / ero: „ich werde sein“
4. potuimus: „wir konnten“ / posuimus: „wir stellten“
5. potuit: „er/sie/es konnte“ / posuit: „er/sie/es stellte“
6. fui: „ich war“ / fugi: „ich flüchtete“

**199**

1. sumus
2. erant / fuerunt
3. ero
4. fuerat
5. possum
6. poteras / potuisti
7. potero
8. possunt

**200**

1. absum, abes, abesse, afui: „abwesend sein“
2. adsum, ades, adesse, adfui: „anwesend sein“
3. desum, dees, deesse, defui: „fehlen“
4. intersum, interes, interesse, interfui: „beiwohnen“
5. prosum, prodes, prodesse, profui: „nützen“

**201**

1. sie waren anwesend
2. du fehlst
3. ihr wart abwesend
4. ich werde beiwohnen
5. er/sie/es hatte genützt
6. er/sie/es war anwesend
7. er/sie/es war abwesend
8. du wohntest bei
9. sie sind anwesend
10. er/sie/es fehlte
11. er/sie/es nützt
12. er/sie/es war abwesend gewesen
13. ihr seid abwesend
14. sie werden beiwohnen
15. sie nützen
16. sie werden fehlen

**202**

| | Präsens | Imperfekt | Futur | Perfekt | Plqpf. | Futur Exakt |
|---|---|---|---|---|---|---|
| **Lat.:** | it | ibat | ibit | iit | ierat | ierit |
| **Dt.:** | er/sie/es geht | er ging | er wird gehen | er ging | er war gegangen | er geht |

**203**

| Präsens | Imperfekt | Futur | Perfekt | Plqpf. | Futur Exakt |
|---|---|---|---|---|---|
| is | ibant | ibit | ii | ierant | iero |
| eunt | ibam | ibunt | ierunt | ieram | ierint |

**204**

1. sie gehen
2. ich ging / bin gegangen
3. du wirst gehen
4. wir waren gegangen
5. ihr gingt
6. du bist gegangen / gingst
7. ich werde gehen
8. du warst gegangen
9. wir gehen
10. er/sie/es ging
11. du gehst
12. ihr seid gegangen / gingt

**205**

1. geh!
2. des Gehenden
3. zu gehen
4. sie gehen
5. du warst gegangen
6. ich werde gehen
7. geht!
8. gehend
9. des Gehens
10. geht!
11. gegangen zu sein
12. den/die Gehende

**206**

1. is
2. ire
3. ii / ibam
4. ierant
5. eunt
6. ibit
7. ierunt / ibant
8. ibimus
9. i!
10. ibit

**207**

1. du gehst / dieser
2. du bist gegangen / diese / diesem / -er
3. ich ging / diese
4. ihr seid gegangen / diesen
5. ich gehe / mit diesem

**208**

1. ibi: dort
2. id: dieses
3. iam: schon
4. ea: diese
5. eum: diesen
6. ita: so
7. iis: (mit) diesen
8. ei: diesem
9. idem: derselbe / dasselbe
10. eos: diese

**209**

1. abeo, abis, abire, abii, abitum: „weggehen"
2. adeo, adis, adire, adii, aditum: „hingehen", „angreifen"
3. exeo, exis, exire, exii, exitum: „hinausgehen"
4. ineo, inis, inire, inii, initum: „hineingehen"
5. intereo, interis, interire, interii, interitum: „zugrunde gehen"
6. redeo, redis, redire, redii, reditum: „zurückkehren"

**210**

1. er/sie/es geht hinaus
2. sie sind hineingegangen
3. ich ging hin / ich griff an
4. sie werden weggehen
5. die Zugrundegehenden
6. wir gehen hin
7. du warst weggegangen
8. zurückgekehrt zu sein
9. wir gingen hinaus
10. wegzugehen
11. geht hinein!
12. sie kehren zurück
13. hinausgehend
14. du gingst weg
15. ihr gingt hin
16. zugrunde zu gehen
17. er/sie ist weggegangen
18. sie sind hingegangen
19. du wirst hinausgehen
20. geh weg
21. sie kehren zurück

**211**

| | Präsens | Imperfekt | Futur | Perfekt | Plqpf. |
|---|---|---|---|---|---|
| **Lat.:** | vult | volebat | volet | voluit | voluerat |
| **Dt.:** | er/sie/es will | er wollte | er wird wollen | er wollte | er hatte gewollt |

**212**

1. sie wollen
2. ich werde nicht wollen
3. wir wollten nicht
4. du willst
5. ihr hattet gewollt
6. wir wollen nicht
7. zu wollen
8. er/sie will nicht
9. er/sie wollte
10. sie wollten nicht
11. sie hatten gewollt
12. nicht wollend
13. gewollt zu haben
14. wolle nicht
15. du wolltest
16. ich will nicht

**213**

1. vult
2. nolumus
3. voles
4. volueratis
5. volunt
6. nolle
7. voluerunt / volebant
8. non vis
9. volumus
10. vultis

**214**

1. vultis: ihr wollt
2. vultus: das Gesicht
3. volumus: wir wollen
4. volamus: wir fliegen
5. vis: 1) du willst 2) die Kraft
6. volunt: sie wollen
7. volant: sie fliegen

**215**

1. Lobe die Buben nicht!
2. Geht nicht in die Schule!
3. Glaubt diesen Worten nicht!
4. Verlass mich nicht!
5. Töte diesen Mann nicht!
6. Macht das nicht!
7. Ermahne die Schüler nicht!
8. Schlaft nicht in der Schule!

**216**

1. Noli insulam relinquere! – Verlasse die Insel nicht!
2. Nolite Graecis credere! – Glaubt den Griechen nicht!
3. Noli mecum venire! – Komm nicht mit mir!
4. Nolite urbem deletam spectare! – Betrachtet die zerstörte Stadt nicht!
5. Nolite domum contendere! – Eilt nicht nach Hause!
6. Noli ire! – Geh nicht!
7. Noli legere hunc librum! – Lies dieses Buch nicht!
8. Nolite mihi dare pensa hodie! – Gebt mir heute keine Aufgaben!

**217**

1. sie brachten
2. du bringst
3. es wurde gebracht
4. ich hatte gebracht
5. er/sie/es wird bringen
6. bring!
7. gebracht zu haben
8. sie werden gebracht
9. sie waren gebracht worden
10. er/sie/es wurde gebracht
11. die Bringenden
12. gebracht worden zu sein
13. ich werde gebracht werden
14. ich bringe
15. ihr brachtet
16. zu bringen

**218**

1. fers
2. tulerant
3. fert
4. fereris
5. tulimus / ferebamus
6. tulit
7. feretis
8. ferte!
9. latum est / ferebatur
10. latus es
11. ferentes
12. tuli / ferebam
13. fertur
14. latus erat
15. ferunt
16. ferre

**219**

| Aktiv | | Passiv | |
|---|---|---|---|
| fero | ich trage | feror | ich werde getragen |
| ferebas | du trugst | ferebaris | du wurdest getragen |
| tulerunt | sie trugen | lati sunt | sie wurden getragen |
| tulimus | wir trugen | lati sumus | wir wurden getragen |
| tulerat | er/sie hatte getragen | latus/-a/-um erat | er/sie/es war getragen worden |
| ferent | sie werden tragen | ferentur | sie werden getragen werden |
| ferre | zu tragen | ferri | getragen zu werden |
| tulisse | getragen zu haben | latum esse | getragen worden zu sein |
| ferens | tragend | latus/-a/-um | getragen |
| tulit | sie trug | lata est | sie wurde getragen |

**220**

1. affero, affers, afferre, attuli, allatum: „heranbringen"
2. aufero, aufers, auferre, abstuli, ablatum: „wegbringen", „wegnehmen"
3. confero, confers, conferre, contuli, collatum: „zusammentragen", „vergleichen"
4. perfero, perfers, perferre, pertuli, perlatum: „(er)tragen"
5. refero, refers, referre, rettuli, relatum: „zurückbringen", „berichten"

**221**

1. sie bringen zurück / berichten
2. ihr habt zusammengetragen
3. es wurde weggenommen
4. ich werde ertragen
5. wir hatten herangebracht
6. sie brachten zurück / berichteten
7. sie waren herangebracht worden
8. ihr brachtet zusammen
9. sie hatten weggebracht
10. es wird ertragen
11. sie wurden zurückgebracht
12. sie werden zusammengetragen
13. sie werden ertragen
14. du bringst heran
15. es war zusammengetragen worden
16. bring weg!

**222**

| | Präsens | Imperfekt | Futur | Perfekt | Plqpf. |
|---|---|---|---|---|---|
| **esse** | sunt | eras | erunt | fuisti | fueratis |
| Üs.: | sie sind | du warst | sie werden sein | du warst | ihr wart gewesen |
| **posse** | potest | poterant | potero | potui | potuerant |
| Üs.: | er kann | sie konnten | ich werde können | ich konnte | sie hatten gekonnt |
| **ire** | imus | ibam | ibunt | ierunt | ieratis |
| Üs.: | wir gehen | ich ging | sie werden gehen | sie gingen | ihr wart gegangen |
| **velle** | vult | volebam | volet | voluistis | volueram |
| Üs.: | er will | ich wollte | er wird wollen | ihr wolltet | ich hatte gewollt |
| **ferre** | fert | ferebant | feres | tulistis | tuleramus |
| Üs.: | er bringt | sie brachten | du wirst bringen | ihr brachtet | wir hatten gebracht |

**223**

| | | | | | | | | | |
|---|---|---|---|---|---|---|---|---|---|
| 1. | | | | **P** | O | T | U | I | |
| 2. | | F | E | **R** | R | E | | | |
| 3. | | | V | **O** | L | A | M | | |
| 4. | | | E | **S** | T | | | | |
| 5. | | | F | **E** | R | S | | | |
| 6. | | I | E | **R** | U | N | T | | |
| 7. | | | | **P** | O | T | E | S | T |
| 8. | | | I | **I** | T | | | | |
| 9. | E | R | A | **N** | T | | | | |
| 10. | | I | B | **A** | M | U | S | | |

**224**

**Präsensstamm** → **Präsens**, **Imperfekt**, **Futur**

**Perfektstamm** → **Perfekt**, **Plusquamperfekt**, **Futur Exakt**

**225**

| Zeit | Zeitzeichen | Endungen Aktiv | | Endungen Passiv | |
|---|---|---|---|---|---|
| Präsens | --- | Sg. 1. P. | -o/-m | Sg. 1. P. | -(o)r |
| Imperfekt | -ba- | 2. P. | -s | 2. P. | -ris |
| Futur | 1) -bo/-bi-/-bu-<br>2) -a-/-e- | 3. P. | -t | 3. P. | -tur |
| | | Pl. 1. P. | -mus | Pl. 1. P. | -mur |
| | | 2. P. | -tis | 2. P. | -mini |
| | | 3. P. | -nt | 3. P. | -ntur |

**226**

| Zeit | Aktiv<br>Endungen: | Passiv<br>Bildung: |
|---|---|---|
| Perfekt | -i -imus<br>-isti -istis<br>-it -erunt | PPP +<br>sum, es, est, sumus, estis, sunt |
| Plusquamperfekt | -eram -eramus<br>-eras -eratis<br>-erat -erant | PPP +<br>eram, eras, erat, eramus, eratis, erant |
| Futur Exakt | -ero -erimus<br>-eris -eritis<br>-erit -erint | PPP +<br>ero, eris, erit, erimus, eritis, erunt |

**227**

**1.** spectavit — Perfekt aktiv
**2.** spectatum est — Perfekt passiv
**3.** spectare — Infinitiv Präsens aktiv
**4.** spectamus — Präsens aktiv
**5.** spectaverant — Plusquamperfekt aktiv
**6.** spectans — Partizip Präsens
**7.** spectatur — Präsens passiv
**8.** spectabitis — Futur aktiv
**9.** spectavisse — Infinitiv Perfekt aktiv
**10.** specta — Imperativ Singular
**11.** spectatus erat — Plusquamperfekt passiv
**12.** spectabas — Imperfekt aktiv
**13.** spectatum — Partizip Perfekt
**14.** spectabor — Futur passiv
**15.** spectatum esse — Infinitiv Perfekt passiv
**16.** spectavero — Futur Exakt aktiv
**17.** spectabamur — Imperfekt passiv
**18.** spectari — Infinitiv Präsens passiv
**19.** spectate — Imperativ Plural
**20.** spectaturus — Partizip Futur
**21.** spectaturum esse — Infinitiv Futur

**228**

| | Präsens | Imperfekt | Futur | Perfekt | Plqpf. | Futur Exakt |
|---|---|---|---|---|---|---|
| A | voco | vocabam | vocabo | vocavi | vocaveram | vocavero |
| P | vocor | vocabar | vocabor | vocatus sum | vocatus eram | vocatus ero |
| A | moves | movebas | movebis | movisti | moveras | moveris |
| P | moveris | movebaris | moveberis | motus es | motus eras | motus eris |
| A | punit | puniebat | puniet | punivit | puniverat | puniverit |
| P | punitur | puniebatur | punietur | punitus est | punitus erat | punitus erit |
| A | vincimus | vincebamus | vincemus | vicimus | viceramus | vicerimus |
| P | vincimur | vincebamur | vincemur | victi sumus | victi eramus | victi erimus |
| A | trahunt | trahebant | trahent | traxerunt | traxerant | traxerint |
| P | trahuntur | trahebantur | trahentur | tracti sunt | tracti erant | tracti erunt |
| A | est | erat | erit | fuit | fuerat | fuerit |

**229**

| | Präsens | Imperfekt | Futur |
|---|---|---|---|
| Aktiv | ducunt | veniebatis | dices |
| | videt | dormiebam | parabunt |
| | habemus | ambulabas | audiam |
| Passiv | vertuntur | neglegebaris | interficiemini |
| | intellegitur | vocabatur | quaerar |
| | cognoscor | ferebantur | vocabimur |

| | Perfekt | Plqpf. | Futur Exakt |
|---|---|---|---|
| Aktiv | amavisti | liberaverat | iuvero |
| | paruerunt | occideras | cecideris |
| | contendistis | conspexeramus | dederint |
| Passiv | tactus est | constitutum erat | missae erimus |
| | liberati sunt | servati erant | tolerati erunt |
| | ducti estis | occupata erat | factum erit |

**230**

**1.** 3. P. Sg. Plqpf. Aktiv — „er/sie hatte gesagt"
**2.** 3. P. Sg. Perfekt Passiv — „es wurde gelesen"
**3.** 3. P. Pl. Futur Aktiv — „sie werden rauben"
**4.** Infinitiv Präsens Aktiv — „zu töten"
**5.** 3. P. Pl. Perfekt Aktiv — „sie fassten"
**6.** 3. P. Pl. Futur Aktiv — „sie werden haben"
**7.** 3. P. Pl. Imperfekt Aktiv — „sie wohnten"
**8.** 2. P. Pl. Präsens Aktiv — „ihr seid"
**9.** 2. P. Sg. Perfekt Aktiv — „du trugst"
**10.** 2. P. Pl. Präsens Aktiv — „ihr nähert euch"
**11.** 1. P. Pl. Perfekt Passiv — „wir wurden erfreut"
**12.** 2. P. Sg. Präsens Aktiv — „du kannst"
**13.** 1. P. Sg. Plqpf. Aktiv — „ich hatte geschickt"
**14.** 1. P. Sg. Perfekt Aktiv — „ich vertrieb"
**15.** Infinitiv Präsens Passiv — „vertrieben zu werden"
**16.** Imperativ Pl. — „schlaft!"
**17.** 3. P. Pl. Perfekt Aktiv — „sie erhielten"
**18.** 3. P. Pl. Plqpf. Aktiv — „sie hatten erhalten"
**19.** 3. P. Sg. Präsens Aktiv — „er/sie will"
**20.** 1. P. Sg. Futur Aktiv — „ich werde flüchten"
**21.** 3. P. Sg. Präsens Aktiv — „er/sie/es siegt"
**22.** 3. P. Sg. Perfekt Aktiv — „er/sie/es siegte"
**23.** 3. P. Sg. Plqpf. Passiv — „es war gemacht worden"
**24.** 1. P. Sg. Futur Aktiv — „ich werde sein"
**25.** 1. P. Sg. Präsens Aktiv — „ich spiele"

**231**

1. nach Athen
2. in Rom
3. in / aus Karthago
4. in München
5. nach Salzburg
6. aus Bregenz
7. in Paris
8. aus Mailand
9. nach Pisa
10. nach Wien
11. in / aus Athen
12. aus Marseille
13. in Lyon
14. nach Paris
15. von zu Hause
16. zu Hause

**232**

1. Athenis
2. Roma
3. Vindobonam
4. Brigantio
5. Iuvavi
6. Mediolano
7. Carthaginem
8. Vindobonae
9. Lutetiam
10. domum

**233**

1. magnae pulchritudinis – Claudia ist ein Mädchen von großer Schönheit / ein sehr schönes Mädchen.
2. octo annorum – Mein Bruder, ein Bub von acht Jahren / ein achtjähriger Bub, ist ein guter Schüler.
3. summi honoris – Viele Römer liebten Augustus, einen Kaiser von höchster Ehre / einen sehr ehrenvollen Kaiser.
4. quinque dierum – Meine Eltern werden dieses Jahr eine Reise von fünf Tagen / eine fünftägige Reise machen.
5. magnae gloriae – Die Römer fürchteten Hannibal, einen Führer von großem Ruhm / einen sehr ruhmvollen Führer, sehr.
6. huius generis – Ein Mahl dieser Art / ein derartiges Mahl gefällt uns nicht.
7. summae fortitudinis – Die römischen Soldaten waren oft Männer von höchster Tapferkeit / sehr tapfere Männer.
8. magnae pulchritudinis et virtutis – Lucretia, eine Frau von großer Schönheit und Tapferkeit / eine sehr schöne und tapfere Frau, tötete sich selbst.
9. summae longitudinis – Der Tiber ist ein Fluss von höchster Länge / ein sehr langer Fluss.
10. decem annorum / summae aetatis – Äneas verließ Troja mit seinem Sohn, einem Buben von zehn Jahren / einem zehnjährigen Buben, und mit seinem Vater, einem Mann von höchstem Alter / einem sehr alten Mann.

**234**

1. vini – Die Griechen pflegten viel Wein zu trinken.
2. vestrum – Wer von euch liebt die lateinische Sprache nicht?
3. vini – Mein Freund hat immer eine große Menge Wein in seinem Haus.
4. omnium feminarum – Die schönste von allen Frauen war Helena.
5. eorum – Julia hat drei Söhne. Einer von ihnen ist Markus.
6. hominum – Auf dem römischen Forum spaziert oft eine große Menge von Menschen.
7. nostrum / nostrum – Alle von uns lieben Rom, aber niemand von uns war schon in Griechenland.
8. omnium Graecorum – Die Trojaner fürchteten Odysseus, den klügsten aller Griechen, sehr.
9. Romanorum – Keiner von den Römer (= kein Römer) liebte seine Heimat nicht.
10. novi – Sag mir: Was gibt es Neues?

**235**

1. die Liebe des Vaters / die Liebe zum Vater
2. die Furcht der Römer / die Furcht vor den Römern
3. die Sorge der Freundin / die Sorge um die Freundin
4. die Angst der Feinde / die Angst vor den Feinden
5. die Sorge der Kinder / die Sorge um die Kinder
6. die Liebe der Eltern / die Liebe zu den Eltern

**236**

1. Europae – Genetivus subiectivus – Die Angst der Europa bewegte Jupiter nicht.
2. imperii – Genetivus obiectivus – Cäsar war von Gier nach der Herrschaft gepackt worden.
3. filii – Genetivus obiectivus – Die Sorge des Dädalus um seinen Sohn war groß.
4. Troianorum – Genetivus obiectivus – Odysseus befreite viele Griechen von der Furcht vor den Trojanern.
5. canis nostri – Genetivus obiectivus – Viele Menschen wagen, von der Furcht vor unserem Hund veranlasst, nicht, unser Haus zu betreten.
6. eius feminae – Genetivus subiectivus / obiectivus – Paris führte Helena mit sich, weil die Liebe dieser Frau / zu dieser Frau groß war.
7. militum – Genetivus subiectivus / obiectivus – Vor Kämpfen war die Angst der Soldaten / vor den Soldaten oft nicht klein.

**237**

1. Genetivus possessivus – Markus ist der Bruder von Julia.
2. Genetivus partitivus – Hannibal kämpfte gegen eine große Menge von Feinden.
3. Genetivus obiectivus – Dädalus wollte, von Liebe zur Heimat veranlasst, Kreta verlassen.
4. Genetivus qualitatis – Cäsar war ein Mann von höchster Tapferkeit / ein sehr tapferer Mann.
5. Genetivus possessivus – Das Buch von/des Quintus ist in der Schule.
6. Genetivus partitivus – Wer von euch geht gerne in die Schule?
7. Genetivus qualitatis – Venus war eine Göttin von großer Schönheit / eine sehr schöne Göttin.
8. Genetivus partitivus – Venus war die schönste aller Göttinnen.

**238**

1. Mihi – Ich habe den Namen Clara.
2. Iuliae – Julia hat viele gute Freundinnen.
3. Huic feminae – Diese Frau hat drei Söhne und zwei Töchter.
4. Illi viro claro – Jener berühmte Mann hat nicht nur ein Haus in Rom, sondern auch ein Landhaus in Griechenland.
5. Marco – Weil Markus keine Freundin hat, kann er immer schöne Mädchen betrachten.
6. Huic puero misero – Dieser arme Bub hat weder Mutter noch Vater.
7. Discipulis – Die Schüler, denen der Lehrer große Aufgaben zu geben pflegt, haben kaum Freizeit.
8. Tibi – Hast du einen Bruder?
9. Romanis – Die Römer hatten viele Tempel und Gebäude.
10. Quinto – Quintus hat viele Bücher, aber diese zu lesen gefällt ihm sehr wenig.

**239**

1. vitae / scholae – Nicht für das Leben, sondern für die Schule lernen wir.
2. Quinto – Diese Aufgabe ist für Quintus nicht leicht.
3. liberis suis – Eltern pflegen viel für ihre Kinder zu tun.
4. mihi soli – Dieses Mahl habe ich für mich alleine gemacht.
5. multis discipulis – Die Aufgaben des Lateinlehrers sind für viele Schüler schwierig.
6. Graecis – Für die Griechen war es nicht leicht, die Trojaner zu besiegen.
7. familiae meae – Das alles habe ich für meine Familie getan.
8. patriae – Soldaten müssen vieles für die Heimat ertragen.
9. mihi / tibi – Das alles habe ich nicht für mich, sondern für dich getan!
10. imperio Romano / sibi soli – Dieser Feldherr führte nicht für das römische Reich, sondern für sich alleine Krieg.

**240**

1. gaudio – Aufgaben bereiten vielen Schülern keine Freude.
2. magno dolori – Der Tod des Ikarus bereitete Dädalus großen Schmerz.
3. commodo – Dieser Krieg ist für den Feldherrn von Vorteil.
4. usui – Dieser Freund wird dir sicher nützen.
5. auxilio – Große Truppen kamen den Römern zu Hilfe.
6. maximae curae – Helena bereitete ihrem Ehemann große Sorge.
7. magno dolori – Mir bereitete es großen Schmerz, dass meine Freundin mich verlassen hat.
8. maximo gaudio – Einigen sehr bekannten Galliern bereiten die Kämpfe mit den Römern große Freude.
9. exemplo – Lucretia diente vielen römischen Frauen als Beispiel.
10. auxilio – Der König schickte seinen Freunden Soldaten zu Hilfe.

**241**

1. Quo die – An welchem Tag werden deine Freunde nach Rom kommen?
2. Hoc anno – In diesem Jahr hat Markus schon zehn Freundinnen zu sich eingeladen.
3. Aetate – Zur Zeit des Augustus war das römische Reich groß.
4. hac nocte – Mit wem bist du in dieser Nacht durch die Straßen Roms spaziert?
5. Hora secunda / hora septima – Zur zweiten Stunde eilen die Schüler in die Schule, zur siebten Stunde kommen sie nach Hause.
6. meridie – Was hat Markus zu Mittag gemacht?
7. Temporibus regum – Zu den Zeiten der Könige führten die Römer viele Kriege.
8. Eo loco – An diesem Ort kommt / kam Quintus immer mit seiner Freundin zusammen.
9. In ea urbe – In dieser Stadt wohnen meine Eltern.
10. in Italia – Alexander war schon oft in Italien.

**242**

1. decem annos – Die Griechen belagerten Troja zehn Jahre (lang).
2. decimo anno – Die Griechen besiegten die Trojaner im zehnten Jahr.
3. Hora tertia – Zur dritten Stunde spazierte ich mit den Freunden über das Forum.
4. Tres horas – Drei Stunden (lang) spazierte ich mit den Freunden über das Forum.
5. hora secunda / hora quarta / duas horas – Die Schüler eilen zur zweiten Stunde in die Schule, aber Gaius kommt zur vierten Stunde in die Schule, weil er zuvor zwei Stunden schlief.
6. Duos annos / tertio – Zwei Jahre (lang) war Julia die Freundin des Quintus, im dritten (Jahr) aber verließ sie ihn.
7. Duas noctes / die tertio – Zwei Nächte (lang) konnte Quintus nicht schlafen, aber am dritten Tag fand er eine neue Freundin.
8. octo annos / Nono anno – Mein Vater wohnte acht Jahre (lang) in Griechenland. Im neunten Jahr kam er nach Rom zurück.

**243**

1. gladio – Achilles tötete Hektor mit dem Schwert.
2. magna voce – Der Lehrer ermahnt Claudia und Barbara oft mit lauter Stimme.
3. armis – Patroklos kämpfte mit den Waffen des Achilles gegen Hektor.
4. libro bono – Der Lehrer lehrt die lateinische Sprache mit einem guten Buch.
5. longo bello – Die Griechen besiegten die Trojaner in einem langen Krieg.
6. suis verbis – Cicero konnte viele Bürger mit seinen Worten überzeugen.
7. summa prudentia – Die Griechen konnten durch die höchste Klugheit des Odysseus die Feinde schließlich besiegen.
8. magno clamore – Die Feinde betraten die Stadt mit lautem Geschrei.
9. more – Die Römer pflegten nach dem Brauch der Väter den Göttern zu danken.
10. auxilio – Theseus tötete mit Hilfe der Ariadne den Minotaurus.

**244**

1. timore magno – Scipio befreite die Römer von großer Furcht.
2. domo – Unser Hund hält alle fremden Menschen vom Haus fern.
3. patria – Die Familie des Königs wurde aus der Heimat vertrieben.
4. Italia – Das römische Heer hielt viele Feinde von Italien fern.
5. cura magna – Du hast mich von einer großen Sorge befreit!
6. (sua) culpa – Lucretia wollte sich durch den Tod von ihrer Schuld befreien. [2. Variante]: L. wollte sich durch ihren Tod von der Schuld befreien.
7. eo oppido – Die Soldaten vertrieben viele Männer und Frauen aus dieser Stadt.
8. summo metu – Theseus befreite die athenischen Kinder von der höchsten Furcht.
9. Roma – Nach kurzer Zeit kehrte Markus aus Rom zurück.
10. magno periculo – Mein Vater wurde (aus) einer großen Gefahr entrissen.

**245**

1. Claudia – Julia ist schöner als Claudia.
2. Achille – Wer war tapferer als Achilles?
3. Ulixe – Niemand von den Griechen war klüger als Odysseus.
4. pensis tuis – Meine Aufgaben sind immer schwieriger als deine Aufgaben!
5. Nerone – Kein Kaiser regierte grausamer als Nero.
6. Romanis – Die Griechen tranken mehr Wein als die Römer.
7. ceteris domibus – Die Domus Aurea war größer als die übrigen Häuser der Kaiser.
8. Gaio / Barbara – Quintus singt besser als Gaius, aber schlechter als Barbara.
9. luce – Das ist heller als Licht. (= Das ist sonnenklar.)
10. lingua Latina – Was ist schöner als die lateinische Sprache?

**246**

1. Venus ceteris deabus pulchrior est. – Venus ist schöner als die übrigen Göttinnen.
2. Ulixes ceteris Graecis prudentior erat. – Odysseus war klüger als die übrigen Griechen.
3. Quis illo viro fortior est? – Wer ist tapferer als jener Mann?
4. Num aedificium hac domo maius vidisti? – Hast du etwa ein größeres Gebäude als dieses Haus gesehen?
5. Nemo facinora atrociora illo imperatore crudeli commisit. – Niemand beging schrecklichere Untaten als jener grausame Feldherr / Kaiser.
6. Mater mea patre meo sapientior est. – Meine Mutter ist weiser als mein Vater.

**247**

1. summa prudentia – Odysseus war ein König von höchster Klugheit / ein sehr kluger König.
2. magna pulchritudine / summa virtute – Lucretia war eine Frau von großer Schönheit und höchster Tapferkeit / eine sehr schöne und tapfere Frau.
3. uno oculo – Odysseus gelangte zur Insel des Polyphem, eines Ungeheuers mit einem Auge / eines einäugigen Ungeheuers.
4. summo honore – Oktavian und Antonius, Männer von höchster Ehre / sehr ehrenvolle Männer, führten Krieg.
5. magna pulchritudine – Sowohl Quintus als auch Gaius lieben Julia, ein Mädchen von großer Schönheit / ein sehr schönes Mädchen.
6. summa auctoritate – Im Senat kamen Männer von höchstem Ansehen / sehr angesehene Männer zusammen.
7. magna cupiditate – Dieser Feldherr / Kaiser ist ein Mann von großer Gier / ein sehr gieriger Mann.

**248**

1. Dativus possessivus – Mein Freund hat drei Hunde.
2. Ablativus separationis – Die Soldaten hielten viele Feinde vom römischen Reich fern.
3. Genetivus obiectivus – Ariadne verließ von Liebe zu Theseus veranlasst ihre Heimat.
4. Ablativus temporis – Im zehnten Jahr konnten die Griechen schließlich die Trojaner besiegen.
5. Dativus commodi – Die Lateinaufgaben sind für viele Schüler schwierig.
6. Genetivus qualitatis – Cäsar war ein Mann von höchster Klugheit / ein sehr kluger Mann.
7. Ablativus instrumenti – Romulus tötete seinen Bruder mit dem Schwert.
8. Ablativus qualitatis – Jener König, ein Mann von großer Tapferkeit / ein sehr tapferer Mann, regierte zehn Jahre lang.
9. Dativus finalis – Niemand außer mein Bruder kommt / kam mir zu Hilfe.
10. Genetivus partitivus – Wer von euch kommt mit mir zu den Schauspielen?
11. Ablativus comparationis – Welches Mädchen ist schöner als meine Freundin?

**249**

| | |
|---|---|
| 1. cum amico | „mit dem Freund" |
| 2. post aedificium | „hinter dem Gebäude" |
| 3. per vias | „durch die Straßen" |
| 4. a Romanis | „von den Römern" |
| 5. sine puellis | „ohne die Mädchen" |
| 6. pro discipulis | „für die Schüler" |
| 7. inter puellas | „unter/zwischen Mädchen" |
| 8. ad forum | „zum Forum" |

**9.** e schola „aus der Schule"
**10.** ante aedificia „vor den Gebäuden"
**11.** apud amicas „bei den Freundinnen"
**12.** de deo „über den Gott"
**13.** in templum „in den Tempel" 'in templo „im Tempel"
**14.** sub aquam „unter das Wasser" 'sub aqua „unter dem Wasser"

**250**

1. ex oppido
2. pro discipulis
3. inter viros
4. apud magistrum
5. ad templum
6. de Romanis
7. sine amicis
8. a schola
9. per vias
10. ante aedificium

**251**

1. ante aedificium „vor dem Gebäude"
2. cum puero „mit dem Buben"
3. pro magistro „für den Lehrer"
4. inter amicos „unter/zwischen Freunden"
5. apud poetam „bei dem Dichter"
6. sine puella „ohne das Mädchen"
7. post statuam „hinter der Statue"
8. a deo „von dem Gott"
9. ad scholam „zur Schule"
10. per vias „durch die Straßen"
11. ex aqua „aus dem Wasser"
12. de Graecis „über die Griechen"
13. in templo „im Tempel" / in templum „in den Tempel"

**252**

1. in oppidum
2. in oppido
3. sub libro
4. in aedificio
5. sub aquam
6. in foro
7. in hostes
8. sub templo
9. in Graeciam
10. in terra
11. sub terram
12. in aqua
13. in aquam
14. in Italiam

1. in die Stadt
2. in der Stadt
3. unter dem Buch
4. im Gebäude
5. unter das Wasser
6. auf dem Forum
7. in/gegen die Feinde
8. unter dem Tempel
9. nach Griechenland
10. in der Erde
11. unter die Erde
12. im Wasser
13. ins Wasser
14. nach Italien

**253**

1. **scholam** – Zur zweiten Stunde kommen die Kinder in die Schule.
2. **aqua** – Quintus ist unter Wasser und erschreckt Julia.
3. **schola** – Der Lehrer lehrt die Schüler in der Schule die lateinische Sprache.
4. **foro** – Markus spaziert mit seiner Freundin auf dem Forum.
5. **insula** – Theseus ließ Ariadne auf einer Insel zurück.
6. **pontem** – Die Buben eilen unter die Brücke.
7. **Italiam** – Im Sommer pflegen wir nach Italien zu reisen.
8. **Italia** – Wie gerne bin ich in Italien!

**254**

1. **cum** – Orpheus verbrachte mit Eurydike glücklich sein Leben.
2. Aber eines Tage wurde Eurydike von einer Schlange getötet.
3. **sine** – Orpheus wollte ohne Eurydike nicht leben.
4. **in / ad** – Daher stieg er in die Unterwelt zu Pluto und Proserpina.
5. **de** – Er wollte die Götter mit seinem Lied bewegen: Er sang über seine Liebe und seinen großen Schmerz.
6. **cum** – Pluto beschloss mit seiner Ehefrau, Eurydike (dem) Orpheus zurückzugeben – aber unter einer Bedingung.
7. **cum / ad** – Er sagte: „Du kannst mit deiner Frau zur Erde zurückkehren.
8. **post** – Aber es ist dir nicht erlaubt, hinter dich zurückzublicken."
9. **cum / de** – Orpheus verließ mit seiner geliebten Frau die Unterwelt, aber bald dachte er nicht mehr an die Bedingung Plutos und wendete seinen Kopf.
10. **in** – Sofort verschwand Eurydike in die Unterwelt.
11. **sine / ad** – Daher musste Orpheus ohne sie zur Erde zurückkehren.

**255**

puer**is** / schol**a** / for**um** / Iuli**a** / templ**um** / spectacul**a** / **me** / Iuli**a** / Iuli**a** / puell**a** pulchr**a** / for**um** / therm**as** / amic**o** su**o** / ceter**is** puell**is** / spectacul**a** / Iuli**a** / vit**a** su**a** / aedifici**um** / amic**um** / Quint**o** / Iuli**a** / amic**is** / therm**as**

Die Mädchen eilen mit den Buben von der Schule auf das Forum. Quintus hat vor, mit Julia alleine spazieren zu gehen. Hinter dem Jupiter-Tempel sagt er (zu) seinen Freunden: „Geht mit den Mädchen zu den Schauspielen – aber ohne mich und Julia! Ich habe vor, mit Julia, einem hübschen Mädchen, zuerst durch das Forum (und) dann zu den Thermen zu spazieren!" Die Buben gehorchen ihrem Freund und gehen mit den übrigen Mädchen zu den Schauspielen. Nun ist Quintus mit Julia alleine. Er hat vor, diesem hübschen Mädchen viel über sein Leben zu erzählen, aber plötzlich ruft Julia: „Vor dem Gebäude sitzt Alexander, mein Freund!" Sie eilt zum Freund und denkt nicht (mehr) an Quintus. Daher geht Quintus ohne Julia und ohne die Freunde in die Thermen.

**256**

1. cum discipulis
2. sine discipulis
3. ad templum
4. ante scholam
5. ex aedificio
6. ante templa
7. in schola
8. in scholam
9. de dea
10. apud magistrum
11. e schola
12. in Italiam
13. post templum
14. inter pueros
15. apud magistrum
16. de deis/dis
17. pro discipulis
18. apud amicam
19. ad te
20. tecum

**257**

| AKTIV | | PASSIV | |
|---|---|---|---|
| **Deutsch** | **Zeit** | **Deutsch** | **Zeit** |
| er lobt | Präsens | sie wurde gelobt | Imperfekt |
| ich hatte gelobt | Plqpf. | wir werden gelobt werden | Futur |
| sie werden loben | Futur | du wirst gelobt | Präsens |
| ich habe gelobt | Perfekt | ihr seid gelobt worden | Perfekt |
| du lobtest | Imperfekt | wir waren gelobt worden | Plqpf. |
| zu loben | Infinitiv Präsens | gelobt zu werden | Infinitiv Präsens |
| gelobt zu haben | Infinitiv Perfekt | gelobt worden zu sein | Infinitiv Perfekt |

**258**

| | | | | | |
|---|---|---|---|---|---|
| **1.** ducitur | passiv | er/sie/es wird geführt | **6.** ducens | aktiv | führend |
| **2.** duces | aktiv | du wirst führen | **7.** ducturus | aktiv | einer, der führen wird |
| **3.** duci | passiv | geführt zu werden | **8.** duxisse | aktiv | geführt zu haben |
| **4.** duxi | aktiv | ich führte | **9.** ducam | aktiv | ich werde führen |
| **5.** ductum | passiv | geführt | **10.** ducar | passiv | ich werde geführt werden |

**259**

1. Bei den Römer wurde oft über den Prinzipat gestritten / stritt man oft über den Prinzipat.
2. Vieles wird über deinen Bruder erzählt. / Man erzählt vieles über deinen Bruder.
3. Nachdem die Feinde besiegt worden waren, wurde lange gefeiert / feierte man lange.

4. In der Schule wird lange gearbeitet / arbeitet man lange.
5. Über deine Freundin wird gelacht werden. / Man wird über deine Freundin lachen.
6. Im Amphitheater wird oft gekämpft / kämpft man oft.
7. Was wurde dir erzählt? / Was erzählte man dir?
8. Ohne Krieg wurde glücklich gelebt. / Ohne Krieg lebte man glücklich.
9. Am Nachmittag wird zum Forum gegangen / geht man zum Forum.
10. In jenem Krieg wurde mit höchsten Kräften gekämpft / kämpfte man mit höchsten Kräften.
11. In alten Zeiten wurde oft über Kriege geschrieben / schrieb man oft über Kriege.

**260**

1. In der Nacht werde ich leicht erschreckt / erschrecke ich (mich) leicht.
2. Während der Lehrer unterrichtet, dreht sich Quintus oft zu Julia.
3. Die Soldaten übten sich in Waffen.
4. Nach der Schlacht wurde dieser Soldat durch Flucht gerettet / rettete sich dieser Soldat durch Flucht.
5. Im Haus des Lehrers werden viele lateinische und griechische Bücher gefunden / (be)finden sich viele lateinische und griechische Bücher.
6. Das Volk wurde von einem grausamen König befreit / befreite sich von einem grausamen König.
7. Mein Bruder wird in der Schule eingeschlossen / schließt sich in der Schule ein!
8. Viele Römer wurden durch Schauspiele erfreut / erfreuten sich an Schauspielen.

**261**

1. Der Lehrer sagt zu Quintus: „Wenn du deine Aufgaben machst, werde ich dich endlich loben!"
2. Quintus antwortet: „Ich werde die Aufgaben nie machen können, wenn sie nicht leichter sind!"
3. Theseus sagte zu Ariadne: „Wenn du mir hilfst, werde ich dich mit mir in meine Heimat führen!"
4. Der Feldherr (sagt) zu den Soldaten: „Wenn ihr nicht sehr tapfer kämpft, werden die Feinde uns besiegen!"
5. Die Ehefrau sagte zu ihrem Mann: „Wenn du nicht aufhörst, andere Frauen anzuschauen, werde ich dich verlassen!"
6. Der Ehemann antwortete seiner Frau: „Wenn du mich verlässt, werde ich endlich für andere Frauen frei sein!"
7. Odysseus hatte den Griechen gesagt: „Wenn wir ein riesiges Pferd bauen, werden wir die Trojaner besiegen!"
8. Achilles hatte von seiner Mutter gehört: „Wenn du nach Troja gehst, wirst du sicher getötet werden."
9. Markus sagte zu seinem griechischen Freund: „Wenn du auf dem Forum spazieren gehst, wirst du viele Tempel sehen."
10. Der Vater sagte zu seinem Sohn: „Du wirst niemals glücklich sein, wenn du diese Frau heiratest!"

**262**

1. du hasst
2. er/sie erinnerte sich
3. sie werden kennen
4. ich pflegte
5. wir erinnern uns
6. zu hassen
7. ich kannte
8. ihr pflegtet

**263**

1. Kennt ihr Quintus, den neuen Freund von Claudia?
2. Quintus pflegte mit vielen sehr schönen Mädchen auf dem Forum spazieren zu gehen.
3. Nun pflegt er dort mit Claudia spazieren zu gehen.
4. Aber es gefällt Quintus auch jetzt (noch), sich an seine früheren Freundinnen zu erinnern.
5. Alle früheren Freundinnen erinnern sich auch an Quintus.
6. Aber viele von ihnen denken (bei) sich: „Ich hasse Quintus und werde ihn immer hassen!"
7. Warum hassen diese Mädchen Quintus?
8. Weil Quintus mehrere Freundinnen zu einer Zeit / gleichzeitig zu haben pflegte.

**264**

1. novimus
2. consueverunt
3. consueveram
4. meministi
5. oderit
6. consuevisse
7. meminerant
8. odi
9. noveratis
10. odisse
11. novit
12. oderant

**265**

1. **oppugnabant** – Die Griechen belagerten Troja zehn Jahre (lang).
2. **expugnata est** – Troja wurde im zehnten Jahr von den Griechen erobert.
3. **fugit / errabat** – Nach dem Sieg der Griechen flüchtete Äneas mit einigen Trojanern und irrte lange durch/über die Meere.
4. **pervenit / debebat** – Dann kam er endlich nach Italien, aber auch dort musste er Kriege führen.
5. **vicit / aedificavit / agebat** – Mit höchster Tapferkeit besiegte Äneas die Feinde, dann erbaute er eine Stadt und verbrachte mit seiner neuen Frau ein schönes Leben.
6. **aedificata est / erat** – Viele Jahre später wurde in Italien eine andere Stadt erbaut, deren Name Rom war.
7. **volebat** – Romulus wollte mit seinem Bruder Remus diese Stadt erbauen.
8. **coeperunt** – Aber die Brüder begannen zu streiten.
9. **occidit** – Romulus tötete Remus, der über die neuen Mauern gelacht hatte.

**266**

1. amatam: PPP; rapta erat: 3. P. Sg. Plqpf. passiv; reducere: Infinitiv Präsens aktiv; volebat: 3. P. Sg. Imperfekt aktiv
Menelaos wollte seine geliebte Frau, die von Paris geraubt worden war, nach Hause zurückführen.
2. coegit: 3. P. Sg. Perfekt aktiv; navigare: Infinitiv Präsens aktiv; habuit: 3. P. Sg. Perfekt aktiv
Daher versammelte er alle Könige Griechenlands mit deren/ihren Heeren an der Küste, weil er vorhatte, schnell nach Troja zu segeln.
3. mittere: Infinitiv Präsens aktiv; nolebat: 3. P. Sg. Imperfekt aktiv; occisa erat: 3. P. Sg. Plqpf. passiv
Aber die zornige Diana wollte keine Winde schicken, weil ihre Hirschkuh von Agamemnon getötet worden war.
4. dixit: 3. P. Sg. Perfekt aktiv; immolaveris: 2. P. Sg. Futur Exakt aktiv; mittam: 1. P. Sg. Futur aktiv
Die Göttin sagte dem König durch ein Orakel diese Worte: „Wenn du mir deine Tochter Iphigenie opferst, werde ich euch Winde schicken!"
5. erat: 3. P. Sg. Imperfekt aktiv; immolare: Infinitiv Präsens aktiv; constituit: 3. P. Sg. Perfekt aktiv; venire: Infinitiv Präsens aktiv; iussit: 3. P. Sg. Perfekt aktiv
Obwohl sein Schmerz sehr groß war, beschloss Agamemnon, seine Tochter zu opfern, und ließ sie kommen.
6. amaverat: 3. P. Sg. Plqpf. aktiv; venit: 3. P. Sg. Perfekt aktiv
Das Mädchen, das den Vater immer sehr geliebt hatte, kam mit seiner Mutter sehr schnell zum Heer.
7. posita est: 3. P. Sg. Perfekt passiv; clamavit: 3. P. Sg. Perfekt aktiv; tolerabo: 1. P. Sg. Futur aktiv; interfeceris: 2. P. Sg. Futur Exakt aktiv; occidam: 1. P. Sg. Futur aktiv
Als ihre Tochter auf den Altar gelegt wurde, rief Clytaimnestra: „Niemals werde ich diese Untat erdulden! Agamemnon, wenn du unsere Tochter tötest, werde ich dich grausam töten!"
8. neglexit: 3. P. Sg. Perfekt aktiv; immolari: Infinitiv Präsens passiv; iussit: 3. P. Sg. Perfekt aktiv
Aber Agamemnon missachtete die Worte seiner Frau und befahl, dass seine Tochter getötet werde/ließ seine Tochter töten.
9. servata est: 3. P. Sg. Perfekt passiv
Aber Iphigenie wurde von Diana gerettet.

**267**

1. **rapta erat –** Europa, die von Jupiter geraubt worden war, hatte später mit dem Göttervater drei Söhne.
2. **dederis** – Wenn du mir eine große Menge Gold gibst, werde ich dir helfen!
3. **reliquit** – Julia war lange die Freundin von/des Quintus, aber dann verließ sie ihn.

4. **missus erat** – Theseus, der mit den Kindern nach Kreta geschickt worden war, tötete den Minotaurus.
5. **ambulaveritis** – Wenn ihr über das Forum spaziert, werdet ihr auch den Tempel des Jupiter sehen.
6. **amabat** – Weil Orpheus seine Frau sehr liebte, ging er sogar in die Unterwelt.
7. **monitus erat** – Obwohl Quintus schon oft vom Lehrer ermahnt worden war, schlief er dennoch die ganze Stunde gut.
8. **habitabat** – Odysseus kam mit seinen Gefährten zu jener Insel, auf der Polyphem wohnte.
9. **feci** – Ich habe schon alle Aufgaben gemacht, nun kann ich mit den Freunden/Freundinnen in die Thermen gehen.
10. **ambulabas** – Warum bist du alleine, Markus? Wo ist das Mädchen, mit dem du immer spazieren gegangen bist?

**268**

1. Während ich Aufgaben mache, schläft mein Bruder.
2. Während ich Aufgaben machte, schlief mein Bruder.
3. Sobald ich die Aufgaben beendet habe, kann ich mich mit Freunden treffen.
4. Sobald ich die Aufgaben beendet hatte, konnte ich mich mit Freunden treffen.
5. Nachdem ich die Aufgaben gemacht habe, gehe ich mit den Freunden zu den Schauspielen.
6. Nachdem ich die Aufgaben gemacht hatte, ging ich mit den Freunden zu den Schauspielen.

**269**

1. Nachdem Ariadne von Theseus verlassen worden war, wurde sie von Bacchus geheiratet.
2. Paris raubte Helena, während Menelaos abwesend war.
3. Sobald Menelaos nach Hause zurückgekehrt war, suchte er seine Frau.
4. Während der Lehrer über berühmte Römer erzählte, schliefen Quintus und Markus.
5. Nachdem der Lehrer das erkannt hatte, ermahnte er die Buben.
6. Sobald der Lehrer aufgehört hatte, die Schüler zu ermahnen, schliefen Markus und Quintus wieder.
7. Nachdem Remus über den Wall gesprungen war, wurde er von seinem Bruder getötet.
8. Sobald er Europa, ein sehr schönes Mädchen, sah, wurde Jupiter sofort von Liebe erfüllt.
9. Während du in der Therme warst, habe ich zu Hause Aufgaben gemacht.
10. Nachdem ihre Frauen von den Römern geraubt worden waren, bereiteten die Sabiner Krieg vor.

**270**

1. Julia kommt in die Schule, **wo** sie schon von Quintus erwartet wird.
2. **Sobald** sie Quintus sah, eilte Julia zu ihren Freundinnen.
3. **Wo** sind die Schülerinnen und Schüler?
4. Odysseus kam auf die Insel, **wo** Polyphem wohnte.
5. Ich suche einen Ort, **wo** ich die Nacht verbringen kann.
6. **Sobald** ich diese Stimme hörte, erkannte ich meinen Freund.
7. Mein Bruder ist oft in der Therme, **wo** er Mädchen anzuschauen pflegt.
8. **Sobald** Ariadne Theseus erblickte, begann sie ihn zu lieben.

**271**

| | | |
|---|---|---|
| **1.** | 4. F. Pl. f. | „die" |
| **2.** | 2. F. Pl. m./n. | „deren" |
| **3.** | 3. F. Sg. m./f./n. | „dem" / „der" |
| **4.** | 6. F. Sg. m./n. | „mit dem" |
| **5.** | 1./4. F. Sg. n. | „das" |
| **6.** | 1. F. Sg./Pl. m. | „der" / „die" |
| **7.** | 3./6. F. Pl. m./f./n. | „(mit) denen" |
| **8.** | 2. F. Sg. m./f./n. | „dessen" / „deren" |
| **9.** | 1. F. Sg./Pl. f. oder 1./4. F. Pl. n. | „die" |
| **10.** | 4. F. Sg. m. | „den" |

**272**

1. quae – Quintus liebt Julia, die die Freundin von Markus ist.
2. quam – Quintus liebt Julia, die der Lehrer oft lobt.
3. cuius – Quintus liebt Julia, deren Augen schön sind.
4. quacum – Quintus liebt Julia, mit der er (noch) nie spazieren ging.
5. cui – Quintus liebt Julia, der er selbst nicht gefällt.
6. sine qua – Quintus liebt Julia, ohne die er nicht leben will.

**273**

1. Marcus, quem – Markus, den der Lehrer oft lobt, ist ein guter Schüler.
2. Quintum, cui – Claudia liebt Quintus, dem Barbara gefällt.
3. Romulus et Remus, quorum – Romulus und Remus, deren Vater Mars war, beschlossen eine Stadt zu erbauen.
4. Europam, quae – Jupiter raubte Europa, die ein schönes Mädchen war.
5. Hannibalem, qui – Die Römer fürchteten Hannibal, der Elefanten über die Alpen führte, sehr.
6. Sabinorum, quos – Die Römer raubten die Frauen der Sabiner, die sie zu Schauspielen eingeladen hatten.
7. Pater, qui – Der Göttervater, der Junos Ehemann war, liebte viele Frauen.
8. Uxori, quae – Der Frau Jupiters, die eine große Göttin war, gefiel das nicht.
9. Polyphemi, cui – Odysseus kam zur Höhle des Polyphem, der ein Auge hatte.
10. Troianos, quorum – Die Griechen konnten die Trojaner, deren bester Feldherr Hektor war, lange nicht besiegen.
11. Ulixis, qui – Im zehnten Jahr besiegten die Griechen die Trojaner durch einen Plan des Odysseus, der sehr klug war.
12. consilio, quod – Im zehnten Jahr besiegten die Griechen die Trojaner durch einen Plan des Odysseus, der sehr klug war.

**274**

1. **d)** Der Lehrer ermahnt Barbara, die in der Schule zu schlafen pflegt, oft.
2. **f)** Der Lehrer lobt die Buben, die die Aufgaben immer sorgfältig machen, oft.
3. **e)** Quintus betrachtet mit seinem Bruder, der Titus heißt, die Mädchen.
4. **b)** Den Mädchen, die die zwei Brüder betrachten, gefällt das nicht.
5. **g)** Die Aufgabe, die schwierig ist, habe ich nicht gemacht.
6. **a)** Der Lehrer, den die Schüler sehr lieben, kommt gerne in die Schule.
7. **c)** Ich mag es, mit den Freunden die Tempel, die auf dem Forum sind, zu betrachten.

**275**

1. **cuius** – Theseus, dessen Vater König von Athen war, wollte den Minotaurus töten.
2. **quos** – Die Kinder, die die Eltern nach Kreta schicken mussten, segelten mit Theseus nach Kreta.
3. **quae** – Ariadne, die die Tochter des Minos war, half Theseus.
4. **quem** – Theseus, den Ariadne sehr liebte, tötete den Minotaurus.
5. **quam** – Theseus ließ Ariadne, die er nicht liebte, auf einer Insel zurück.
6. **cui** – Ariadne wurde von Bacchus, dem sie sehr gefiel, geheiratet.
7. **cuius** – Der König von Athen, dessen Sohn das Ungeheuer getötet hatte, war Ägeus.
8. **qui** – Ägeus, der seinen Sohn für tot hielt, tötete sich selbst.

**276**

1. **quam** – Julia, die der Lehrer oft ermahnt, ist eine schlechte Schülerin.
2. **qui** – Viele Schüler, die immer selbst die Aufgaben machen, sind gute Schüler.
3. **quos** – Meine Freunde, die ich sehr liebe, kommen mit mir zu den Schauspielen.
4. **quae** – Viele Gebäude, die wir auf dem Forum betrachten, sind Tempel der römischen Götter.
5. **cuius** – Markus, dessen Vater ein berühmter Mann ist, eilt zur Therme.
6. **cui** – Julius, dem schöne Mädchen sehr gefallen, betrachtet Julia.
7. **quae** – Barbara und Claudia, die gute Freundinnen sind, spazieren durch die Straßen Roms.
8. **cum quo** – Alexander, mit dem du die Schauspiele siehst, ist mein Bruder.

**277**

1. Wer mir diesen Brief geschrieben hat, liebt mich sicher.
2. Was die Buben den ganzen Tag machen, gefällt den meisten Mädchen nicht.
3. Wer das macht, wird vom Lehrer bestraft.
4. Viele Eltern wissen nicht, was ihre Kinder nach der Schule machen.
5. Die, die nie Aufgaben machen, werden die lateinische Sprache niemals lernen.
6. Ich muss dir erzählen, was dein Sohn gemacht hat!
7. Die, die immer in der Schule schlafen, sind sicher schlechte Schüler.
8. Wer im Heer kämpft, wird Soldat genannt.
9. Was ich nicht weiß, kann ich dir nicht erzählen.

**278**

1. Die Aufgabe, die der Lehrer uns gegeben hatte, habe ich sorgfältig gemacht.
2. Ich habe die Aufgabe sorgfältig gemacht, weil ich vom Lehrer gelobt werden möchte.
3. Sag mir, was du denkst!
4. Romulus erbaute eine Stadt, die Rom genannt wurde.
5. Rom wurde so genannt, weil es von Romulus erbaut worden war.
6. Jupiter raubte Europa, weil ihm dieses Mädchen sehr gefiel.
7. Die Römer besiegten viele Feinde, weil sie gute Soldaten waren.
8. Die Tat, die Tantalus beging, war sehr grausam.
9. Hektor wurde von Achilles getötet, weil er Patroklos getötet hatte.
10. Ich werde dir dieses Gebäude zeigen, das / weil es sehr schön ist.

**279**

1. Liebt Julia etwa Quintus?
2. Gefällt Claudia nicht allen Buben?
3. Macht ihr immer eure Aufgaben?
4. Musst du nicht in der Schule sein?
5. Eilst du nach Hause?
6. Erfreuen dich diese Schauspiele etwa?
7. Ist Julia deine Freundin?
8. Hast du nicht vor, mir zu helfen?
9. Muss ich etwa die schwierigen Aufgaben alleine machen?
10. Siehst du diese schönen Gebäude?

**280**

1. quis: wer?
2. ubi: wo?
3. cur: warum?
4. quid: was?
5. quod: welches?
6. quo: wohin?
7. cui: wem?
8. qui: welcher?
9. quem: wen?
10. quomodo: wie?
11. cuius: wessen?
12. quando: wann?
13. quae: welche?

**281**

1. **Ubi** – Wo ist Quintus? – In der Schule.
2. **Quis** – Wer ist vor der Tür? – Dein Lehrer.
3. **Quae** – Welches Mädchen gefällt Gaius sehr? – Julia.
4. **Quo** – Wohin eilen die Schüler? – Nach Hause.
5. **Quando** – Wann wird der Vater zurückkommen? – In der zehnten Stunde.
6. **Quid** – Was lehrt der Lehrer die Schüler? – Die lateinische Sprache.
7. **Cui** – Wem gefallen die Schauspiele nicht? – Mir.
8. **Cuius** – Mit wessen Hilfe hast du die Aufgaben gemacht, Claudia? – Mit der Hilfe meines Vaters.
9. **Quomodo** – Wie half Ariadne Theseus? – Sie gab ihm einen Faden.
10. **Cur** – Warum half Ariadne Theseus? – Sie liebte ihn.

# VOCABULARIUM LATEIN – DEUTSCH

**A**

| | |
|---|---|
| *a, ab (+ Abl.)* | von |
| *abeo, -is, -ire, -ii, -itum* | weggehen |
| *absens, -entis* | abwesend |
| *abstineo 2, -ui (+ Abl.)* | sich fernhalten (von) |
| *absum, -es, -esse, afui* | abwesend sein |
| *ac (= atque)* | und |
| *accedo 3, -cessi, -cessum* | herankommen, sich nähern |
| *accido 3, accidi* | geschehen |
| *accipio M, -cepi, -ceptum* | erhalten, annehmen |
| *accuso 1, -avi, -atum* | anklagen |
| *acer, acris, acre* | heftig |
| *Achilles, -is m.* | Achill (griechischer Held vor Troja) |
| *ad (+ Akk.)* | zu, an, bei |
| *adduco 3, -duxi, -ductum* | hinführen; veranlassen |
| *adductus 3* | veranlasst |
| *adeo, -is, -ire, -ii, -itum* | hingehen; angreifen |
| *adhuc* | noch, bis jetzt |
| *adiuvo 1, -iuvi, -iutum (+ Akk.)* | unterstützen, helfen |
| *adsum, -es, -esse, -fui* | da sein, anwesend sein |
| *advenio 4, -veni, -ventum* | hinkommen, ankommen |
| *adventus, -us m.* | Ankunft |
| *aedificium, -i n.* | Gebäude, Bau(werk) |
| *aedifico 1, -avi, -atum* | (er)bauen |
| *Aegyptus, -i f.* | Ägypten |
| *aestas, -atis f.* | Sommer |
| *aetas, -atis f.* | Alter, Zeitalter, Zeit |
| *affero, -fers, -ferre, attuli, allatum* | heranbringen |
| *afficio M, -feci, -fectum (+ Abl.)* | versehen (mit), erfüllen |
| *ager, agri m.* | Feld; Pl.: Gebiet(e) |
| *ago 3, egi, actum* | treiben, tun |
| *gratias agere* | danken |
| *vitam agere* | das Leben verbringen |
| *alienus 3* | fremd |
| *aliqui, -qua, -quod* | (irgend)ein |
| *aliquis, aliquid* | (irgend)jemand, (irgend)etwas |
| *alius, -a, -ud* | ein anderer |
| *alius – alius* | der eine – der andere |
| *Alpes, -ium f. (Pl.)* | die Alpen |
| *alter, -era, -erum* | der andere (von zweien) |
| *alter – alter* | der eine – der andere |
| *altus 3* | hoch, tief |
| *ambulo 1, -avi, -atum* | gehen, spazieren |
| *amica, -ae f.* | Freundin |
| *amicitia, -ae f.* | Freundschaft |
| *amicus, -i m.* | Freund |
| *amitto 3, -misi, -missum* | verlieren |
| *amo 1, -avi, -atum* | lieben, mögen |
| *amor, -oris m.* | Liebe |
| *amphitheatrum, -i n.* | Amphitheater |
| *an* | oder |
| *animadverto 3, -verti, -versum* | bemerken |
| *animal, -alis n.* | Tier |
| *animus, -i m.* | Sinn, Geist; Mut |
| *in animo habere* | vorhaben |
| *annus, -i m.* | Jahr |
| *ante (+ Akk.)* | vor |
| *antea* | vorher |
| *antiquus 3* | alt |
| *Antonius, -i m.* | Antonius (römischer General) |
| *aperio 4, aperui, apertum* | öffnen |
| *appello 1, -avi, -atum* | nennen, rufen |
| *appropinquo 1, -avi, -atum* | sich nähern |
| *apud (+ Akk.)* | bei |
| *aqua, -ae f.* | Wasser |
| *arbor, -oris f.* | Baum |
| *ardeo 2, arsi, (arsurus)* | brennen |
| *Ariadna, -ae f.* | Ariadne (Tochter des Königs Minos) |
| *arma, -orum n. (Pl.)* | Waffen |
| *ars, artis f.* | Kunst |
| *artificium, -i n.* | Kunstwerk |
| *ascendo 3, -scendi, -scensum* | besteigen, hinaufsteigen |
| *Asia, -ae f.* | Asien |
| *at* | aber |
| *Athenae, -arum f. Pl.* | Athen |
| *Athenienses, -ium m.* | die Athener |
| *atque (= ac)* | und |
| *atrox, -ocis* | wild, grässlich |
| *auctor, -oris m.* | Autor; Urheber, Anstifter |
| *auctoritas, -atis f.* | Ansehen |
| *audeo 2, ausus sum* | wagen |
| *audio 4, -ivi, -itum* | hören |
| *aufero, -fers, -ferre, abstuli, ablatum* | wegtragen, wegnehmen |
| *augeo 2, auxi, auctum* | vermehren, vergrößern |
| *Augustus, -i m.* | Augustus (erster röm. Kaiser) |
| *aureus 3* | golden |
| *auris, -is f.* | Ohr |
| *aurum, -i n.* | Gold |
| *aut* | oder |
| *aut – aut* | entweder – oder |
| *autem* | aber |
| *auxilium, -i n.* | Hilfe |
| *ave!* | Sei gegrüßt! |

**B**

| | |
|---|---|
| *beatus 3* | glücklich |
| *bellum, -i n.* | Krieg |
| *bene (Adv.)* | gut |
| *beneficium, -i n.* | Wohltat |
| *bibo 3, bibi* | trinken |
| *bis* | zweimal |
| *bonus 3* | gut |
| *brevis, -e* | kurz |
| *Brutus, -i m.* | Brutus (einer der Mörder Cäsars) |

**C**

| | |
|---|---|
| *cado 3, cecidi, (casurus)* | fallen |
| *caedo 3, cecidi, caesum* | töten |
| *caedes, -is f.* | Ermordung |
| *caelum, -i n.* | Himmel |
| *Caesar, -aris m.* | Cäsar |
| *campus, -i m.* | Feld |
| *canis, -is m.* | Hund |
| *cano 3, cecini* | singen |
| *cantator, -oris m.* | Sänger |
| *capio M, cepi, captum* | fassen, ergreifen, fangen |
| *caput, capitis n.* | Kopf; Haupt |
| *capitis damnare* | zum Tod verurteilen |
| *careo 2, -ui (-iturus) (+ Abl.)* | frei sein (von), entbehren |
| *carmen, -inis n.* | Lied |
| *Carthaginienses, -ium m.* | die Karthager |
| *Carthago, -inis f.* | Karthago |
| *castra, -orum n. (Pl.)* | Lager |
| *casus, -us m.* | Fall; Zufall; Unglück(sfall) |
| *Cassandra, -ae f.* | Kassandra (Tochter des Priamos) |
| *Catilina, -ae m.* | Catilina (Anführer einer Verschwörung) |
| *causa, -ae f.* | Grund, Ursache |
| *causa (nach Gen.)* | wegen |
| *cedo 3, cessi, cessum* | weichen, weggehen |
| *celebro 1, -avi, -atum* | feiern |
| *celer, -eris, -ere* | schnell |
| *celeritas, -atis f.* | Schnelligkeit |
| *cena, -ae f.* | Mahl |
| *censeo 2, censui, censum* | schätzen, meinen |
| *centum* | hundert |

| | |
|---|---|
| *Cerberus, -i m.* | Cerberus (der Höllenhund) |
| *certe (Adv.)* | sicherlich |
| *certo 1, -avi, -atum* | streiten, wetteifern |
| *certus 3* | sicher, bestimmt |
| *ceteri, -ae, -a* | die übrigen |
| *Christiani, -orum m. (Pl.)* | Christen |
| *Christus, -i m.* | Christus |
| *cibus, -i m.* | Speise, Nahrung |
| *Cicero, -onis m.* | Cicero (römischer Politiker u. Philosoph) |
| *circumvenio 4, -veni, -ventum* | umzingeln |
| *civilis, -e* | bürgerlich, Bürger- |
| *civis, -is m.* | Bürger |
| *civitas, -atis f.* | Stamm; Gemeinde; Staat |
| *clades, -is f.* | Niederlage |
| *clam* | heimlich |
| *clamo 1, -avi, -atum* | rufen, schreien |
| *clamor, -oris m.* | Geschrei, Lärm |
| *clarus 3* | berühmt; hell |
| *classis, -is f.* | Flotte |
| *claudo 3, clausi, clausum* | einschließen |
| *Cleopatra, -ae f.* | Kleopatra (agyptische Königin) |
| *coepi* | (siehe: incipio) |
| *cogito 1, -avi, -atum* | denken, überlegen |
| *cognosco 3, -gnovi, -gnitum* | erfahren, erkennen |
| *cogo 3, coegi, coactum* | (ver)sammeln; zwingen |
| *comes, -itis m.(f.)* | Begleiter(in) |
| *committo 3, -misi, -missum* | begehen, beginnen |
| *commodum, -i n.* | Vorteil |
| *commoveo 2, -movi, -motum* | bewegen, veranlassen |
| *complures, -a (Pl.)* | mehrere |
| *comprehendo 3, -endi, -ensum* | ergreifen |
| *concedo 3, -cessi, -cessum* | erlauben |
| *concilium, -i n.* | Versammlung |
| *condicio, -onis f.* | Bedingung |
| *condo 3, -didi, -ditum* | gründen |
| *confero, -fers, -ferre, contuli, collatum* | zusammentragen; vergleichen |
| *se conferre* | sich begeben |
| *conficio M, -feci, -fectum* | ausführen, beenden |
| *confido 3, confisus sum* | vertrauen |
| *coniungo 3, -iunxi, -iunctum* | verbinden |
| *consido 3, -sedi, -sessum* | sich setzen, sich niederlassen |
| *consilium, -i n.* | Plan; Rat, Beschluss |
| *conspicio M, -spexi, -spectum* | erblicken |
| *Constantinus, -i m.* | Konstantin (röm. Kaiser) |
| *constat, constitit (+ ACI)* | es steht fest (dass) |
| *constituo 3, -ui, -utum* | beschließen, festsetzen |
| *consuesco 3, -suevi, -suetum* | sich gewöhnen; Pf.: gewohnt sein |
| *consul, -ulis m.* | Konsul |
| *consulo 3, -sului, -sultum* | befragen, um Rat fragen |
| *consumo 3, -sumpsi, -sumptum* | vernichten, verbrauchen |
| *contendo 3, -tendi, -tentum* | eilen; kämpfen |
| *contineo 2, -tinui, -tentum* | zusammenhalten |
| *contra (+ Akk.)* | gegen |
| *controversia, -ae f.* | Auseinandersetzung |
| *convenio 4, -veni, -ventum* | zusammenkommen, (zusammen)treffen |
| *convoco 1, -avi, -atum* | zusammenrufen |
| *copia, -ae f.* | Menge, Vorrat; Pl.: Truppen |
| *cornu, -us n.* | Horn |
| *corpus, -oris n.* | Körper |
| *cottidie* | täglich |
| *creo 1, -avi, -atum* | erschaffen |
| *credo 3, -didi, -ditum* | glauben |
| *cresco 3, crevi, cretum* | wachsen |
| *Creta, -ae f.* | Kreta |
| *crimen, -inis n.* | Verbrechen; Vorwurf |
| *Croesus, -i m.* | Krösus (lydischer König) |
| *crudelis, -e* | grausam |
| *crux, crucis f.* | Kreuz |
| *culpa, -ae f.* | Schuld |
| *cultus, -us m.* | Verehrung |
| *cum (+ Abl.)* | mit |
| *cum (+ Ind.)* | wenn, sooft, als |
| *cuncti, -ae, -a* | alle |
| *cupiditas, -atis f.* | Begierde, Gier |
| *cupidus 3 (+ Gen.)* | gierig (nach ...) |
| *cupio M, cupivi, cupitum* | verlangen, wünschen |
| *cur* | warum |
| *cura, -ae f.* | Sorge |
| *curro 3, cucurri* | laufen |
| *custos, -odis m.* | Wächter |

**D**

| | |
|---|---|
| *damno 1, -avi, -atum* | verurteilen |
| *capitis damnare* | zum Tod verurteilen |
| *de (+ Abl.)* | über, von |
| *dea, -ae f.* | Göttin |
| *debeo 2, -ui, -itum* | müssen |
| *decem* | zehn |
| *decerno 3, -crevi, -cretum* | beschließen |
| *decimus 3* | der zehnte |
| *decipio M, -cepi, -ceptum* | täuschen |
| *defendo 3, -fendi, -fensum* | verteidigen |
| *deinde* | dann |
| *delecto 1, -avi, -atum* | erfreuen |
| *deleo 2, delevi, deletum* | zerstören |
| *deligo 3, -legi, -lectum* | auswählen |
| *denique* | schließlich |
| *depono 3, -posui, -positum* | ablegen |
| *dens, dentis m.* | Zahn |
| *desino 3, desii, desitum* | aufhören |
| *desum, -es, -esse, -fui* | fehlen |
| *deus, -i m.* | Gott |
| *dico 3, dixi, dictum* | sagen; nennen |
| *dictator, -oris m.* | Diktator |
| *dies, -ei m.* | Tag |
| *difficilis, -e* | schwierig |
| *dignus 3 (+ Abl.)* | würdig |
| *diligens, -entis* | sorgfältig, genau |
| *diligentia, -ae f.* | Sorgfalt |
| *discipula, -ae f.* | Schülerin |
| *discipulus, -i m.* | Schüler |
| *disco 3, didici* | lernen |
| *discordia, -ae f.* | Zwietracht, Streit |
| *disputo 1, -avi, -atum* | erörtern, diskutieren |
| *diu* | lange (Adv.) |
| *dives, -itis* | reich |
| *divido 3, -visi, -visum* | teilen, trennen |
| *divitiae, -arum f. (Pl.)* | Reichtum |
| *do 1, dedi, datum* | geben |
| *doceo 2, docui, doctum* | lehren |
| *doleo 2, dolui* | trauern, Schmerz empfinden |
| *dolor, -oris m.* | Schmerz |
| *dominus, -i m.* | Herr |
| *domus, -us f.* | Haus |
| *domi* | zu Hause |
| *domum* | nach Hause |
| *dono 1, -avi, -atum* | schenken |
| *donum, -i n.* | Geschenk |
| *dormio 4, -ivi, -itum* | schlafen |
| *dubito 1, -avi, -atum (de)* | zögern; zweifeln (an) |
| *ducenti, -ae, -a* | zweihundert |
| *duco 3, duxi, ductum* | führen |
| *dulcis, -e* | süß, angenehm, lieblich |
| *dum (+ Präs.)* | während |
| *duo, duae, duo* | zwei |
| *duodecim* | zwölf |
| *dux, ducis m.* | Führer, Feldherr |

**E**

| | |
|---|---|
| *ē, ex (+ Abl.)* | aus, von |
| *ecce* | siehe |
| *ego* | ich |
| *eius* | dessen; deren |
| *elephantus, -i m.* | Elefant |
| *enim* | denn, nämlich |
| *eo (Adv.)* | dorthin |
| *eo, is, ire, ii, itum* | gehen |
| *eorum* | deren |
| *epistula, -ae f.* | Brief |
| *eques, -itis m.* | Reiter, Ritter |
| *equus, -i m.* | Pferd |
| *ergo* | also |
| *eripio M, -ripui, -reptum* | entreißen |
| *erro 1, -avi, -atum* | (sich) irren |
| *et* | und |
| *et – et* | sowohl – als auch |
| *etsi* | wenn auch |
| *etiam* | auch, sogar |
| *Europa, -ae f.* | Europa (phönizische Prinzessin) |
| *exemplum, -i n.* | Beispiel |
| *exeo, -is, -ire, -ii, -itum* | hinausgehen |
| *exerceo 2, -ui, -itum* | trainieren, üben |
| *exercitus, -us m.* | Heer |
| *exilium, -i n.* | Exil, Verbannung |
| *exitus, -us m.* | Ausgang; Ende; Tod |
| *expello 3, -is, -ere, -puli, -pulsum* | vertreiben |
| *expugno 1, -avi, -atum* | erobern |
| *exspecto 1, -avi, -atum* | erwarten |
| *extra (+ Akk.)* | außerhalb |

**F**

| | |
|---|---|
| *fabula, -ae f.* | Erzählung, Geschichte |
| *facilis, -e* | leicht |
| *facinus, -oris n.* | Tat, Untat |
| *facio M, feci, factum* | tun, machen |
| *iter facere* | reisen, marschieren |
| *factum, -i n.* | Tat |
| *falsus 3* | falsch |
| *fama, -ae f.* | Gerücht; Ruf |
| *fames, -is f.* | Hunger |
| *familia, -ae f.* | Familie, Hausgemeinschaft |
| *fatum, -i n.* | Schicksal |
| *faveo 2, favi, fautum (+ Dat.)* | begünstigen |
| *felix, -icis* | glücklich, erfolgreich |
| *femina, -ae f.* | Frau |
| *fere* | fast; ungefähr |
| *fero, fers, ferre, tuli, latum* | tragen, bringen, ertragen |
| *fides, -ei f.* | Treue, Vertrauen |
| *filia, -ae f.* | Tochter |
| *filius, -i m.* | Sohn |
| *finio 4, -ivi, -itum* | beenden |
| *finis, -is m.* | Ende, Grenze; Pl.: Gebiet(e) |
| *fio, fis, fieri, factus sum* | werden; gemacht werden |
| *firmus 3* | stark |
| *flamma, -ae f.* | Flamme |
| *fleo 2, flevi, fletum* | (be)weinen |
| *flumen, -inis n.* | Fluss |
| *fons, fontis m.* | Quelle |
| *fore (= futurum esse)* | sein werden |
| *forma, -ae f.* | Gestalt; Schönheit |
| *forte (Adv.)* | zufällig |
| *fortis, -e* | tapfer |
| *fortitudo, -inis f.* | Tapferkeit |
| *forum, -i n.* | Forum (Marktplatz) |
| *frater, -tris m.* | Bruder |
| *frumentum, -i n.* | Getreide |
| *frustra* | vergeblich |
| *fuga, -ae f.* | Flucht |
| *fugio M, fugi, (fugiturus) (+ Akk.)* | flüchten (vor) |
| *futurus 3* | zukünftig |

**G**

| | |
|---|---|
| *Galli, -orum m. (Pl.)* | Gallier |
| *Gallicus 3* | gallisch |
| *Gallia, -ae f.* | Gallien |
| *gaudeo 2, gavisus sum (+ Abl.)* | sich freuen (über) |
| *gaudium, -i n.* | Freude |
| *gens, gentis f.* | Volk |
| *genus, -eris n.* | Geschlecht; Art |
| *Germani, -orum* | die Germanen |
| *gero 3, gessi, gestum* | (aus)führen |
| *bellum gerere* | Krieg führen |
| *gladiator, -oris m.* | Gladiator |
| *gladius, -i m.* | Schwert |
| *gloria, -ae f.* | Ruhm, Ehre |
| *Graeci, -orum m. (Pl.)* | Griechen |
| *Graecus 3* | griechisch |
| *Graecia, -ae f.* | Griechenland |
| *gratia, -ae f.* | Dank; Anmut |
| *gratias agere* | danken |
| *gratus 3* | dankbar; lieb, angenehm |
| *gravis, -e* | schwer; schwerwiegend |

**H**

| | |
|---|---|
| *habeo 2, -ui, -itum* | haben, besitzen; halten für |
| *habito 1, -avi, -atum* | (be)wohnen |
| *Hannibal, -alis m.* | Hannibal (karthagischer Feldherr) |
| *Helena, -ae f.* | Helena (Gattin des Menelaos) |
| *Hercules, -is m.* | Herkules |
| *hic (Adv.)* | hier |
| *hic, haec, hoc* | dieser, diese, dieses |
| *hiems, hiemis f.* | Winter |
| *hodie* | heute |
| *homo, -inis m.* | Mensch |
| *honestus 3* | ehrenhaft, ehrenvoll |
| *honor/honos, -oris m.* | Ehre; Ehrenamt |
| *hora, -ae f.* | Stunde |
| *horribilis, -e* | schrecklich |
| *hostis, -is m.* | Feind |

**I**

| | |
|---|---|
| *iacio M, ieci, iactum* | werfen, schleudern |
| *iam* | schon |
| *ibi* | dort |
| *idem, eadem, idem* | derselbe, dieselbe, dasselbe |
| *igitur* | also, daher |
| *ignis, -is m.* | Feuer |
| *ignoro 1, -avi, -atum* | nicht wissen, nicht kennen |
| *ignotus 3* | unbekannt |
| *ille, illa, illud* | jener, jene, jenes |
| *imperator, -oris m.* | Feldherr, Kaiser |
| *imperium, -i n.* | Befehl; Herrschaft; Reich |
| *impero 1, -avi, -atum* | befehlen |
| *improbus 3* | schlecht, böse |
| *in (+ Abl.)* | in, auf; bei |
| *in (+ Akk.)* | in, nach, gegen |
| *incendo 3, -cendi, -censum* | anzünden |
| *incendium, -i n.* | Brand, Feuer |
| *incipio M, coepi, coeptum* | beginnen |
| *includo 3, -clusi, -clusum* | einschließen |
| *incola, -ae m.* | Bewohner, Einwohner |
| *incolo 3, -colui, -cultum* | bewohnen |
| *inde* | von da an, von dort |
| *ineo, -is, -ire, -ii, -itum* | hineingehen, betreten |
| *ingenium, -i n.* | Geist, Talent |
| *ingens, -entis* | riesig, gewaltig |

| | |
|---|---|
| *inimicus 3* | feindlich (gesinnt) |
| *iniuria, -ae f.* | Unrecht |
| *inquit* | er/sie sagt(e) |
| *insula, -ae f.* | Insel |
| *intellego 3, -lexi, -lectum* | erkennen, einsehen |
| *inter (+ Akk.)* | zwischen |
| *interea* | inzwischen |
| *intereo, -is, -ire, -ii, -itum* | untergehen, sterben |
| *interficio M, -feci, -fectum* | töten |
| *interrogo 1, -avi, -atum* | fragen |
| *intersum, -es, -esse, -fui (+ Dat.)* | beiwohnen |
| *intra (+ Akk.)* | innerhalb |
| *intro 1, -avi, -atum* | betreten |
| *invenio 4, -veni, -ventum* | finden; erfinden |
| *invidia, -ae f.* | Neid |
| *invito 1, -avi, -atum* | einladen |
| *invitus 3* | unwillig; gegen den Willen |
| *ipse, ipsa, ipsum* | (er, sie, es) selbst |
| *ira, -ae f.* | Zorn |
| *iratus 3* | erzürnt, zornig |
| *is, ea, id* | dieser, -e, -es; er, sie, es |
| *iste, ista, istud* | dieser da |
| *ita* | so |
| *Italia, -ae f.* | Italien |
| *itaque* | deshalb, daher |
| *iter, itineris n.* | Weg; Reise |
| *iter facere* | reisen, marschieren |
| *iterum* | wieder |
| *iubeo 2, iussi, iussum (+ Akk.)* | befehlen; lassen |
| *iudex, -icis m.* | Richter |
| *iudicium, -i n.* | Urteil |
| *iudico 1, -avi, -atum* | urteilen |
| *iungo 3, iunxi, iunctum* | verbinden |
| *Iuno, -onis f.* | Juno |
| *Iuppiter, Iovis m.* | Jupiter |
| *ius, iuris n.* | Recht |
| *iussum, -i n.* | Befehl |
| *iussu* | auf Befehl |
| *iustitia, -ae f.* | Gerechtigkeit |
| *iustus 3* | gerecht |
| *iuvenis, -is m.* | junger Mann |
| *iuvo 1, iuvi, iutum* | unterstützen, helfen |

**L**

| | |
|---|---|
| *labor, -oris m.* | Arbeit, Mühe |
| *laboro 1, -avi, -atum* | sich anstrengen, arbeiten |
| *labyrinthus, -i m.* | Labyrinth |
| *laedo 3, laesi, laesum* | verletzen |
| *laetus 3* | froh |
| *Laocoon, -ontis m.* | Laokoon (trojanischer Priester) |
| *Latinus 3* | lateinisch |
| *latus 3* | weit, breit |
| *laudo 1, -avi, -atum* | loben |
| *legatio, -onis f.* | Gesandtschaft |
| *legatus, -i m.* | Gesandter |
| *legio, -onis f.* | Legion |
| *lego 3, legi, lectum* | lesen |
| *lex, legis f.* | Gesetz |
| *libenter (Adv.)* | gern |
| *liber, -era, -erum* | frei |
| *liber, libri m.* | Buch |
| *liberi, -orum m. (Pl.)* | Kinder |
| *libero 1, -avi, -atum* | befreien |
| *libertas, -atis f.* | Freiheit |
| *licet 2, -uit* | es ist möglich, erlaubt |
| *lingua, -ae f.* | Zunge; Sprache |
| *littera, -ae f.* | Buchstabe; Pl.: Wissenschaft; Brief(e) |
| *litus, -oris n.* | Küste |
| *locus, -i m.* | Ort |
| *longus 3* | lang |
| *ludo 3, lusi, lusum* | spielen |
| *lux, lucis f.* | Licht |

**M**

| | |
|---|---|
| *magis* | mehr |
| *magister, -tri m.* | Lehrer |
| *magistratus, -us m.* | Beamter; Behörde |
| *magnificus 3* | großartig |
| *magnitudo, -inis f.* | Größe |
| *magnus 3* | groß |
| *maior, maius* | größer |
| *malo, mavis, malle, malui* | lieber wollen |
| *malum, -i n.* | Übel, Unheil |
| *malus 3* | schlecht |
| *mando 1, -avi, -atum* | anvertrauen |
| *maneo 2, mansi, (mansurus)* | bleiben |
| *manus, -us f.* | Hand |
| *mare, -is n.* | Meer |
| *maritus, -i m.* | Gatte, Ehemann |
| *mater, -tris f.* | Mutter |
| *matrimonium, -i n.* | Ehe |
| *in matrimonium ducere* | heiraten |
| *maxime* | am meisten, sehr |
| *maximus 3* | der größte |
| *medius 3* | der mittlere; in der Mitte |
| *medio in labyrintho* | mitten im Labyrinth |
| *melior, melius* | besser |
| *memini, -isse (+ Gen.)* | sich erinnern (an) |
| *memoria, -ae f.* | Erinnerung |
| *mens, mentis f.* | Sinn |
| *mensis, -is m.* | Monat |
| *Mercurius, -i m.* | Merkur (Götterbote) |
| *meridies, -ei m.* | Mittag |
| *metus, -us m.* | Furcht, Angst |
| *meus 3* | mein |
| *miles, -itis m.* | Soldat |
| *mille (Pl.: milia, -ium)* | tausend |
| *minime* | keineswegs |
| *minimus 3* | der kleinste |
| *minor, minus* | kleiner |
| *Minotaurus, -i m.* | Minotaurus (Ungeheuer halb Mensch, halb Stier) |
| *minus (Adv.)* | weniger |
| *miraculum, -i n.* | Wunder |
| *miser, -era, -erum* | arm, elend |
| *misericordia, -ae f.* | Mitleid, Barmherzigkeit |
| *mitto 3, misi, missum* | schicken |
| *modus, -i m.* | Art, Weise |
| *moenia, -ium n. (Pl.)* | Stadtmauern |
| *moneo 2, -ui, -itum* | ermahnen; warnen |
| *mons, montis m.* | Berg |
| *monstro 1, -avi, -atum* | zeigen |
| *monumentum, -i n.* | Denkmal |
| *mors, mortis f.* | Tod |
| *mortuus 3* | gestorben, tot |
| *mos, moris m.* | Sitte, Brauch |
| *moveo 2, movi, motum* | bewegen |
| *mox* | bald |
| *mulier, -eris f.* | Frau |
| *multi, -ae, -a (Pl.)* | viele |
| *multitudo, -inis f.* | Menge |
| *multo* | viel, um vieles |
| *multum* | viel |
| *mundus, -i m.* | Welt |
| *muto 1, -avi, -atum* | verändern, verwandeln |

**N**

| | |
|---|---|
| *nam* | denn, nämlich |
| *narro 1, -avi, -atum* | erzählen |

| | |
|---|---|
| *natio, -onis f.* | Volk |
| *natura, -ae f.* | Natur |
| *natus 3 (+ Abl.)* | geboren, abstammend; alt |
| *nauta, -ae m.* | Seemann |
| *navigo 1, -avi, -atum* | segeln, mit dem Schiff fahren |
| *navis, -is f.* | Schiff |
| *-ne* | (Fragepartikel, unübersetzt) |
| *ne ... quidem* | nicht einmal ... |
| *nec = neque* | und nicht, auch nicht |
| *necesse est* | es ist notwendig |
| *neco 1, -avi, -atum* | töten |
| *neglego 3, -lexi, -lectum* | missachten, ignorieren |
| *nego 1, -avi, -atum* | verneinen, verweigern |
| *nemo* | niemand |
| *neque (= nec)* | und nicht |
| *neque – neque (= nec – nec)* | weder – noch |
| *Nero, -onis m.* | Nero (römischer Kaiser) |
| *nescio 4, -ivi, -itum* | nicht wissen |
| *neuter, neutra, neutrum* | keiner von beiden |
| *nihil* | nichts |
| *nisi* | wenn nicht, (nach Verneinung:) außer |
| *nobilis, -e* | vornehm |
| *nobilitas, -atis f.* | Adel |
| *nolo, nolle, nolui* | nicht wollen |
| *nomen, -inis n.* | Name |
| *non* | nicht |
| *non iam* | nicht mehr |
| *non solum – sed etiam* | nicht nur – sondern auch |
| *nonne?* | nicht? (in der Frage) |
| *nonnulli, -ae, -a (Pl.)* | einige |
| *nonnumquam* | manchmal |
| *nonus 3* | der neunte |
| *nos* | wir; uns |
| *nosco 3, novi, notum* | kennen lernen; Pf.: kennen |
| *noster, -tra, -trum* | unser |
| *notus 3* | bekannt |
| *novem* | neun |
| *novus 3* | neu |
| *nox, noctis f.* | Nacht |
| *nudus 3* | nackt |
| *nullus 3* | kein |
| *num* | etwa |
| *numerus, -i m.* | Zahl, Anzahl |
| *numquam* | niemals |
| *nunc* | jetzt, nun |
| *nuntio 1, -avi, -atum* | melden |
| *nuntius, -i m.* | Bote, Nachricht |

**O**

| | |
|---|---|
| *ob (+ Akk.)* | wegen |
| *obses, -sidis m.* | Geisel |
| *obtineo 2, -tinui, -tentum* | festhalten, innehaben |
| *obviam* | entgegen |
| *occasio, -onis f.* | Gelegenheit |
| *occido 3, -cidi, -cisum* | töten |
| *occupo 1, -avi, -atum* | besetzen |
| *Octavianus, -i m.* | Oktavian (der spätere Ks. Augustus) |
| *octavus 3* | der achte |
| *octo* | acht |
| *oculus, -i m.* | Auge |
| *odi, odisse* | hassen |
| *odium, -i n.* | Hass |
| *offero, -fers, -ferre, obtuli, oblatum* | anbieten |
| *officium, -i n.* | Pflicht, Dienst |
| *olim* | einst |
| *omnis, -e* | jeder, ganz; Pl.: alle |
| *opera, -ae f.* | Mühe |
| *opes, -um f.* | Reichtum |
| *oportet, -uit* | es ist nötig |
| *oppidum, -i n.* | Stadt |
| *oppugno 1, -avi, -atum* | bestürmen, belagern |
| *optimus 3* | der beste |
| *opus, -eris n.* | Werk |
| *oraculum, -i n.* | Orakel(spruch) |
| *oratio, -onis f.* | Rede |
| *orator, -oris m.* | Redner |
| *oro 1, -avi, -atum* | beten, bitten |
| *os, oris n.* | Mund, Gesicht |
| *ostendo 3, -tendi* | zeigen |
| *Orpheus, -i m.* | Orpheus (berühmter Sänger) |
| *otium, -i n.* | Muße, Freizeit |

**P**

| | |
|---|---|
| *paene* | fast, beinahe |
| *paratus 3* | bereit |
| *parentes, -um m. (Pl.)* | Eltern |
| *pareo 2, -ui, (-iturus)* | gehorchen |
| *Paris, -idis m.* | Paris (trojanischer Königssohn) |
| *paro 1, -avi, -atum* | bereiten; erwerben |
| *pars, partis f.* | Teil; Seite; Richtung |
| *parvus 3* | klein |
| *pater, -tris m.* | Vater |
| *patria, -ae f.* | Heimat |
| *pauci, -ae, -a (Pl.)* | wenige |
| *paulo post* | wenig später |
| *pauper, -eris* | arm |
| *pax, pacis f.* | Friede |
| *pecunia, -ae f.* | Geld |
| *peior, peius* | schlechter |
| *pensum, -i n.* | Aufgabe |
| *per (+ Akk.)* | durch |
| *pereo, -is, -ire, -ii, -itum* | zugrunde gehen |
| *perfero, -fers, -ferre, -tuli, -latum* | (er)tragen |
| *periculum, -i n.* | Gefahr |
| *permitto 3, -misi, -missum* | erlauben |
| *perpetuus 3* | ununterbrochen |
| *persuadeo 2, -suasi, -suasum (+ Dat.)* | überzeugen; überreden |
| *Persae, -arum m. (Pl.)* | die Perser |
| *pervenio 4, -veni, -ventum* | kommen, gelangen |
| *pes, pedis m.* | Fuß |
| *pessimus 3* | der schlechteste |
| *peto 3, petivi, petitum* | aufsuchen, anstreben |
| *petere a (+ Abl.)* | bitten |
| *philosophus, -i m.* | Philosoph |
| *pietas, -atis f.* | Pflichtgefühl, Frömmigkeit |
| *placeo 2, -ui, -itum* | gefallen |
| *plebs, plebis f.* | (niedriges) Volk |
| *plenus 3* | voll |
| *plures, -a* | mehr, mehrere |
| *plurimi, -ae, -a* | die meisten, sehr viele |
| *plus* | mehr |
| *poena, -ae f.* | Strafe |
| *poeta, -ae m.* | Dichter |
| *Polyphemus, -i m.* | Polyphem (ein Zyklop) |
| *pono 3, posui, positum* | setzen, legen, stellen |
| *pons, pontis m.* | Brücke |
| *populus, -i m.* | Volk |
| *porta, -ae f.* | Tor |
| *porto 1, -avi, -atum* | tragen, bringen |
| *portus, -us m.* | Hafen |
| *possideo 2, -sedi, -sessum* | besitzen |
| *possum, posse, potui* | können |
| *post (+ Akk.)* | nach; hinter |
| *post (nach Abl.)* | nachher |
| *postea* | später, danach |
| *posterus 3* | der nächste |
| *postquam (+ Ind. Perf.)* | nachdem |
| *postremo* | schließlich |
| *postulo 1, -avi, -atum* | fordern |

| | |
|---|---|
| *potens, -ntis* | mächtig |
| *potestas, -atis f.* | Macht, Gewalt |
| *praebeo 2, -ui, -itum* | bieten, anbieten |
| *praemium, -i n.* | Belohnung, Preis |
| *praeter (+ Akk.)* | außer |
| *praeterea* | außerdem |
| *preces, -um f. (Pl.)* | Bitten |
| *primo* | zuerst |
| *primus 3* | der erste |
| *princeps, -cipis (Adj.)* | der erste |
| *princeps, -cipis (Subst.)* | Prinzeps, Kaiser |
| *prior, prius* | der frühere |
| *priusquam* | bevor |
| *privatus 3* | privat |
| *pro (+ Abl.)* | für |
| *proelium, -i n.* | Schlacht |
| *prohibeo 2, -ui, -itum* | abhalten, (ver)hindern |
| *promitto 3, -misi, -missum* | versprechen |
| *prope (+ Akk.)* | nahe bei |
| *propero 1, -avi, -atum* | eilen |
| *propter (+ Akk.)* | wegen |
| *Proserpina, -ae f.* | Proserpina (Gattin des Pluto) |
| *prosum, prodes, -esse, profui* | nützen |
| *provincia, -ae f.* | Provinz |
| *proximus 3* | der nächste |
| *prudens, -entis* | klug |
| *prudentia, -ae f.* | Klugheit |
| *publicus 3* | öffentlich |
| *puella, -ae f.* | Mädchen |
| *puer, -eri m.* | Bub |
| *pugna, -ae f.* | Kampf |
| *pugno 1, -avi, -atum* | kämpfen |
| *pulcher, -chra, -chrum* | schön |
| *pulchritudo, -inis f.* | Schönheit |
| *Punicus 3* | punisch |
| *punio 4, -ivi, -itum* | bestrafen |
| *puto 1, -avi, -atum* | glauben; halten für |

**Q**

| | |
|---|---|
| *quaero 3, quaesivi, -situm* | suchen; (+ ex/a:) fragen |
| *qua de causa* | deshalb; weshalb |
| *qualis, -e* | wie (beschaffen) |
| *quam* | wie |
| *quam (nach Komparativ)* | als |
| *quam (vor Superlativ)* | möglichst |
| *quamquam* | obwohl |
| *quantum (Adv.)* | wie (sehr), wie (viel) |
| *quantus 3* | wie (groß) |
| *quartus 3* | der vierte |
| *quasi* | gleichsam (als), wie |
| *quattuor* | vier |
| *-que* | und |
| *quem?* | wen? |
| *qui, quae, quod* | (rel.) welcher / der<br>(interr.) welcher?<br>(rel. A.) dieser, -e, -es |
| *quia* | weil |
| *quicumque, quae-, quodcumque* | wer auch immer |
| *quid?* | was? |
| *quidam, quaedam, quoddam* | ein (gewisser), Pl.: einige |
| *quidem* | zwar, freilich |
| *ne ... quidem* | nicht einmal ... |
| *quinque* | fünf |
| *quintus 3* | der fünfte |
| *quis, quid* | wer, was |
| *quis nostrum / vestrum* | wer von uns / euch |
| *quisquam, quidquam* | irgendjemand, -etwas |
| *quisque, quidque* | jeder |
| *quisquis, quidquid* | wer auch immer, was auch immer |
| *quo* | wohin |
| *quod* | weil; dass; (relativ:) was |
| *quomodo* | wie |
| *quondam* | einst |
| *quoniam* | weil ja |
| *quoque (nachgestellt)* | auch |
| *quot* | wie (viele) |

**R**

| | |
|---|---|
| *rapio M, rapui, raptum* | rauben |
| *ratio, -onis f.* | Vernunft; Art |
| *recipio M, -cepi, -ceptum* | aufnehmen |
| *se recipere* | sich zurückziehen |
| *reddo 3, -didi, -ditum* | zurückgeben |
| *redeo, -ire, -ii, -itum* | zurückkehren |
| *reditus, -us m.* | Rückkehr |
| *refero, referre, rettuli, relatum* | zurückbringen; berichten |
| *regina, -ae f.* | Königin |
| *regio, -onis f.* | Gegend |
| *regno 1, -avi, -atum* | herrschen, regieren |
| *regnum, -i n.* | (König)Reich; Herrschaft |
| *rego 3, rexi, rectum* | regieren, lenken, leiten |
| *relinquo 3, -liqui, -lictum* | ver-, zurücklassen |
| *reliquus 3* | übrig |
| *repente* | plötzlich |
| *res, -rei f.* | Sache |
| *res gestae f. (Pl.)* | Taten |
| *res publica f.* | Staat |
| *resisto 3, -stiti* | sich widersetzen |
| *respondeo 2, -spondi, -sponsum* | antworten |
| *rex, regis m.* | König |
| *rideo 2, risi, risum* | (ver)lachen |
| *rogo 1, -avi, -atum* | bitten, fragen |
| *Roma, -ae f.* | Rom |
| *Romanus 3* | römisch |
| *Romani, -orum m. (Pl.)* | die Römer |
| *Romulus, -i m.* | Romulus |

**S**

| | |
|---|---|
| *Sabini, -orum m. (Pl.)* | die Sabiner (Nachbarvolk Roms) |
| *sacer, -cra, -crum* | heilig, geweiht |
| *saepe* | oft |
| *salus, -utis f.* | Heil, Rettung, Gruß |
| *saluto 1, -avi, -atum* | (be)grüßen |
| *salve! / salvete!* | sei(d) gegrüßt! |
| *sanctus 3* | heilig |
| *sanus 3* | gesund |
| *sapiens, -entis* | weise, klug |
| *satis* | genug |
| *saxum, -i n.* | Fels |
| *scelus, -eris n.* | Verbrechen |
| *schola, -ae f.* | Schule |
| *scientia, -ae f.* | Wissen, Kenntnis |
| *scio 4, scivi, scitum* | wissen |
| *scribo 3, scripsi, scriptum* | schreiben |
| *se* | sich (im ACI: dass er/sie) |
| *secum* | mit sich, bei sich |
| *secundus 3* | der zweite; günstig |
| *sed* | aber; sondern |
| *sedeo 2, sedi, sessum* | sitzen |
| *sedes, -is f.* | Sitz; Wohnsitz |
| *semel* | einmal |
| *semper* | immer |
| *senator, -oris m.* | Senator |
| *senatus, -us m.* | Senat |
| *senex, senis m.* | Greis |
| *sententia, -ae f.* | Meinung; Satz |
| *sentio 4, sensi, sensum* | fühlen |
| *septem* | sieben |
| *septimus 3* | der siebente |

| | |
|---|---|
| *sermo, -onis m.* | Gespräch, Rede |
| *serpens, -entis f.* | Schlange |
| *serva, -ae f.* | Sklavin |
| *servitus, -utis f.* | Sklaverei |
| *servio 4, -ivi, -itum* | dienen |
| *servo 1, -avi, -atum* | retten, bewahren |
| *servus, -i m.* | Sklave |
| *sex* | sechs |
| *sextus 3* | der sechste |
| *si* | wenn |
| *si quis/quid* | wenn jemand/etwas |
| *sic* | so |
| *signum, -i n.* | Zeichen; Statue |
| *silva, -ae f.* | Wald |
| *similis, -e* | ähnlich |
| *sine (+ Abl.)* | ohne |
| *singuli, -ae, -a* | einzelne, je ein |
| *Sisyphus, -i m.* | Sisyphus (Büßer in der Unterwelt) |
| *sitis, -is f.* | Durst |
| *sive – sive* | sei es (dass) … sei es (dass) |
| *socius, -i m.* | Gefährte |
| *Socrates, -is m* | Sokrates (griech. Philosoph) |
| *sol, solis m.* | Sonne |
| *soleo 2, solitus sum* | gewohnt sein, pflegen |
| *solum* | nur |
| *solus 3* | allein |
| *solvo 3, solvi, solutum* | (auf)lösen; büßen |
|   *poenas solvere* |   (Strafe zahlen =) büßen |
| *soror, -oris f.* | Schwester |
| *spectaculum, -i n.* | Schauspiel |
| *specto 1, -avi, -atum* | anschauen |
| *spero 1, -avi, -atum* | hoffen, erhoffen |
| *spes, -ei f.* | Hoffnung |
| *sponte (mea/tua/sua )* | freiwillig |
| *statim* | sogleich, sofort |
| *statua, -ae f.* | Standbild |
| *statuo 3, statui, statutum* | beschließen; aufstellen |
| *sto 1, steti, statum* | stehen |
| *studeo 2, -ui (+ Dat.)* | sich bemühen (um), streben (nach) |
| *studium, -i n.* | Eifer, Begeisterung |
| *sub (+ Abl.)* | unter (Frage: wo?) |
| *sub (+ Akk.)* | unter (Frage: wohin?) |
| *subito* | plötzlich |
| *sum, es, esse, fui* | sein |
| *summus 3* | der höchste, sehr hoch |
| *sumo 3, sumpsi, sumptum* | nehmen |
| *superbia, -ae f.* | Stolz |
| *supero 1, -avi, -atum* | besiegen, übertreffen |
| *suus 3* | sein, ihr |

**T**

| | |
|---|---|
| *taceo 2, -ui* | schweigen |
| *talis, -e* | so beschaffen, solch |
| *tam* | so |
| *tamen* | dennoch |
| *tandem* | endlich, schließlich |
| *tango 3, tetigi, tactum* | berühren |
| *tantum (Adv.)* | so sehr, so viel |
| *tantus 3* | so groß |
| *Tantalus, -i m.* | Tantalus (Büßer in der Unterwelt) |
| *Tartarus, -i m.* | Tartarus (Unterwelt) |
| *taurus, -i m.* | Stier |
| *templum, -i n.* | Tempel |
| *tempus, -oris n.* | Zeit |
| *teneo 2, -ui* | halten |
| *terra, -ae f.* | Land, Erde |
| *terreo 2, -ui, -itum* | (jmd.) erschrecken |
| *ter* | dreimal |
| *tertius 3* | der dritte |
| *theatrum, -i n.* | Theater |
| *thermae, -arum f. (Pl.)* | Therme(n), Bäder |
| *Theseus, -ei m.* | Theseus (athenischer Königssohn) |
| *Tiberis, -is m.* | der Tiber |
| *timeo 2, -ui* | fürchten |
|   *timeo, ne …* |   fürchten, dass … |
| *timor, -oris m.* | Furcht |
| *tolero 1, -avi, -atum* | ertragen |
| *tollo 3, sustuli, sublatum* | (auf)heben; beseitigen |
| *tot* | so viele |
| *totus 3* | ganz |
| *trado 3, -didi, -ditum* | ausliefern; überliefern |
| *traho 3, traxi, tractum* | ziehen |
| *trans (+ Akk.)* | jenseits von, über |
| *transeo, -is, -ire, -ii, -itum* | hinübergehen, überqueren |
| *transfero, -fers, -ferre, -tuli, -latum* | hinüberbringen |
| *tres, tria* | drei |
| *Troia, -ae f.* | Troja |
| *Troiani, -orum m. (Pl.)* | die Trojaner |
| *Troianus 3* | trojanisch |
| *tu* | du |
| *tum* | damals, dann |
| *turpis, -e* | schändlich, hässlich |
| *tutus 3* | sicher |
| *tuus 3* | dein |

**U**

| | |
|---|---|
| *ubi* | wo; sobald |
| *Ulixes, -is m.* | Odysseus |
| *ullus 3* | irgendein |
| *ultimus 3* | letzter |
| *umquam* | jemals |
| *unde* | woher |
| *unus 3* | ein |
| *urbs, urbis f.* | Stadt |
| *usque ad (+ Akk.)* | bis zu |
| *usus, -us m.* | Gebrauch, Nutzen |
| *ut (= uti) (+ Ind.)* | wie |
| *uter, utra, utrum* | wer von beiden |
| *uterque, utraque, utrumque* | jeder von beiden, beide |
| *utrum – an (im HS)* | (unübersetzt) – oder |
| *uxor, -oris f.* | Gattin |

**V**

| | |
|---|---|
| *vado 3* | gehen |
| *valde* | sehr |
| *varius 3* | verschieden |
| *vel* | oder |
| *vel – vel* | entweder – oder |
| *venio 4, veni, ventum* | kommen |
| *Venus, -eris f.* | Venus |
| *verbum, -i n.* | Wort |
| *veritas, -atis f.* | Wahrheit |
| *vero* | aber |
| *verto 3, verti, versum* | wenden |
| *verus 3* | wahr, echt |
| *vester, vestra, vestrum* | euer |
| *vestis, -is f.* | Kleidung |
| *veto 1, -ui, -itum (+ Akk.)* | verbieten |
| *via, -ae f.* | Weg |
| *victor, -oris m.* | Sieger |
| *victoria, -ae f.* | Sieg |
| *video 2, vidi, visum* | sehen |
| *vinco 3, vici, victum* | (be)siegen |
| *vinum, -i n.* | Wein |
| *vir, viri m.* | Mann |
| *vires, -ium f. (Pl.)* | Kräfte; Streitkräfte |
| *virgo, -inis f.* | Mädchen, Jungfrau |
| *virtus, -utis f.* | Tapferkeit, Tugend |
| *vis, vim, vi f.* | Kraft, Gewalt |
| *visito 1, -avi, -atum* | besuchen |

| | |
|---|---|
| *vita, -ae f.* | Leben |
| *vivo 3, vixi, (victurus)* | leben |
| *vivus 3* | lebendig, zu Lebzeiten |
| *vix* | kaum |
| *voco 1, -avi, -atum* | rufen |
| *volo 1, -avi, -atum* | fliegen |
| *volo, vis, velle, volui* | wollen |
| *voluntas, -atis f.* | Wille, Wunsch |
| *voluptas, -atis f.* | Vergnügen, Lust |
| *vos* | ihr; euch |
| *vox, vocis f.* | Stimme |
| *vulnus, -eris n.* | Wunde |
| *vultus, -us m.* | Gesicht, Miene |

# VOCABULARIUM DEUTSCH – LATEIN

**A**
arbeiten — *laboro 1, -avi, -atum*
Aufgabe — *pensum, -i n.*
aufsuchen — *peto 3, petivi, petitum*
aus (Präp.) — *ex (+ Abl.)*

**B**
befehlen — *iubeo 2, iussi, iussum (+ Akk.)*
besiegen — *supero 1, -avi, -atum*
*vinco 3, vici, victum*
Bewohner — *incola, -ae m.*
bleiben — *maneo 2, mansi, mansum*
Brief — *epistula, -ae f.; litterae, -arum*
Bruder — *frater, -tris m.*
Buch — *liber, libri m.*

**D**
dein — *tuus 3*
denken — *cogito 1, -avi, -atum*
derselbe — *idem, eadem, idem*
dieser, -e, -es — *is, ea, id*
durch — *per (+ Akk.)*

**E**
eilen — *propero 1, -avi, -atum*
*contendo 3, -tendi, -tentum*
eintreten — *intro 1, -avi, -atum*
Eltern — *parentes, -um m. (Pl.)*
ermahnen — *moneo 2, -ui, -itum*
erschrecken — *terreo 2, -ui, -itum*
erzählen — *narro 1, -avi, -atum*
euer — *vester, vestra, vestrum*

**F**
Fall — *casus, -us m.*
fassen — *capio M, cepi, captum*
Feind — *hostis, -is m.*
Feldherr — *imperator, -oris m.*
Fluss — *flumen, -inis n.*
fragen — *interrogo 1, -avi, -atum*
Frau — *femina, -ae f.*
Freund — *amicus, -i m.*
Freundin — *amica, -ae f.*
führen — *duco 3, duxi, ductum*
Furcht — *metus, -us m.*
für — *pro (+ Abl.)*
fürchten — *timeo 2, -ui*

**G**
Gebäude — *aedificium, -i n.*
geben — *do 1, dedi, datum*
gefallen — *placeo 2, -ui, -itum*
gegen — *contra (+ Akk.)*
gehen — *eo, is, ire, ii, itum*
gern — *libenter (Adv.)*
gewohnt sein — *consuevi, consuevisse*
*soleo 2, solitus sum*
glauben — *puto 1, -avi, -atum*
glücklich — *felix, -icis*
Gott — *deus, -i m.*
Göttin — *dea, -ae f.*
grässlich — *atrox, -ocis*

**H**
Hand — *manus, -us f.*
hassen — *odi, odisse*
Haus — *domus, -us f.*
Heer — *exercitus, -us m.*
helfen — *(ad)iuvo 1, -iuvi, -iutum (+ Akk.)*
Herrschaft — *imperium, -i n.*
herrschen — *impero 1, -avi, -atum*
*regno 1, -avi, -atum*
hier — *hic (Adv.)*
Hoffnung — *spes, -ei f.*
hören — *audio 4, -ivi, -itum*
Horn — *cornu, -us n.*
Hund — *canis, -is m.*

**I**
ihr (Personalpron.) — *vos*
ihr (Possessivpron.) — *suus 3*
in (Frage: wo?) — *in (+ Abl.)*
(Frage: wohin?) — *in (+ Akk.)*

**J**
jener, jene, jenes — *ille, illa, illud*

**K**
kämpfen — *pugno 1, -avi, -atum*
kennen — *novi, novisse*
Kinder — *liberi, -orum m. (Pl.)*
klug — *prudens, -entis*
kommen — *venio 4, veni, ventum*
König — *rex, regis m.*
können — *possum, potes, posse, potui*
kurz — *brevis, -e*

**L**
lachen — *rideo 2, risi, risum*
lange (Adv.) — *diu*
Lehrer — *magister, -tri m.*
leicht — *facilis, -e*
lernen — *disco 3, didici*
lesen — *lego 3, legi, lectum*
lieben — *amo 1, -avi, -atum*
loben — *laudo 1, -avi, -atum*

**M**
machen — *facio M, feci, factum*
*ago 3, egi, actum*
Mädchen — *puella, -ae f.*
mahnen — *moneo 2, monui, monitum*
Mann — *vir, viri m.*
mein — *meus 3*
Mensch — *homo, -inis m.*
mit — *cum (+ Abl.)*
Mittag — *meridies, -ei m.*
Mutter — *mater, -ris f.*

**N**

nach Hause — *domum*
Name — *nomen, -inis n.*
neu — *novus 3*
nicht — *non*
nicht wollen — *nolo, nolle, nolui*

**P**

pflegen — *consuevi, consuevisse*
*soleo 2, solitus sum*

**R**

regieren — *regno 1, -avi, -atum*
*impero 1, -avi, -atum*
reich — *dives, -itis*
Reich — *imperium, -i n.*
Rom — *Roma, -ae f.*

**S**

Sache — *res, rei f.*
sagen — *dico 3, dixi, dictum*
schauen — *specto 1, -avi, -atum*
Schauspiel — *spectaculum, -i n.*
schenken — *dono 1, -avi, -atum*
schicken — *mitto 3, misi, missum*
Schiff — *navis, -is f.*
schnell — *celer, -is, -e*
schon — *iam*
schreiben — *scribo 3, scripsi, scriptum*
schreien — *clamo 1, -avi, -atum*
Schule — *schola, -ae f.*
Schüler — *discipulus, -i m.*
Schwert — *gladius, -i m.*
schwierig — *difficilis, -e*
sehen — *video 2, vidi, visum*
sehr — *maxime*
sein — *sum, es, esse, fui*
sein (Possessivpronomen) — *suus 3*
selbst — *ipse, ipsa, ipsum*
Senat — *senatus, -us m.*
sich erinnern (an) — *memini, -isse (+ Gen.)*
sich freuen — *gaudeo 2, gavisus sum*
sich setzen — *consido 3, -sedi, -sessum*
singen — *cano 3, cecini*
sitzen — *sedeo 2, sedi, sessum*
Sohn — *filius, -i m.*
Soldat — *miles, -itis m.*
spazieren — *ambulo 1, -avi, -atum*
Stadt — *oppidum, -i n.*
*urbs, urbis f.*
Statue — *statua, -ae f.*
Stimme — *vox, vocis f.*
Straße — *via, -ae f.*

**T**

Tag — *dies, -ei m.*
tapfer — *fortis, -e*
Tapferkeit — *virtus, -utis f.*
Tempel — *templum, -i n.*
Tochter — *filia, -ae f.*
töten — *interficio M, -feci, -fectum*
*occido 3, -cidi, -cisum*
*neco 1, -avi, -atum*
tragen — *fero, fers, ferre, tuli, latum*
tun — *ago 3, egi, actum*
*facio M, feci, factum*

**U**

über — *de (+ Abl.)*
unser — *noster, -tra, -trum*

**V**

Vater — *pater, -tris m.*
viele — *multi, -ae, -a (Pl.)*
vor — *ante (+ Akk.)*
vornehm — *nobilis, -e*

**W**

warum? — *cur?*
was? — *quid?*
wer? — *quis?*
wissen — *scio 4, scivi, scitum*
wollen — *volo, vis, velle, volui*
Wort — *verbum, -i n.*
wünschen — *cupio M, -ivi, -itum*

**Z**

zeigen — *monstro 1, -avi, -atum*
Zeit — *tempus, -oris n.*
zu — *ad (+ Akk.)*

5. Auflage 2024

ISBN 978-3-7058-7921-8

# DURCH STARTEN

# LATEIN

1

## ÜBUNGSBUCH

**Verfasst von Kristina Rychli und Wolfram Kautzky**

Diesem Buch ist ein Lösungsheft zu den Übungen beigelegt.

Bibliografische Information der Deutschen Bibliothek:
Die Deutsche Bibliothek verzeichnet diese Publikation in der Deutschen Nationalbibliografie; detaillierte bibliografische Daten sind im Internet über http://dnb.ddb.de abrufbar.

VERITAS-VERLAG, Linz
www.durchstarten.at



Lektorat: Klaus Kopinitsch
Grafische Gestaltung: Ingrid Zuckerstätter
Illustrationen: Helmut »Dino« Breneis
Satz: Toni Froschauer
Herstellung: Julia Bamberger

Auf umweltfreundlichem Papier gedruckt bei:
siehe https://produkt.veritas.at/19790#additional

5. Auflage 2024
ISBN 978-3-7058-7921-8

VERITAS
Lernen verbindet uns

# Inhaltsverzeichnis



## FORMENLEHRE

### DEKLINATIONEN

**Substantiva**



**Adjektiva**



**Pronomina**



**Numeralia**



### KONJUGATIONEN

**AKTIVFORMEN**

**Präsensstamm Aktiv**



**Perfektstamm Aktiv**

**PASSIVFORMEN**



**NOMINALFORMEN**



**UNREGELMÄSSIGE VERBA**



# SYNTAX

## NOMEN IM SATZ



## VERBUM IM SATZ



## SÄTZE UND SATZARTEN – GLIEDSÄTZE

# *Salve, discipula! Salve, discipule!*

Fein, dass du das Übungsbuch zu Durchstarten Latein 1 erworben hast! Dieser Band mit mehr als **280 Übungen** und über 2000 Beispielen ist dein perfekter Trainingspartner zum Wiederholen und Üben der lateinischen Grammatik des ersten Lernjahres.

Dieses Buch wird dir in doppelter Hinsicht nützlich sein:

- **Während des ersten Lernjahres,** wenn du den Stoff, den ihr im Unterricht gerade durchnehmt, weiter vertiefen und üben möchtest.
- **Nach dem ersten Lernjahr**, wenn du einzelne Kapitel der Grammatik gezielt wiederholen möchtest, also sozusagen ein Grammatik-Update machen möchtest.

Der Schwerpunkt des Buches liegt entsprechend dem Lehrplan des ersten Jahres auf der lateinischen **Formenlehre** (ausgenommen die Konjunktive und die Deponentia, die üblicherweise erst im zweiten Lernjahr auf dem Programm stehen). Von der Syntax werden die **Kasuslehre**, die Verwendung der **Zeiten** sowie **indikativische Gliedsätze** ausführlich behandelt.

Am Beginn jedes Kapitels findest du als Einstieg eine kompakte und übersichtliche **Zusammenfassung*** der wichtigsten Formen und Grammatikregeln – danach kommen **Übungen**, **Übungen** und nochmals **Übungen** ...!

Damit du jederzeit deinen Lernerfolg kontrollieren kannst, gibt es natürlich auch ein **Lösungsheft.**

Noch ein Wort zu den im Buch verwendeten **Vokabeln:** Durch das **Vokabelverzeichnis** im Lösungsheft kannst du dieses Übungsbuch zu jedem von dir im Unterricht verwendeten Lateinlehrgang verwenden!

Viel Erfolg auf deinem Weg zur perfekten Lateinerin/zum perfekten Lateiner wünschen dir

***Kristina Dangl & Wolfram Kautzky***

* Wenn du umfassendere Erklärungen zur Grammatik samt allen Details und Ausnahmen benötigst, solltest du dir das „Durchstarten Latein 1" Coachingbuch besorgen!

# DEKLINATIONEN – Substantiva

## 1. KAPITEL: A- UND O-DEKLINATION

| | a-Dekl. | o-Deklination | | | |
|---|---|---|---|---|---|
| | feminin | maskulin | | | neutrum |
| Sg. 1. F. | *amica* | *amicus* | *ager* | *puer* | *templum* |
| 2. F. | *amicae* | *amici* | *agri* | *pueri* | *templi* |
| 3. F. | *amicae* | *amico* | *agro* | *puero* | *templo* |
| 4. F. | *amicam* | *amicum* | *agrum* | *puerum* | *templum* |
| 5. F. | *amica!* | *amice!*[1] | *ager!* | *puer!* | *templum!* |
| 6. F. | *amica*[2] | *amico*[2] | *agro* | *puero*[2] | *templo* |
| Pl. 1. F. | *amicae* | *amici* | *agri* | *pueri* | *templa* |
| 2. F. | *amicarum* | *amicorum* | *agrorum* | *puerorum* | *templorum* |
| 3. F. | *amicis* | *amicis* | *agris* | *pueris* | *templis* |
| 4. F. | *amicas* | *amicos* | *agros* | *pueros* | *templa* |
| 5. F. | *amicae!* | *amici!* | *agri!* | *pueri!* | *templa!* |
| 6. F. | *amicis*[2] | *amicis*[2] | *agris* | *pueris*[2] | *templis* |

[1] Die Wörter der o-Deklination auf ***-us*** sind die einzigen mit einer eigenen Endung für den **Vokativ**: ***-e***.
(Ausnahme: Die Wörter auf ***-ius*** bilden den Vokativ auf ***-i***: *fili!* = „Sohn!")

[2] Personenbezeichnungen stehen im Ablativ meist mit einer Präposition (zB *a/ab, de, cum, sine* …).

### 1 Ordne den folgenden Wörtern die richtige Bestimmung und Übersetzung zu!

| | | |
|---|---|---|
| 1. puer: | ...... 3./6. F. Sg. m. | ...... die Augen |
| 2. puellam: | ...... 5. F. Sg. m. | ...... des Gebäudes |
| 3. oculos: | ...... 2. F. Pl. m. | ...... (mit) dem Schwert |
| 4. deae: | ...... 1./6. F. Sg. f. | ...... der Tempel |
| 5. templorum: | ...... 4. F. Sg. f. | ...... (mit) den Aufgaben |
| 6. aedificii: | ...... 1. F. Sg. m. | ...... Freund! |
| 7. pensis: | ...... 2./3. F. Sg./1. F. Pl. f. | ...... das Mädchen |
| 8. gladio: | ...... 3./6. F. Pl. n. | ...... der Bub |
| 9. vita: | ...... 2. F. Sg. n. | ...... das Leben/mit dem Leben |
| 10. amice: | ...... 4. F. Pl. m. | ...... der Göttin/die Göttinnen |
| 11. feminas | ...... 1./4. F. Sg. n. | ...... die Frauen |
| 12. gaudia | ...... 1./6. F. Sg. f. | ...... der Statuen |
| 13. spectaculum | ...... 2. F. Pl. f. | ...... die Freuden |
| 14. via | ...... 4. F. Pl. f. | ...... die Straße/auf der Straße |
| 15. statuarum | ...... 1./4. F. Pl. n. | ...... das Schauspiel |

 

**2** **Bestimme Fall, Zahl und Geschlecht und übersetze! (Bei einigen Formen gibt es mehrere Möglichkeiten; Vokative brauchst du nicht zu berücksichtigen.)**

1. oculi *(2 Mögl.)*: ..........

2. lingua *(2 Mögl.)*: ..........

..........

3. amicae *(3 Mögl.)*: ..........

..........

..........

4. spectaculi: ..........

5. templo *(2 Mögl.)*: ..........

..........

6. deam: ..........

7. verba *(2 Mögl.)*: ..........

..........

8. vias: ..........

9. pensis *(2 Mögl.)*: ..........

..........

10. copiam: ..........

11. gaudii: ..........

12. gladiorum: ..........

**3** **Übersetze die folgenden Formen ins Lateinische! (Bei einigen Formen gibt es mehrere Möglichkeiten.)**

1. der Freund: ..........

2. des Lehrers: ..........

3. den Schüler: ..........

4. die Mädchen *(2 Mögl.)*: ..........

5. der Söhne: ..........

6. dem Wort: ..........

7. den Freundinnen: ..........

8. die Schwerter *(2 Mögl.)*: ..........

9. das Schauspiel *(2 Mögl.)*: ..........

10. der Straße *(2 Mögl.)*: ..........

 

## 4 Welche Form passt nicht zu den anderen? Warum?

| 1. | 2. | 3. | 4. | 5. |
|---|---|---|---|---|
| ☐ puellas | ☐ Romanum | ☐ amici | ☐ discipulo | ☐ verba |
| ☐ filias | ☐ templum | ☐ verbi | ☐ filio | ☐ pensa |
| ☐ superas | ☐ auxilium | ☐ oculi | ☐ deo | ☐ puella |
| ☐ feminas | ☐ verbum | ☐ magistri | ☐ video | ☐ exempla |

## 5 Ordne die folgenden Formen nach den Fällen! (Einige Formen können zwei Fällen zugeordnet werden. Bei jedem Fall sollten zwei Formen stehen.)

puer – puellae – deorum – magistrum – verbis – templi – viam – pensa – copiarum – gladios – terra – oculo – spectaculis

| Sg.: | | Pl.: | |
|---|---|---|---|
| 1. | ........................ | 1. | ........................ |
| 2. | ........................ | 2. | ........................ |
| 3. | ........................ | 3. | ........................ |
| 4. | ........................ | 4. | ........................ |
| 5. | ........................ | 5. | ........................ |
| 6. | ........................ | 6. | ........................ |

## 6 Ordne die folgenden Wörter nach ihrem Geschlecht. Achte besonders auf Pluralwörter!

iniuria – bellum – arma – nuntius – annus – consilium – vita – liber – verbum – poeta – filia – filius – aqua – castra – auxilia – femina – puer – spectaculum – dea – vir – magistra – magister – liberi – statua – puella – pensum – exemplum

| maskulin | feminin | neutrum |
|---|---|---|
| ........................ | ........................ | ........................ |
| ........................ | ........................ | ........................ |
| ........................ | ........................ | ........................ |
| ........................ | ........................ | ........................ |
| ........................ | ........................ | ........................ |
| ........................ | ........................ | ........................ |
| ........................ | ........................ | ........................ |
| ........................ | ........................ | ........................ |
| ........................ | ........................ | ........................ |
| ........................ | ........................ | ........................ |

## 7 Bestimme folgende Singular-Formen, setze sie im selben Fall in den Plural und übersetze die neue Form!

EXEMPLUM: amici (2. F. Sg.) ► **(2. F. Pl.) amicorum = „der Freunde"**

1. vitam: ..........
2. discipulum: ..........
3. terrae *(2 Mögl.)*: ..........
4. oculi: ..........
5. puero: ..........

## 8 Bestimme die folgenden Plural-Formen, setze sie im selben Fall in den Singular und übersetze sie dann!

EXEMPLUM: amicorum (2. F. Pl.) ► **(2. F. Sg.) amici = „des Freundes"**

1. amicae: ..........
2. viis *(2 Mögl.)*: ..........
3. gladiorum: ..........
4. verba *(2 Mögl.)*: ..........
5. magistros: ..........

## 9 Bilde die Vokative zu den folgenden Wörtern:

1. Quintus: ..........
2. Iulia: ..........
3. Iulius: ..........
4. Lydia: ..........
5. Alexander: ..........
6. Gaius: ..........
7. amicus: ..........
8. amica: ..........
9. filius: ..........
10. puer: ..........
11. Marcus: ..........
12. Claudia: ..........
13. Lucius: ..........

 

## 2. KAPITEL: 3. DEKLINATION – KONSONANTENSTÄMME

| maskulin + feminin | | | | neutrum | | | |
|---|---|---|---|---|---|---|---|
| **Sg. 1./5. F.** | *mos* | **Pl. 1./5. F.** | *mo**res*** | **Sg. 1./5. F.** | *tempus* | **Pl. 1./5. F.** | *tempor**a*** |
| **2. F.** | *mo**ris*** | **2. F.** | *mo**rum*** | **2. F.** | *tempo**ris*** | **2. F.** | *tempo**rum*** |
| **3. F.** | *mo**ri*** | **3. F.** | *mo**ribus*** | **3. F.** | *tempo**ri*** | **3. F.** | *tempo**ribus*** |
| **4. F.** | *mo**rem*** | **4. F.** | *mo**res*** | **4. F.** | *tempus* | **4. F.** | *tempor**a*** |
| **6. F.** | *mo**re*** | **6. F.** | *mo**ribus*** | **6. F.** | *tempo**re*** | **6. F.** | *tempo**ribus*** |

- Die Nominative Sg. bei den Wörtern der 3. Deklination können völlig unterschiedlich sein. Zu erkennen ist ein Wort der 3. Deklination am **Genetiv Sg. auf *-is*.**
- Bei den Konsonantenstämmen gibt es Wörter **aller drei Geschlechter**. Einen Überblick über die **Geschlechtsregeln** findest du in deiner Latein-Grammatik bzw. im Durchstarten Latein 1 Coachingbuch!

### 10 Ordne den folgenden Wörtern die richtige Bestimmung und Übersetzung zu!

| | | |
|---|---|---|
| 1. homo: | ...... 3. F. Sg. m. | ...... die Soldaten |
| 2. virginem: | ...... 1./4. F. Pl. n. | ...... des Körpers |
| 3. milites: | ...... 2. F. Pl. n. | ...... mit der Ehre |
| 4. corporis: | ...... 6. F. Sg. m. | ...... der Namen |
| 5. nominum: | ...... 4. F. Sg. f. | ...... (mit) den Hunden |
| 6. flumina: | ...... 1. F. Sg. m. | ...... die Flüsse |
| 7. canibus: | ...... 2. F. Pl. m. | ...... das Mädchen |
| 8. honore: | ...... 3./6. F. Pl. m. | ...... der Mensch |
| 9. hosti: | ...... 2. F. Sg. n. | ...... dem Feind |
| 10. regum: | ...... 1./4. F. Pl. m. | ...... der Könige |

### 11 Bestimme Fall, Zahl und Geschlecht und übersetze!

1. homini: ...........................................................................
2. patris: ...........................................................................
3. voces: ...........................................................................
4. corporibus: ...........................................................................
5. nomine: ...........................................................................
6. imperatorum: ...........................................................................
7. flumina: ...........................................................................
8. reges: ...........................................................................
9. multitudini: ...........................................................................
10. montem: ...........................................................................

## 12 Übersetze die folgenden Formen ins Lateinische!

1. den Müttern: ...................................................................................................................

2. des Namens: ...................................................................................................................

3. den Bruder: ...................................................................................................................

4. der Könige: ...................................................................................................................

5. durch die Tapferkeit: ...................................................................................................................

6. die Flüsse: ...................................................................................................................

7. den Feldherren *(2 Mögl.)*: ...................................................................................................................

8. die Hunde: ...................................................................................................................

9. mit den Stimmen: ...................................................................................................................

10. dem Menschen: ...................................................................................................................

11. mit dem Körper: ...................................................................................................................

12. den Vater: ...................................................................................................................

13. des Soldaten: ...................................................................................................................

## 13 Setze jeweils in die andere Zahl (Singular ▸ Plural, Plural ▸ Singular) und übersetze dann!

1. uxoris: ...................................................................................................................

2. facinora: ...................................................................................................................

3. virgini: ...................................................................................................................

4. arte: ...................................................................................................................

5. operum: ...................................................................................................................

6. caput: ...................................................................................................................

7. partibus *(2 Mögl.)*: ...................................................................................................................

8. mare: ...................................................................................................................

9. hostes *(2 Mögl.)*: ...................................................................................................................

10. adulescentem: ...................................................................................................................

11. nomine: ...................................................................................................................

12. homini: ...................................................................................................................

13. flumen: ...................................................................................................................

14. imperatorum: ...................................................................................................................

 

## 14 Ordne die folgenden Wörter nach der Deklinationsklasse und übersetze:

saxa – prudentiae – facinoribus – naturam – sceleris – arbores – morte – cenis – iusso – locis – rex – tauros – insularum – monti – magistros – filii – liberi – iniuria – curas – portae – hostes

| a-Deklination | o-Deklination | 3. Deklination |
|---|---|---|
| | | |
| | | |
| | | |
| | | |
| | | |
| | | |
| | | |

## 15 Gib jeweils Nominativ, Genetiv Sg., Geschlecht sowie die Deklination an, bestimme dann Fall und Zahl und übersetze:

| Form | 1., 2. Fall, Geschlecht | Deklination | Fall, Zahl, Geschlecht | Übersetzung |
|---|---|---|---|---|
| amicos | amicus, -i m. | o-Dekl. | 4. F. Pl. | „die Freunde" |
| pulchritudinis | | | | |
| horis | | | | |
| flumini | | | | |
| populi | | | | |
| bellum | | | | |
| militum | | | | |
| civitas | | | | |
| terras | | | | |
| homo | | | | |
| templo | | | | |

## 16 Welche Form passt nicht zu den anderen? Warum?

1. ☐ terras ☐ filias ☐ libertas ☐ portas
2. ☐ auxilium ☐ regum ☐ hominum ☐ militum
3. ☐ oculi ☐ verbi ☐ honori ☐ populi
4. ☐ discipulis ☐ nuntiis ☐ bellis ☐ fluminis
5. ☐ cane ☐ amice ☐ pace ☐ virtute
6. ☐ nominibus ☐ pueris ☐ dicis ☐ viris
7. ☐ nocte ☐ saepe ☐ voce ☐ clamore
8. ☐ amice ☐ fili ☐ hostis ☐ voci
9. ☐ flumen ☐ hominem ☐ noctem ☐ regum
10. ☐ nomina ☐ statua ☐ flumina ☐ verba

## 17 Bestimme die folgenden Formen von *amicus* bzw. *amica* und bilde die entsprechende Form (im gleichen Fall) von *homo*!

| *amicus/amica* | Fall, Zahl, Geschlecht | *homo* |
|---|---|---|
| amicum | 4. F. Sg. m. | hominem |
| amicas | | |
| amicorum | | |
| cum amico | | |
| amici *(2 Mögl.)* | | |
| amicis | | |
| amicus | | |
| amicae *(3 Mögl.)* | | |
| amice | | |
| cum amicis | | |
| amico | | |
| amicarum | | |

# 3. KAPITEL: 3. DEKLINATION – I- UND MISCHSTÄMME

| | Mischstämme | i-Stämme | |
|---|---|---|---|
| | feminin | feminin | neutrum |
| Sg. 1./5. F. | *navis* | *turris* | *mare* |
| 2. F. | *navis* | *turris* | *maris* |
| 3. F. | *navi* | *turri* | *mari* |
| 4. F. | *navem* | *turrim* | *mare* |
| 6. F. | *nave* | *turri* | *mari* |
| Pl. 1./5. F. | *naves* | *turres* | *maria* |
| 2. F. | *navium* | *turrium* | *marium* |
| 3. F. | *navibus* | *turribus* | *maribus* |
| 4. F. | *naves* | *turres* | *maria* |
| 6. F. | *navibus* | *turribus* | *maribus* |

- Die **Mischstämme** sind großteils **feminin**:
  Hierher gehören jene Substantiva, die im 1. und 2. F. Sg. auf *-is* enden (zB *navis, -is*) oder auf mehr als einen Konsonanten (zB *pars, urbs*) enden.
- Die **i-Stämme** sind **feminin** oder **neutrum**:
  **Feminin** sind *turris* („Turm"), *febris* („Fieber"), *sitis* („Durst"), *puppis* („Schiff"), *vis* („Kraft") und *securis* („Beil").
  **Neutrum** sind alle Substantiva auf ***-e*** (zB *mare*), ***-al*** (zB *animal*) oder ***-ar*** (zB *exemplar*).

## 18 Bestimme Fall und Zahl und übersetze!

1. pacem: ..............................
2. urbium: ..............................
3. animal *(2 Mögl.)*: ..............................
4. voce: ..............................
5. vim: ..............................
6. nomini: ..............................
7. maria *(2 Mögl.)*: ..............................
8. hostium: ..............................
9. turri *(2 Mögl.)*: ..............................
10. navibus *(2 Mögl.)*: ..............................
11. corpora *(2 Mögl.)*: ..............................
12. sitis *(2 Mögl.)*: ..............................
13. partes *(2 Mögl.)*: ..............................
14. navi: ..............................

 

**19** **Welche der folgenden Wörter gehören zur Mischdeklination, welche zur konsonantischen Deklination und welche zur o-Deklination?**

consilium – partium – bellum – hostium – hominum – filium – imperatorum – navium – corporum – virorum – urbium – fluminum

| Mischdeklination | Konsonantische Deklination | o-Deklination |
|---|---|---|
| | | |
| | | |
| | | |
| | | |

**20** **Welche der folgenden Formen stammen von vis, vim, vi f. („Kraft", 3. Deklination), welche von vir, viri m. („Mann", o-Deklination)? Bestimme Fall und Zahl (manchmal gibt es zwei Möglichkeiten!) und übersetze die Formen auch!**

vires – viros – viri – vis – viribus – vim – viris – virium – virum – vi – virorum – viro

| „Kraft", „Gewalt" | „Mann" |
|---|---|
| | |
| Üs.: | |
| | |
| Üs.: | |
| | |
| Üs.: | |
| | |
| Üs.: | |
| | |
| Üs.: | |
| | |
| Üs.: | |

# 4. KAPITEL: E- UND U-DEKLINATION

| | e-Dekl. | u-Dekl. | |
|---|---|---|---|
| | **feminin** | **maskulin** | **neutrum** |
| **Sg. 1./5. F.** | *r**es*** | *cas**us*** | *corn**u*** |
| **2. F.** | *r**ei*** | *cas**us*** | *corn**us*** |
| **3. F.** | *r**ei*** | *cas**ui*** | *corn**u*** |
| **4. F.** | *r**em*** | *cas**um*** | *corn**u*** |
| **6. F.** | *r**e*** | *cas**u*** | *corn**u*** |
| **Pl. 1./5. F.** | *r**es*** | *cas**us*** | *corn**ua*** |
| **2. F.** | *r**erum*** | *cas**uum*** | *corn**uum*** |
| **3. F.** | *r**ebus*** | *cas**ibus*** | *corn**ibus*** |
| **4. F.** | *r**es*** | *cas**us*** | *corn**ua*** |
| **6. F.** | *r**ebus*** | *cas**ibus*** | *corn**ibus*** |

- Substantiva der **e-Deklination** sind **feminin**.
  (Ausnahmen: *dies* „Tag" und *meridies* „Mittag" sind **maskulin**.)
- Substantiva der **u-Deklination** auf ***-us*** sind meist **maskulin**.
  (Zwei wichtige Ausnahmen: *domus* „Haus" und *manus* „Hand" sind **feminin**.)

## 21 Bestimme Fall, Zahl, Geschlecht und übersetze!

1. metu: ..........
2. diem: ..........
3. manui: ..........
4. cornua *(2 Mögl.)*: ..........
5. manus *(4 Mögl.)*: ..........
   ..........
6. casibus *(2 Mögl.)*: ..........
7. res *(3 Mögl.)*: ..........
   ..........
8. senatum: ..........
9. spe: ..........
10. fidem: ..........
11. manibus *(2 Mögl.)*: ..........
12. casu: ..........
13. domum: ..........
14. domuum: ..........

## 22 Übersetze die folgenden Formen ins Lateinische!

1. die Hände: ..........

2. dem Senat: ..........

3. an dem Tag: ..........

4. des Falles: ..........

5. zu Mittag: ..........

6. die Hoffnung *(2 Mögl.)*: ..........

..........

7. durch die Furcht: ..........

8. der Sache *(2 Mögl.)*: ..........

..........

9. dem Haus: ..........

10. mit den Hörnern ..........

## 23 Ergänze die Endung des Adjektivs und übersetze:

1. manibus firm........ : ..........

2. spei parv......../........ : ..........

3. exercitum magn........ : ..........

4. res public......../......../........ : ..........

5. rei bon........ : ..........

6. domus antiqu......../......../........ : ..........

7. metu magn........ : ..........

8. exercitus clar......../......../......../........ : ..........

9. diem pulchr........ : ..........

10. cornu long......../......../......../........ : ..........

11. manuum magn........ : ..........

12. diebus long........ : ..........

13. domui parv........ : ..........

14. re mal........ : ..........

15. spei magn......../........ : ..........

 

## 24 Bestimme die folgenden Formen und stelle die entsprechenden Formen von *dominus*, *femina* und *bellum* daneben!

EXEMPLUM: manui: 3. F. Sg. f. ► **domino, feminae, bello**

1. exercitum: ......................................................................
2. spei *(2 Mögl.)*: ......................................................................
3. casus (4. F. Pl.): ......................................................................
4. rebus: ......................................................................
5. manuum: ......................................................................
6. die: ......................................................................
7. meridiem: ......................................................................
8. metui: ......................................................................
9. domus (1. F. Pl.): ......................................................................
10. exercitibus: ......................................................................
11. cornua *(2 Mögl.)*: ......................................................................
12. metus (1. F. Sg.): ......................................................................
13. rerum: ......................................................................
14. domos: ......................................................................
15. diem: ......................................................................
16. manus (2. F. Sg.)......................................................................
17. spe: ......................................................................
18. meridiei (3. F. Sg.): ......................................................................

## 25 Setze die Wörter ein. Das Lösungswort ergibt den Namen eines römischen Gottes.

1. der Tage
2. die Hände
3. die Hoffnung (4. F.)
4. durch die Hoffnung
5. der Sache
6. der Furcht (3. F.)
7. den Sachen
8. die Hörner

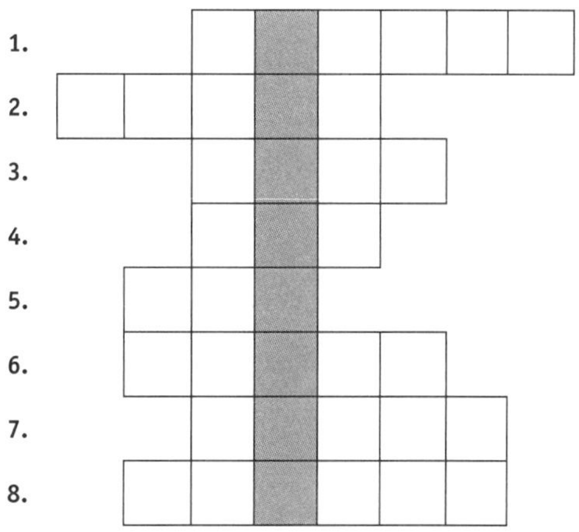

# 5. KAPITEL: ZUSAMMENFASSUNG DER DEKLINATIONEN

**26** **Es gibt einige Endungen, die in mehreren Deklinationen vorkommen, jedoch jeweils verschiedene Fälle anzeigen. Trage zu den folgenden Endungen die entsprechenden Fälle der angegebenen Deklinationen ein!**

**-us:** o-Dekl. maskulin: ..............................

u-Dekl.: ..............................

**-a:** a-Dekl.: ..............................

o-Dekl. neutrum: ..............................

**-i:** o-Dekl. maskulin: ..............................

3. Dekl.: ..............................

**-is:** a-/o-Dekl.: ..............................

3. Dekl.: ..............................

**-e:** o-Dekl. maskulin: ..............................

3. Dekl.: ..............................

**-es:** 3. Dekl.: ..............................

e-Dekl.: ..............................

**27** **Kreuze die richtige Bedeutung der folgenden Formen an!**

| | | |
|---|---|---|
| **1.** libri | ☐ die Kinder | ☐ die Bücher |
| **2.** regum | ☐ der Könige | ☐ das Königreich |
| **3.** agri | ☐ des Feldes | ☐ dem Feld |
| **4.** crucis | ☐ des Kreuzes | ☐ (mit) den Kreuzen |
| **5.** deis | ☐ der Tag | ☐ den Göttern |
| **6.** consilia | ☐ der Beschluss | ☐ die Beschlüsse |
| **7.** amice | ☐ mit dem Freund | ☐ Freund! |
| **8.** belli | ☐ des Krieges | ☐ die Kriege |
| **9.** morem | ☐ den Tod | ☐ die Sitte |
| **10.** imperatori | ☐ des Feldherrn | ☐ dem Feldherrn |
| **11.** viribus | ☐ (mit) den Männern | ☐ (mit) den Kräften |
| **12.** domus | ☐ das Haus | ☐ der Herr |
| **13.** mare | ☐ mit dem Meer | ☐ das Meer |
| **14.** gladiorum | ☐ den Gladiator | ☐ der Schwerter |

 

**28** **Bestimme und übersetze die folgenden Formen. (Achtung: Manche Formen können mehrere Fälle bezeichnen!)**

| Form | Deklination | Fall, Zahl, Geschlecht | Übersetzung |
|---|---|---|---|
| pericula | | | |
| insula | | | |
| domine | | | |
| sole | | | |
| curae | | | |
| agri | | | |
| capiti | | | |
| amore | | | |
| navium | | | |
| virgines | | | |
| gladiis | | | |
| pacis | | | |
| operis | | | |
| rei | | | |
| viro | | | |
| vires | | | |
| casus | | | |
| virtus | | | |
| auxilio | | | |
| flumina | | | |
| liberi | | | |
| domui | | | |
| corpora | | | |

 

# DEKLINATIONEN – Adjektiva

## 6. KAPITEL: ADJEKTIVA DER A- UND O-DEKLINATION

| | *bonus, bona, bonum* | | |
|---|---|---|---|
| | m. | f. | n. |
| Sg. 1. F. | *bonus* | *bona* | *bonum* |
| 2. F. | *boni* | *bonae* | *boni* |
| 3. F. | *bono* | *bonae* | *bono* |
| 4. F. | *bonum* | *bonam* | *bonum* |
| 5. F. | *bone* | *bona* | *bonum* |
| 6. F. | *bono* | *bona* | *bono* |
| Pl. 1. F. | *boni* | *bonae* | *bona* |
| 2. F. | *bonorum* | *bonarum* | *bonorum* |
| 3. F. | *bonis* | *bonis* | *bonis* |
| 4. F. | *bonos* | *bonas* | *bona* |
| 5. F. | *boni* | *bonae* | *bona* |
| 6. F. | *bonis* | *bonis* | *bonis* |

| | *liber, libera, liberum* | | |
|---|---|---|---|
| | m. | f. | n. |
| Sg. 1. F. | *liber* | *libera* | *liberum* |
| 2. F. | *liberi* | *liberae* | *liberi* |
| | (etc.) | | |

| | *pulcher, pulchra, pulchrum* | | |
|---|---|---|---|
| Sg. 1. F. | *pulcher* | *pulchra* | *pulchrum* |
| 2. F. | *pulchri* | *pulchrae* | *pulchri* |
| | (etc.) | | |

**29** **Dekliniere die folgenden Wortgruppen:**

| Sg. 1. F. | vir clarus | puella pulchra | oppidum magnum |
|---|---|---|---|
| 2. F. | | | |
| 3. F. | | | |
| 4. F. | | | |
| 5. F. | | | |
| 6. F. | | | |
| Pl. 1. F. | | | |
| 2. F. | | | |
| 3. F. | | | |
| 4. F. | | | |
| 5. F. | | | |
| 6. F. | | | |

**30** **Setze die folgenden Wortgruppen in die angegebenen Fälle!**

1. discipulus bonus ► 4. F. Sg: ..........................................
2. femina irata ► 1. F. Pl.: ..........................................
3. aedificium magnum ► 6. F. Pl.: ..........................................
4. deus clarus ► 2. F. Sg.: ..........................................
5. terra aliena ► 3. F. Pl.: ..........................................
6. gladius magnus ► 6. F. Sg.: ..........................................
7. liber novus ► 4. F. Pl.: ..........................................
8. amicus bonus ► 5. F. Sg.: ..........................................

**31** **Bestimme jeweils Fall, Zahl und Geschlecht der folgenden Formen und übersetze! (Bei mehrdeutigen Formen steht für jede Möglichkeit eine Zeile zur Verfügung. Vokative brauchst du nicht anzugeben.)**

1. clararum: ........................................ ........................................

2. boni: ........................................ ........................................

........................................ ........................................

........................................ ........................................

3. misera: ........................................ ........................................

........................................ ........................................

........................................ ........................................

4. malae: ........................................ ........................................

........................................ ........................................

........................................ ........................................

5. novum: ........................................ ........................................

........................................ ........................................

........................................ ........................................

6. iratos: ........................................ ........................................

7. magnam: ........................................ ........................................

........................................ ........................................

8. parvo: ........................................ ........................................

........................................ ........................................

**32** **Kreuze an: Mit welchen Substantiv-Formen können die folgenden Adjektiv-Formen übereingestimmt sein? (Mehrfachnennungen möglich!)**

| | | | | |
|---|---|---|---|---|
| 1. magnum | ☐ flumen | ☐ gladius | ☐ gladium | ☐ templum |
| 2. pulchra | ☐ arte | ☐ femina | ☐ oppida | ☐ virgo |
| 3. claris | ☐ regis | ☐ regnis | ☐ viris | ☐ hominis |
| 4. parvi | ☐ manui | ☐ templi | ☐ filii | ☐ animali |
| 5. novae | ☐ urbes | ☐ operis | ☐ lege | ☐ rei |

 

## 33 Setze die richtige Endung ein und übersetze:

1. vox pulchr...... : ........................................
2. imperatoris iust...... : ........................................
3. magistrorum irat...... : ........................................
4. dies pulch...... : ........................................
   pulch...... : ........................................
   pulch...... : ........................................
5. manu firm...... : ........................................
6. templum antiqu...... : ........................................
7. urbes magn...... : ........................................
   magn...... : ........................................
8. regi irat...... : ........................................
9. flumen long...... : ........................................
10. hominum miser...... : ........................................
11. mater mal...... : ........................................
12. nave parv...... : ........................................
13. clamore magn...... : ........................................
14. mare alt...... : ........................................
15. milites laet...... : ........................................
    laet...... : ........................................
16. regem clar...... : ........................................

## 34 Ordne die Adjektiva den richtigen Substantiva zu und übersetze:

antiquae – altos – boni – irato – clara – parvam – malis – parvum

1. rebus ........................................ : ........................................
2. urbes ........................................ : ........................................
3. manum ........................................ : ........................................
4. patri ........................................ : ........................................
5. animal ........................................ : ........................................
6. homines ........................................ : ........................................
7. montes ........................................ : ........................................
8. luce ........................................ : ........................................

# 7. KAPITEL: ADJEKTIVA DER 3. DEKLINATION

| | *felix, -icis* | | | *omnis, -e* | | | *celer, -eris, -ere* | | |
|---|---|---|---|---|---|---|---|---|---|
| | m. | f. | n. | m. | f. | n. | m. | f. | n. |
| Sg. 1./5. F. | *felix* | *felix* | *felix* | *omnis* | *omnis* | *omne* | *celer* | *celeris* | *celere* |
| 2. F. | *felicis* | *felicis* | *felicis* | *omnis* | *omnis* | *omnis* | *celeris* | *celeris* | *celeris* |
| 3. F. | *felici* | *felici* | *felici* | *omni* | *omni* | *omni* | *celeri* | *celeri* | *celeri* |
| 4. F. | *felicem* | *felicem* | *felix* | *omnem* | *omnem* | *omne* | *celerem* | *celerem* | *celere* |
| 6. F. | *felici* | *felici* | *felici* | *omni* | *omni* | *omni* | *celeri* | *celeri* | *celeri* |
| Pl. 1./5. F. | *felices* | *felices* | *felicia* | *omnes* | *omnes* | *omnia* | *celeres* | *celeres* | *celeria* |
| 2. F. | *felicium* | *felicium* | *felicium* | *omnium* | *omnium* | *omnium* | *celerium* | *celerium* | *celerium* |
| 3. F. | *felicibus* | *felicibus* | *felicibus* | *omnibus* | *omnibus* | *omnibus* | *celeribus* | *celeribus* | *celeribus* |
| 4. F. | *felices* | *felices* | *felicia* | *omnes* | *omnes* | *omnia* | *celeres* | *celeres* | *celeria* |
| 6. F. | *felicibus* | *felicibus* | *felicibus* | *omnibus* | *omnibus* | *omnibus* | *celeribus* | *celeribus* | *celeribus* |

**35** **Dekliniere die folgenden Wortgruppen:**

| Sg. 1. F. | vir fortis | femina felix | pensum difficile |
|---|---|---|---|
| 2. F. | | | |
| 3. F. | | | |
| 4. F. | | | |
| 5. F. | | | |
| 6. F. | | | |
| Pl. 1. F. | | | |
| 2. F. | | | |
| 3. F. | | | |
| 4. F. | | | |
| 5. F. | | | |
| 6. F. | | | |

**36** **Ordne die folgenden Wörter an richtiger Stelle in die Tabelle ein! (Achtung, manche Formen gehören an mehrere Stellen!)**

crudele – celeri – fortis – facilia – prudentibus – atrocem – acres – difficilium

| Sg. 1. F. | / | Pl. 1. F. | / |
|---|---|---|---|
| 2. F. | | 2. F. | |
| 3. F. | | 3. F. | |
| 4. F. | / | 4. F. | / |
| 6. F. | | 6. F. | |

 

## 37 Bilde jeweils die angegebenen Fälle aller drei Geschlechter:

| | | maskulin | feminin | neutrum |
|---|---|---|---|---|
| prudens, -entis | 1. F. Sg. | | | |
| | 2. F. Sg. | | | |
| felix, -icis | 1. F. Sg. | | | |
| | 4. F. Sg. | | | |
| facilis, -e | 1. F. Sg. | | | |
| | 1. F. Pl. | | | |
| celer, -is, -e | 1. F. Sg. | | | |
| | 4. F. Pl. | | | |
| dives, -itis | 1. F. Sg. | | | |
| | 2. F. Sg. | | | |

## 38 Bestimme Fall, Zahl, Geschlecht und übersetze!

1. mortem celerem: ............................................. .............................................
2. fratrum similium: ............................................. .............................................
3. homines nobiles *(2 Mögl.)*: ............................................. .............................................
4. dictatoris crudelis: ............................................. .............................................
5. iuvenibus fortibus: ............................................. .............................................
6. voce dulci: ............................................. .............................................
7. tempus breve *(2 Mögl.)*: ............................................. .............................................

## 39 Bestimme Fall, Zahl, Geschlecht und übersetze!

1. feminae diviti: ............................................. .............................................
2. pensum facile *(2 Mögl.)*: ............................................. .............................................
3. magister prudens: ............................................. .............................................
4. pueri felicis: ............................................. .............................................
5. equo ingenti *(2 Mögl.)*: ............................................. .............................................
6. viros fortes: ............................................. .............................................
7. poenae crudelis: ............................................. .............................................

## 40 Suche die zum Substantiv passende Adjektivform und übersetze die Wortgruppe!

| | | | | |
|---|---|---|---|---|
| 1. morte | ☐ atroci | ☐ atroce | ☐ atrocis | ............................................ |
| 2. viri | ☐ fortes | ☐ forti | ☐ fortem | ............................................ |
| 3. tempus | ☐ brevis | ☐ breve | ☐ brevem | ............................................ |
| 4. femina | ☐ nobilis | ☐ nobilia | ☐ nobile | ............................................ |
| 5. pensis | ☐ difficilis | ☐ difficiles | ☐ difficilibus | ............................................ |

## 41 Übersetze die folgenden Formen ins Lateinische!

1. der tapferen Menschen: ............................................
2. der glücklichen Töchter: ............................................
3. den reichen Kindern: ............................................
4. die schwierigen Aufgaben: ............................................
5. der kurze Brief: ............................................
6. des vornehmen Mannes: ............................................
7. an vielen Tagen: ............................................
8. mit dem schnellen Schiff: ............................................
9. die klugen Männer *(2 Mögl.)*: ............................................

## 42 Setze die richtige Endung ein und übersetze:

1. culpa acr........ *(Nom.)*: ............................................
2. facinore crudel....... : ............................................
3. pensa simil....... : ............................................
4. liberis miser........ : ............................................
5. amici felic........ *(Gen.)*: ............................................
6. filias prudent....... : ............................................
7. poenae atroc....... *(Dat.)*: ............................................
8. discipulorum diligent....... : ............................................
9. liberi celer........ : ............................................
10. feminam nobil....... : ............................................
11. pensum difficil....... : ............................................
12. viros fort....... : ............................................

 

## 43 Ordne die Adjektiva den richtigen Substantiva zu und übersetze:

celeres – facilia – nobilium – dulci – crudelis – felicis – divitibus – acer – prudens – fortem

1. familiis .......................................... : ..........................................................................
2. regum .......................................... : ..........................................................................
3. consilium .......................................... : ..........................................................................
4. spectaculi .......................................... : ..........................................................................
5. canes .......................................... : ..........................................................................
6. voce .......................................... : ..........................................................................
7. militem .......................................... : ..........................................................................
8. pensa .......................................... : ..........................................................................
9. hominis .......................................... : ..........................................................................
10. vir .......................................... : ..........................................................................

## 44 Kreuze an: Mit welchen Substantiv-Formen können folgende Adjektiv-Formen übereingestimmt sein? (Mehrfachnennungen möglich!) Übersetze auch!

1. crudelis ☐ viris ☐ viri ☐ facinoris ☐ facinus

   Üs: ..........................................................................................................................

2. nobili ☐ filii ☐ regi ☐ filiae ☐ hostes

   Üs: ..........................................................................................................................

3. fortes ☐ milites ☐ filiae ☐ servos ☐ hominis

   Üs: ..........................................................................................................................

4. prudentium ☐ consilium ☐ amicorum ☐ puerum ☐ imperatorum

   Üs: ..........................................................................................................................

5. felix ☐ dies ☐ virgo ☐ taurus ☐ parentes

   Üs: ..........................................................................................................................

6. celerem ☐ virum ☐ bellum ☐ consilium ☐ canem

   Üs: ..........................................................................................................................

# 8. KAPITEL: STEIGERUNG

- **Komparativ**
  **Erkennungszeichen** des Komparativs ist die Silbe ***-ior*** (bzw. ***-ius*** im 1./4. F. Sg. n.).
  Die Abwandlung erfolgt nach der **konsonantischen Deklination.**
  Übersetzung: als **echter Komparativ** oder mit „**ziemlich**" bzw. „**(all)zu**".

- **Superlativ**
  **Erkennungszeichen** des Superlativs ist bei den meisten Adjektiven ***-issimus, -a, -um***.
  Ausnahmen: Adjektiva auf *-er* bilden den Superlativ auf ***-errimus***, die Adjektiva *similis, dissimilis, facilis, difficilis* und *humilis* bilden den Superlativ auf ***-illimus***.
  Die Abwandlung erfolgt nach der **a- und o-Deklination**.
  Übersetzung: als **echter Superlativ** oder mit „**sehr**" (sog. Elativ).

- **Unregelmäßige Steigerung**

| Grundstufe | | Komparativ | Superlativ |
|---|---|---|---|
| *bonus, -a, -um* | gut | *melior, melius* | *optimus, -a, -um* |
| *malus, -a, -um* | schlecht | *peior, peius* | *pessimus, -a, -um* |
| *magnus, -a, -um* | groß | *maior, maius* | *maximus, -a, -um* |
| *parvus, -a, -um* | klein | *minor, minus* | *minimus, -a, -um* |
| *multi, -ae, -a* | viele | *plures, plura* | *plurimi, -ae, -a* |
| *multum* | viel | *plus* (Gen.: *pluris*) | *plurimum* |

## A) REGELMÄSSIGE STEIGERUNG

### 45 Steigere und dekliniere!

| | Positiv | Komparativ | Superlativ |
|---|---|---|---|
| Sg. 1. F. | vir fortis | | |
| 2. F. | | | |
| 3. F. | | | |
| 4. F. | | | |
| 6. F. | | | |
| Pl. 1. F. | | | |
| 2. F. | | | |
| 3. F. | | | |
| 4. F. | | | |
| 6. F. | | | |

 

## 46 Ordne die folgenden Formen in die Tabelle ein:

clarissimus – atrocior – fortis – facillimum – breve – pulcherrima – prudentior – celeris – crudelius – latissimum – varius – longius

| Positiv | Komparativ | Superlativ |
|---|---|---|
| | | |
| | | |
| | | |
| | | |

## 47 Übersetze die folgenden Wortgruppen mit den verschiedenen Übersetzungsmöglichkeiten der Steigerungsformen (echter Komparativ / „ziemlich" bzw. echter Superlativ / „sehr")!

1. femina pulchrior 1) ..........
2) ..........
2. scelera crudelissima 1) ..........
2) ..........
3. pensum difficillimum 1) ..........
2) ..........
4. regis prudentissimi 1) ..........
2) ..........
5. flumini longiori 1) ..........
2) ..........
6. hominem improbissimum 1) ..........
2) ..........
7. in monte altiore 1) ..........
2) ..........
8. militibus fortissimis 1) ..........
2) ..........
9. bello atrociore 1) ..........
2) ..........

 

## 48 Setze in den Komparativ und übersetze:

1. homo clarus: .................................................. ..................................................
2. amicae nobili: .................................................. ..................................................
3. iter longum: .................................................. ..................................................
4. urbibus pulchris: .................................................. ..................................................
5. filiae prudentes: .................................................. ..................................................
6. litterarum brevium: .................................................. ..................................................
7. aedificia alta: .................................................. ..................................................
8. milites fortes: .................................................. ..................................................

## 49 Setze in den Superlativ und übersetze:

1. belli atrocis: .................................................. ..................................................
2. amica nova: .................................................. ..................................................
3. exemplorum difficilium: .................................................. ..................................................
4. pugna crudeli: .................................................. ..................................................
5. periculis acribus: .................................................. ..................................................
6. vocem pulchram: .................................................. ..................................................
7. regi prudenti: .................................................. ..................................................
8. pensi facilis: .................................................. ..................................................

## 50 Übersetze mit echtem Superlativ und mit Elativ („sehr“)!

1. discipulus miserrimus: ....................................................................................................
2. hominis prudentissimi: ....................................................................................................
3. flumina longissima: ....................................................................................................
4. regi honestissimo: ....................................................................................................
5. rebus difficillimis *(2 Mögl.)*: ....................................................................................................
6. deam pulcherrimam: ....................................................................................................
7. pensum facillimum: ....................................................................................................
8. imperatorem crudelissimum: ....................................................................................................
9. militum fortissimorum: ....................................................................................................
10. pugna acerrima *(2 Mögl.)*: ....................................................................................................

 

## B) UNREGELMÄSSIGE STEIGERUNG

### 51 Übersetze als echte Komparative und Superlative:

1. discipulus optimus: ........................................
2. discipula pessima: ........................................
3. templum maius: ........................................
4. plurimi homines: ........................................
5. domus minor: ........................................
6. plus vini: ........................................
7. dolor maximus: ........................................
8. donum melius: ........................................
9. imperator peior: ........................................
10. periculum minimum: ........................................
11. plurimum temporis: ........................................

### 52 Bestimme und übersetze die folgenden Formen!

| Steigerungsform | Komparativ oder Superlativ? | Grundstufe des Adjektivs | Übersetzung (der Steigerungsform!) |
|---|---|---|---|
| minor | | | |
| optima | | | |
| plus | | | |
| melius | | | |
| plurimi | | | |
| maximum | | | |
| peior | | | |
| minima | | | |
| pessimus | | | |
| maius | | | |
| plures | | | |

## 53 Setze in Komparativ und Superlativ:

1. cena mala ........................ ........................
2. multi liberi ........................ ........................
3. liber bonus ........................ ........................
4. pars parva ........................ ........................
5. flumen magnum ........................ ........................
6. multum aquae ........................ ........................
7. amica bona ........................ ........................
8. magister malus ........................ ........................
9. puer parvus ........................ ........................
10. statua magna ........................ ........................
11. multa pensa ........................ ........................
12. oppidum parvum ........................ ........................

## 54 Übersetze die folgenden Wortgruppen mit den verschiedenen Übersetzungsmöglichkeiten der Steigerungsformen (echter Komparativ / „ziemlich" bzw. Superlativ / „sehr")!

1. exercitus maioris: ........................
2. deae pulchriori: ........................
3. viri prudentiores: ........................
4. discipulo diligentiori: ........................
5. templum minus: ........................
6. pensis facillimis *(2 Mögl.)*: ........................
7. filios fortiores: ........................
8. amici divitioris: ........................
9. virtute maxima: ........................
10. urbis antiquissimae: ........................
11. bella atrocissima: ........................
12. consilio optimo *(2 Mögl.)*: ........................
13. res difficillimas: ........................
14. discipulam meliorem: ........................

 

## C) REGELMÄSSIGE UND UNREGELMÄSSIGE STEIGERUNG

### 55 Ordne den Formen die richtige Übersetzung zu:

| | | | |
|---|---|---|---|
| 1. prudentior | .... schöner | 7. minimus | .... tapferer |
| 2. optimus | .... schlechter | 8. prudentissimus | .... der Tapferste |
| 3. facillimum | .... der Klügste | 9. maior | .... der Beste |
| 4. peius | .... klüger | 10. fortior | .... mehr |
| 5. fortissimus | .... der Kleinste | 11. maximus | .... der Größte |
| 6. pulchrior | .... am leichtesten | 12. plus | .... größer |

### 56 Ergänze zeilenweise die fehlenden Formen:

| Grundstufe | Komparativ | Superlativ |
|---|---|---|
| | | longissimus |
| clarus | | |
| | pulchrior | |
| | | prudentissimus |
| celer | | |
| | acrius | |
| | | fortissimus |
| facilis | | |
| bonus | | |
| | peior | |
| multum | | |
| | | minimus |
| | plures | |
| | maior | |

### 57 Welche Form passt nicht zu den anderen? Warum?

1. ☐ tertius ☐ varius ☐ melius ☐ medius

2. ☐ minus ☐ longus ☐ parvus ☐ novus

3. ☐ pulchriorum ☐ summorum ☐ dignorum ☐ iratorum

4. ☐ celerrimus ☐ difficillimus ☐ committimus ☐ laetissimus

 

# 9. KAPITEL: ADVERBIA – GRUNDSTUFE

- Ein Adverb **bestimmt** im Gegensatz zu einem Adjektiv kein Nomen, sondern **ein Verb** näher. (Frage: „**Auf welche Weise?**")
- Ein Adverb kann **nicht dekliniert** werden.
- Die **Bildung des Adverbs** hängt von der Deklination ab, zu der das Adjektiv gehört:

| | Adjektiv | Adverb |
|---|---|---|
| Adj. der **a-/o-**Dekl. ► *-**e*** | *certus, -a, -um*<br>*pulcher, pulchra, pulchrum* | ► *cert**e***<br>► *pulchr**e*** |
| Adj. der **3.** Dekl. ► ***-iter*** | *atrox, -ocis*<br>*crudelis, -e*<br>*celer, celeris, celere* | ► *atroc**iter***<br>► *crudel**iter***<br>► *celer**iter*** |
| Adj. auf ***-ns*** ► ***-nter*** | *prudens, -entis* | ► *prude**nter*** |

Ausnahmen: *bonus* ► *b**e**n**e**, facilis* ► *facil**e**, difficilis* ► *diffic**ulter***

## 58 Bilde die Adverbia zu folgenden Adjektiva der a-/o-Deklination und übersetze sie:

1. gratus 3: ..........
2. certus 3: ..........
3. magnificus 3: ..........
4. longus 3: ..........
5. miser 3: ..........
6. pulcher 3: ..........
7. altus 3: ..........
8. malus 3: ..........

## 59 Bilde die Adverbia zu folgenden Adjektiva der 3. Deklination und übersetze sie:

1. fortis, -e: ..........
2. acer, acris, acre: ..........
3. atrox, -ocis: ..........
4. crudelis, -e: ..........
5. prudens, -ntis: ..........
6. celer, -is, -e: ..........
7. felix, -icis: ..........
8. brevis, -e: ..........

## 60 Bilde die Adverbia zu folgenden Adjektiva. Achte dabei auf die Deklination des Adjektivs!

1. brevis, -e: ..........
2. clarus 3: ..........
3. malus 3: ..........
4. altus 3: ..........
5. felix, -icis: ..........
6. celer, -is, -e: ..........
7. varius 3: ..........
8. longus 3: ..........
9. prudens, -entis: ..........
10. difficilis, -e: ..........
11. bonus 3: ..........
12. facilis, -e: ..........

## 61 Bestimme jeweils, ob das Adjektiv oder das Adverb in den Satz passt (streiche die falsche Form durch!) und übersetze:

1. Claudia puella **pulchra / pulchre** est, sed **pulchra / pulchre** canere non potest.
2. Magister dicit: „Gai et Marce, discipuli **mali / male** estis! Ne pensa **facilia / facile** quidem facere non potestis!"
3. Liberi montem **altum / alte** ascenderunt, deinde **celeres / celeriter** domum contenderunt.
4. Hi milites **fortes / fortiter** non sunt, itaque **mali / male** pugnant.
5. Imperator **prudens / prudenter** in bello **forti / fortiter** pugnavit.
6. Romani in pugna **atroci / atrociter** multos homines occiderunt.
7. Augustus imperator **bonus / bene** erat et diu **prudens / prudenter** regnabat.
8. Paris cum Helena **pulchra / pulchre** nave **parva / parve** Troiam navigavit.
9. Itaque Menelaus **celer / celeriter** exercitum coegit.
10. Deinde per mare **altum / alte** Troiam contendit.
11. Hoc pensum **bonum / bene** fecisti!
12. Hoc pensum **difficile / difficulter** non est.
13. Ille exercitus **facilis / facile** vinci potuit.
14. Hic vir orator **clarissimus / clarissime** est.
15. Nocte semper **malus / male** dormio.

# 10. KAPITEL: STEIGERUNG DES ADVERBS

Die Steigerung des Adverbs ist für die Adjektiva aller Deklinationsklassen gleich:

- **Komparativ**: Stamm der Grundstufe + ***-ius*** (zB *certius, pulchrius, fortius*)
  (die Form entspricht dem Komparativ Neutrum 1./4. F. Sg.!)
- **Superlativ**: Superlativstamm + ***-e*** (zB *certissime, pulcherrime, facillime*)

## 62 Bilde die Formen des Adverbs in allen drei Steigerungsstufen:

| Adjektiv | Adverb | | |
|---|---|---|---|
| | Grundstufe | Komparativ | Superlativ |
| clarus 3 | | | |
| fortis, -e | | | |
| celer, -is, -e | | | |
| altus 3 | | | |
| atrox, -ocis | | | |
| honestus 3 | | | |
| facilis, -e | | | |
| miser, -a, -um | | | |
| gratus 3 | | | |
| prudens, -ntis | | | |
| bonus 3 | | | |
| malus 3 | | | |

## 63 Übersetze:

1. improbissime: ................................................
2. acriter: ................................................
3. pulcherrime: ................................................
4. celeriter: ................................................
5. difficillime: ................................................
6. fortius: ................................................
7. clarius: ................................................
8. sapienter: ................................................
9. male: ................................................
10. facilius: ................................................
11. atrocissime: ................................................
12. prudenter: ................................................
13. longius: ................................................
14. optime: ................................................

## 64 Setze die angegebenen Formen an passender Stelle ein und übersetze!

ingenti – prudentissimum – fortissime – celeriter – optimus – melius – dulcissime – improbior – facile

1. Orpheus ........................................................ canere solebat.
2. Nemo ........................................ erat quam Tantalus.
3. In bello Troiano Ulixes consilium ...................................................... cepit.
4. Polyphemus speluncam saxo ........................................... clausit.
5. Et Graeci et Troiani ..................................................... pugnaverunt.
6. Romani ............................................... pugnaverunt quam Galli.
7. Iuppiter Europam ............................................ secum ducere potuit.
8. Paris cum Helena .......................................... Troiam navigavit.
9. Cicero ............................................... orator Romanus erat.

## 65 Ergänze die fehlenden Adjektiv- oder Adverbformen in der Grundstufe, im Komparativ und im Superlativ und übersetze:

1. Augustus ......................../......................../........................ regnabat. (prudens)
2. Itaque Romani eum principem ......................../......................../........................ putabant. (bonus)
3. Paris Helenam ......................../......................../........................ conspexit. (pulcher)
4. Subito amore ......................../......................../........................ captus est. (magnus)
5. Itaque cum ea ......................../......................../........................ Troiam iit. (celer)
6. Ea de causa Menelaus ......................../......................../........................ erat. (iratus)
7. Cum Agamemnone fratre exercitum ......................../......................../........................ coegit et Troiam navigavit. (ingens)

## 66 Löse das Adverbien-Rätsel! (Die Lösung ergibt den Namen des zweiten römischen Kaisers.)

1. prudens ► Grundstufe
2. altus ► Superlativ
3. improbus ► Grundstufe
4. bonus ► Grundstufe
5. acer ► Komparativ
6. celer ► Grundstufe
7. miser ► Komparativ
8. fortis ► Superlativ

1.
2.
3.
4.
5.
6.
7.
8.

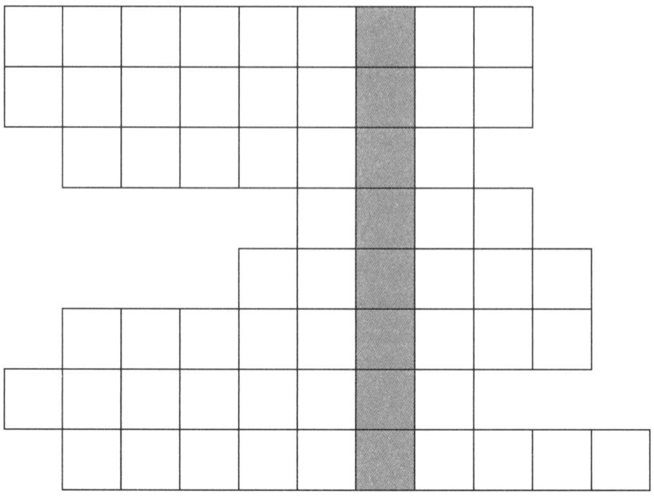

 

# DEKLINATIONEN – Pronomina

## 11. KAPITEL: PERSONALPRONOMINA

| | 1. Person | | 2. Person | | 3. Person | |
|---|---|---|---|---|---|---|
| **Sg. 1. F.** | *ego* | ich | *tu* | du | — | — |
| **2. F.** | *mei* | meiner | *tui* | deiner | *sui* | seiner, ihrer |
| **3. F.** | *mihi* | mir | *tibi* | dir | *sibi* | sich |
| **4. F.** | *me* | mich | *te* | dich | *se* | sich |
| **6. F.** | *a me* | von mir | *a te* | von dir | *a se* | von sich |
| | *mecum* | mit mir | *tecum* | mit dir | *secum* | mit sich |
| **Pl. 1. F.** | *nos* | wir | *vos* | ihr | — | — |
| **2. F.** | *nostri* | unser | *vestri* | euer | *sui* | ihrer |
| | *nostrum* | von uns | *vestrum* | von euch | — | — |
| **3. F.** | *nobis* | uns | *vobis* | euch | *sibi* | sich |
| **4. F.** | *nos* | uns | *vos* | euch | *se* | sich |
| **6. F.** | *a nobis* | von uns | *a vobis* | von euch | *a se* | von sich |
| | *nobiscum* | mit uns | *vobiscum* | mit euch | *secum* | mit sich |

### 67 Übersetze die folgenden Formen:

1. mihi: ................................
2. nos: ................................
3. vobis: ................................
4. te: ................................
5. nobiscum: ..........................
6. sibi: ................................
7. tui: ................................
8. me: ................................
9. vos: ................................
10. tu: ................................
11. nostri: ............................
12. a me: ..............................
13. se: ................................
14. mei: ................................
15. vestrum: ..........................
16. ego: ................................
17. secum: ............................
18. a nobis: ............................

### 68 Übersetze:

1. Magister semper me monet.
2. Placetne tibi lingua Latina?
3. Iulia vos spectat, Gai et Quinte!
4. Quis vestrum Iuliam non amat?
5. Puerine te saepe terrent, Iulia?
6. Licetne nobis domum contendere?
7. Pater nos saepe laudat.
8. Lingua Latina me delectat.
9. Multi nostrum Romam amant.
10. Iulius pensum secum non habet.
11. Monstrate mihi templa Romana!
12. Vos iam diu exspectamus!

### 69 Streiche jeweils die beiden falschen Pronomina durch und übersetze:

1. Magister **nos/nobis/nostrum** de spectaculis narrat.
2. Quis **vos/vobis/vestrum** linguam Latinam non amat?
3. Parentes **te/tibi/tui** saepe monere debent.
4. Iulia **se/sibi/secum** cogitat: „Alexander **me/mihi/mei** maxime placet!"
5. **Vos/Vobis/Vestrum** in scholam contendere debetis.
6. Discipuli boni **me/mihi/mei** maxime delectant.
7. **Nos/nobis/nostri** libenter **vos/vobis/vobiscum** venimus!
8. Licetne **te/tibi/tui** in foro ambulare?
9. Multis **nos/nobis/nostrum** templa Romana placent.
10. Sine **vos/vobis/vestrum** in scholam contendo.

# 12. KAPITEL: POSSESSIVPRONOMINA

| | 1. Person | 2. Person | 3. Person (reflexiv) | 3. Person (nicht refl.) |
|---|---|---|---|---|
| Sg. | *meus, -a, -um* (mein) | *tuus, -a, -um* (dein) | *suus, -a, -um* (sein/ihr) | *eius* (dessen/deren) |
| Pl. | *noster, -tra, -trum* (unser) | *vester, -tra, -trum* (euer) | *suus, -a, -um* (ihr) | *eorum, earum* (deren) |

## 70 Dekliniere:

| | Singular | | |
|---|---|---|---|
| 1. F. | amicus meus | amica mea | pensum meum |
| 2. F. | | | |
| 3. F. | | | |
| 4. F. | | | |
| 6. F. | | | |
| | **Plural** | | |
| 1. F. | | | |
| 2. F. | | | |
| 3. F. | | | |
| 4. F. | | | |
| 6. F. | | | |

## 71 Übersetze:

1. liberi nostri: ....................

2. domus mea: ....................

3. amicam tuam: ....................

4. auxilio vestro *(2 Mögl.)*: ....................

5. culpa mea *(2 Mögl.)*: ....................

6. clamore nostro: ....................

7. canes tui: ....................

8. hostium nostrorum: ....................

9. navibus vestris *(2 Mögl.)*: ....................

10. virtute mea: ....................

 

## 72 Personal- oder Possessivpronomen? Übersetze:

1. Ego pensa vestra non facio!
2. Te et fratrem tuum invitamus.
3. Amicus tuus mihi non placet.
4. Nos pensa nostra semper nobiscum habemus!
5. Amica tua me amat.
6. Hostes virtute tua et copiis meis superavimus.
7. Quis vestrum mecum in forum venit?
8. Parentes vos ante domum exspectant.
9. Paris Helenam secum Troiam duxit.
10. Menelaus uxorem suam secum domum ducere voluit.
11. Liberi vos timent!
12. Magister noster te saepe monet, sed me semper laudat.
13. Frater meus cum amica sua in Graeciam navigavit.
14. Cur pater vester nobiscum esse non potest?
15. Spectacula nos saepe delectant.

## 73 Unterstreiche jeweils das Subjekt, stelle dann fest, ob die Form von *suus 3* „sein" oder „ihr" bedeutet, und übersetze:

1. Romulus fratrem suum occidit.
2. Troiani in patria sua bellum gerere debuerunt.
3. Helena maritum suum reliquit.
4. Galli oppida sua defenderunt.
5. Caesar ab amicis suis occisus est.
6. Europa a Iove e patria sua in Cretam ducta est.
7. Daedalus cum filio suo e Creta fugit.
8. Ariadna Theseum neque Minotaurum, fratrem suum, adiuvat.
9. Daedalus et Icarus alis* suis Cretam reliquerunt.
10. Mater bona liberos suos amat.
11. Magistri discipulos suos libenter laudant.
12. Daedalus patriam suam maxime amabat.

* ala, -ae f.: „Flügel"

 

## 74 Unterstreiche jeweils das Wort, auf das sich *eius* bezieht (also nicht das Subjekt), stelle dann fest, ob *eius* „dessen" oder „deren" bedeutet, und übersetze:

1. Quintus Barbaram et pulchritudinem eius amat.
2. Barbara autem non Quintum, sed fratrem eius amat.
3. Barbara non solum Quinto, sed etiam fratri eius maxime placet.
4. Claudia in foro Gaium amicosque eius videt.
5. Livia cum amico et parentibus eius per urbem ambulat.
6. Neque uxorem novam patris mei neque liberos eius amo.
7. Romani Hannibalem et milites eius maxime timebant.
8. Pluto ab Orpheo et eius voce dulcissima motus est.
9. Brutus Caesarem imperiumque eius non iam tolerare potuit.
10. Et Quintus et frater eius discipuli pessimi sunt.
11. Troiani Achillem et exercitum eius maxime timebant.
12. Fratrem meum et uxorem eius invitavi.
13. Hic liber non Claudiae, sed amicae eius est.
14. Magister Iuliam et amicas eius saepe monere debet.
15. Neque Quintum neque parentes eius amo.
16. Hunc puerum et clamorem eius non iam tolerare possum.

## 75 Setze die folgenden Personal- und Possessivpronomina an richtiger Stelle ein und übersetze:

ego – ego – ego – meus – meus – te – te – te – tuus – tuus – suae – suam – suas – nos – nostram – nostrum – vos – eius

Claudia Barbaram et Iuliam, amicas **1.**.............., maxime amat. Saepe dicit: „**2.**.............. amicae optimae estis!" Sed Claudia Quintum quoque, fratrem Iuliae, amat.

Post scholam Claudia Iuliae narrat: „Frater **3.**.............. pulcher est! **4.**.............. Quintum maxime amo." Iulia respondet: „Misera Claudia – frater **5.**.............. non **6.**.............., sed Barbaram, amicam **7.**....................., amat!" Claudia irata est et ad domum Barbarae et parentes **8.**.............. contendit. Amicam **9.**.............. videt et clamat: „**10.**.............. Quintum maxime amo! Sed Quintus **11.**.............. amat! Amicusne **12.**.............. est?" Barbara respondet: „Quintus amicus **13.**.............. non est! **14.**.............. Quintum non amo, sed **15.**.............., amicam optimam, amo! Nulla **16.**........................ amica Quinti est – sed **17.**.............. amicae bonae sumus!" Claudia ridet et amicae **18.**.............. gratis agit.

 

## 76 Suche von den in Klammer angegebenen Pronomina-Varianten die passende aus und übersetze:

1. Magister clamat: „............. (tu/te) semper monere debeo, Quinte!"

..........................................................................................................................................

2. .............. (me/mihi) aedificia Romana maxime placent.

..........................................................................................................................................

3. Iam multa de fratre ............. (tuo/tua) audivi!

..........................................................................................................................................

4. Quis ............................... (mecum/cum me) ad templum venit?

..........................................................................................................................................

5. Amici ............. (nos/nobis) invitaverunt.

..........................................................................................................................................

6. Multi ............................... (nostri/nostrum) spectacula amant.

..........................................................................................................................................

7. Spectaculane ............. (vos/vobis) quoque delectant?

..........................................................................................................................................

8. .............. (nos/nobis) saepe de vita ............. (tua/tuas) narras.

..........................................................................................................................................

9. Amicae ............. (vos/vestrae) pulchrae sunt.

..........................................................................................................................................

10. Ubi ............. (me/te) exspectatis, amici?

..........................................................................................................................................

# 13. KAPITEL: DEMONSTRATIVPRONOMINA

| | *is, ea, id* „dieser, -e, -es" | | | *idem, eadem, idem* „derselbe, dieselbe, dasselbe" | | |
|---|---|---|---|---|---|---|
| | **m.** | **f.** | **n.** | **m.** | **f.** | **n.** |
| **Sg. 1./5. F.** | *is* | *ea* | *id* | *idem* | *eadem* | *idem* |
| **2. F.** | *eius* | *eius* | *eius* | *eiusdem* | *eiusdem* | *eiusdem* |
| **3. F.** | *ei* | *ei* | *ei* | *eidem* | *eidem* | *eidem* |
| **4. F.** | *eum* | *eam* | *id* | *eundem* | *eandem* | *idem* |
| **6. F.** | *eo* | *ea* | *eo* | *eodem* | *eadem* | *eodem* |
| **Pl. 1./5. F.** | *ii* | *eae* | *ea* | *iidem* | *eaedem* | *eadem* |
| **2. F.** | *eorum* | *earum* | *eorum* | *eorundem* | *earundem* | *eorundem* |
| **3. F.** | *iis* | *iis* | *iis* | *iisdem* | *iisdem* | *iisdem* |
| **4. F.** | *eos* | *eas* | *ea* | *eosdem* | *easdem* | *eadem* |
| **6. F.** | *iis* | *iis* | *iis* | *iisdem* | *iisdem* | *iisdem* |

| | *hic, haec, hoc* „dieser, -e, -es" | | | *ille, illa, illud* „jener, -e, -es" | | | *ipse, ipsa, ipsum* „selbst" | | |
|---|---|---|---|---|---|---|---|---|---|
| | **m.** | **f.** | **n.** | **m.** | **f.** | **n.** | **m.** | **f.** | **n.** |
| **Sg. 1./5. F.** | *hic* | *haec* | *hoc* | *ille* | *illa* | *illud* | *ipse* | *ipsa* | *ipsum* |
| **2. F.** | *huius* | *huius* | *huius* | *illius* | *illius* | *illius* | *ipsius* | *ipsius* | *ipsius* |
| **3. F.** | *huic* | *huic* | *huic* | *illi* | *illi* | *illi* | *ipsi* | *ipsi* | *ipsi* |
| **4. F.** | *hunc* | *hanc* | *hoc* | *illum* | *illam* | *illud* | *ipsum* | *ipsam* | *ipsum* |
| **6. F.** | *hoc* | *hac* | *hoc* | *illo* | *illa* | *illo* | *ipso* | *ipsa* | *ipso* |
| **Pl. 1./5. F.** | *hi* | *hae* | *haec* | *illi* | *illae* | *illa* | *ipsi* | *ipsae* | *ipsa* |
| **2. F.** | *horum* | *harum* | *horum* | *illorum* | *illarum* | *illorum* | *ipsorum* | *ipsarum* | *ipsorum* |
| **3. F.** | *his* | *his* | *his* | *illis* | *illis* | *illis* | *ipsis* | *ipsis* | *ipsis* |
| **4. F.** | *hos* | *has* | *haec* | *illos* | *illas* | *illa* | *ipsos* | *ipsas* | *ipsa* |
| **6. F.** | *his* | *his* | *his* | *illis* | *illis* | *illis* | *ipsis* | *ipsis* | *ipsis* |

## A) *is, idem*

**77** **Dekliniere!**

| | | is/idem puer | ea/eadem puella | id/idem verbum |
|---|---|---|---|---|
| Sg. | 1. F. | | | |
| | 2. F. | | | |
| | 3. F. | | | |
| | 4. F. | | | |
| | 6. F. | | | |
| Pl. | 1. F. | | | |
| | 2. F. | | | |
| | 3. F. | | | |
| | 4. F. | | | |
| | 6. F. | | | |

 

## 78 Übersetze:

1. idem litus: ...............................................
2. ea iussa: ...............................................
3. ea pulchritudine: ...............................................
4. eidem tauro: ...............................................
5. ii reges: ...............................................
6. eadem insula: ...............................................
7. ea corpora: ...............................................
8. eos montes: ...............................................
9. eiusdem virginis: ...............................................
10. eorundem hostium: ...............................................

## 79 Bilde jeweils die entsprechende Form von *is, ea, id* bzw. von *idem, eadem, idem* und übersetze die neue Form:

1. eius: **eiusdem: „desselben"**
2. ii: ...............................................
3. eas: ...............................................
4. eum: ...............................................
5. id: ...............................................
6. eadem: ...............................................
7. eorundem: ...............................................
8. iisdem: ...............................................
9. eidem: ...............................................
10. eandem: ...............................................

## 80 Ordne die folgenden Formen nach den Fällen! (Einige Formen können mehreren Fällen zugeordnet werden. Bei jedem Fall sollten zwei Formen stehen.)

eosdem – idem – eiusdem – eius – ea – ei – eum – eidem – iis – earum – iidem – eorundem – eodem – iisdem

| | | | |
|---|---|---|---|
| Sg. | 1. F. | | |
| | 2. F. | | |
| | 3. F. | | |
| | 4. F. | | |
| | 6. F. | | |
| Pl. | 1. F. | | |
| | 2. F. | | |
| | 3. F. | | |
| | 4. F. | | |
| | 6. F. | | |

 

## B) *hic, ille, ipse*

### 81 Dekliniere!

| | | rex ipse | illa navis | hoc verbum |
|---|---|---|---|---|
| Sg. | 1. F. | | | |
| | 2. F. | | | |
| | 3. F. | | | |
| | 4. F. | | | |
| | 6. F. | | | |
| Pl. | 1. F. | | | |
| | 2. F. | | | |
| | 3. F. | | | |
| | 4. F. | | | |
| | 6. F. | | | |

### 82 Übersetze:

1. his partibus: ..............................................
2. illae portae: ..............................................
3. illa virtute: ..............................................
4. miles ipse: ..............................................
5. canem ipsum: ..............................................
6. hoc flumen: ..............................................
7. illius filii: ..............................................
8. liberorum ipsorum: ..............................................
9. hoc anno: ..............................................
10. fratres ipsi: ..............................................

### 83 Setze die richtigen Formen von *hic, ille* oder *ipse* ein und übersetze:

1. Lucretia se .................. (ipse) gladio occidit.
2. .................. (ille) homines semper consilia bona capiunt.
3. Gaius et Lucius .................. (ille) puellam amant.
4. .................. (hic) imperator cum .................. (hic) militibus Hannibalem superavit.
5. Non .................. (hic) nave, sed .................. (ille) nave Cretam petimus.
6. .................. (hic) feminae ad templum Iovis .................. (ipse) contendunt.
7. .................. (ille) bellum crudelissimum est.
8. ...................(hic) viro decem naves sunt.

## C) Zusammenfassung

### 84 Verwechslungsgefahr: „derselbe" und „selbst"! Übersetze lateinisch – deutsch bzw. deutsch – lateinisch:

1. homines ipsi: ..............................................
2. iidem homines: ..............................................
3. dei ipsius: ..............................................
4. servum ipsum: ..............................................
5. eidem populo: ..............................................
6. eadem dona: ..............................................
7. derselbe Freund: ..............................................
8. der Freund selbst: ..............................................
9. der Töchter selbst: ..............................................
10. dieselben Gebäude: ..............................................
11. in demselben Jahr: ..............................................
12. den Sklaven selbst: ..............................................

### 85 Übersetze:

1. hanc insulam: ..............................................
2. ea iussa: ..............................................
3. in eodem litore: ..............................................
4. illius tauri: ..............................................
5. virgines ipsae: ..............................................
6. eiusdem loci: ..............................................
7. hae urbes: ..............................................
8. ea nave: ..............................................
9. illarum pugnarum: ..............................................
10. idem nomen *(2 Mögl.)*: ..............................................
11. illa nocte: ..............................................
12. militi ipsi: ..............................................

### 86 Ordne die Demonstrativpronomina den richtigen Substantiva zu und übersetze:

iisdem – haec – ii – eadem – illud – hos – huic – illius – ipsam – eas

1. ...................... vox: ..............................................
2. ...................... fluminis: ..............................................
3. ...................... castra: ..............................................
4. ...................... familiam: ..............................................
5. ...................... horas: ..............................................
6. ...................... templum: ..............................................
7. ...................... populi: ..............................................
8. ...................... filios: ..............................................
9. ...................... vitae: ..............................................
10. ...................... gladiis: ..............................................

## 87 Mit welchen Substantiven können folgende Pronomina übereingestimmt sein? Kreuze an! (Mehrfachantworten möglich!)

| | | | | |
|---|---|---|---|---|
| 1. haec | ☐ puella | ☐ puellae | ☐ bella | ☐ uxor |
| 2. ea | ☐ nave | ☐ femina | ☐ oppida | ☐ virgo |
| 3. illis | ☐ viris | ☐ regis | ☐ hominis | ☐ hominibus |
| 4. idem | ☐ templi | ☐ flumen | ☐ clamorem | ☐ servus |
| 5. eius | ☐ terrae | ☐ filius | ☐ nominis | ☐ magistri |
| 6. ipsi | ☐ regi | ☐ amici | ☐ filii | ☐ militi |

## 88 Übersetze ins Lateinische:

1. dieses Lehrers: ..................................................
2. jenem Mädchen: ..................................................
3. denselben Schüler: ..................................................
4. diese Tempel: ..................................................
5. die Soldaten selbst (1. F.): ..................................................
6. dieselben Gebäude: ..................................................
7. mit jener Stimme: ..................................................
8. dieser Statuen: ..................................................
9. auf derselben Straße: ..................................................
10. den Feinden selbst: ..................................................
11. jenen Frauen: ..................................................
12. desselben Lehrers: ..................................................
13. jenes Schwert (1. F.): ..................................................
14. diesem Feind: ..................................................
15. durch jenen Krieg: ..................................................
16. den Schüler selbst: ..................................................
17. derselben Schülerin (3. F.): ..................................................
18. diese Freude: ..................................................
19. die Götter selbst (4. F.): ..................................................
20. jenes Gebäude: ..................................................

# 14. KAPITEL: *QUIS – QUID*

| | substantivisch *quis?, quid?* = „wer?", „was?" | | | |
|---|---|---|---|---|
| | m. + f. | | n. | |
| **Sg. 1. F.** | *quis?* | wer? | *quid?* | was? |
| **2. F.** | *cuius?* | wessen? | | |
| **3. F.** | *cui?* | wem? | | |
| **4. F.** | *quem?* | wen? | *quid?* | was? |
| **6. F.** | *a quo?*<br>*cum quo?* | von wem?<br>mit wem? | | |

## 89 Übersetze:

1. Quis venit? ..........
2. Quem spectatis? ..........
3. Cui filia mea placet? ..........
4. A quo donum accipis? ..........
5. Quid facitis? ..........
6. Cuius canis est? ..........
7. Quis linguam Latinam docet? ..........
8. Cui hic liber est? ..........
9. Cum quo in foro ambulas? ..........
10. Quid tibi maxime placet? ..........

## 90 Setze die angegebenen Fragepronomina an richtiger Stelle ein und übersetze:

Cui – Quis – Cuius – Quis – Quem – Quid – Cum quo – Quid – Quem – Cuius

1. .................. Theseus in insula reliquit?
2. .................. frater Romuli fuit?
3. .................. Iulia secum cogitat?
4. .................. filia Ariadna erat?
5. .................. praemium Veneris maxime placuit?
6. .................. uxor Menelai fuit?
7. .................. maritus Ulixes fuit?
8. .................. Romani maxime timent?
9. .................. Hannibal fecit cum elephantis?
10. .................. Theseus in Cretam venit?

## 91 Setze die richtige Form von *quis* ein und übersetze!

1. .................. Marcum amat?
2. .................. Marcus amat?
3. .................. haec puella non placet?
4. .................. Claudia donum dat?
5. .................. primus rex Romanorum fuit?
6. .................. Galli maxime timebant?
7. .................. liber est?
8. .................. vestrum mecum venit?

 

# 15. KAPITEL: *QUI – QUAE – QUOD*

| | adjektivisch<br>*qui?, quae?, quod?* = „welcher, -e, -es?“ | | |
|---|---|---|---|
| | m. | f. | n. |
| Sg. 1. F. | *qui* | *quae* | *quod* |
| 2. F. | *cuius* | *cuius* | *cuius* |
| 3. F. | *cui* | *cui* | *cui* |
| 4. F. | *quem* | *quam* | *quod* |
| 6. F. | *quo* | *qua* | *quo* |
| Pl. 1. F. | *qui* | *quae* | *quae* |
| 2. F. | *quorum* | *quarum* | *quorum* |
| 3. F. | *quibus* | *quibus* | *quibus* |
| 4. F. | *quos* | *quas* | *quae* |
| 6. F. | *quibus* | *quibus* | *quibus* |

Das Pronomen *qui, quae, quod* ist im Lateinischen sowohl das adjektivische Fragepronomen als auch das Relativpronomen, außerdem wird es beim relativen Anschluss verwendet.

***qui, quae, quod*** **kann also folgende Bedeutungen haben:**

- in Fragesätzen (vor einem Fragezeichen): „welcher?, welche?, welches?“
  EXEMPLUM: ***Qui*** *magister intrat?* – **Welcher** Lehrer tritt ein?
- in Relativsätzen (nach einem Beistrich): „der, die, das“/ „welcher, welche, welches“
  EXEMPLUM: *Magister,* ***qui*** *intrat, magister Latinus est.* – Der Lehrer, **der** eintritt, ist der Lateinlehrer.
- als relativer Anschluss (nach einem Punkt): „dieser, diese, dieses“
  EXEMPLUM: *Magister Latinus intrat.* ***Qui*** *magister bonus est.* – Der Lateinlehrer tritt ein. **Dieser** ist ein guter Lehrer.

## A) *qui – quae – quod* als Fragepronomen

### 92 Übersetze:

1. Qui amicus venit? ..............................
2. Quem magistrum exspectatis? ..............................
3. Cui puero filia mea placet? ..............................
4. Qua nocte fugere in animo habes? ..............................
5. Cuius feminae filia est? ..............................
6. Quorum poetarum libros legimus? ..............................
7. Quam puellam amas? ..............................
8. Quod donum mihi datis? ..............................
9. De quo viro claro legis? ..............................
10. Quod pensum facere debes? ..............................

## 93 Setze die angegebenen Fragepronomina an richtiger Stelle ein und übersetze:

cui – quem – quae – qui – quam – quos – qui – quibus – quae – quod – quas – quo

1. .................. puellam Theseus in insula reliquit? ..................................................................
2. .................. pensa facere debes? ..................................................................
3. .................. oppidum Graeci deleverunt? ..................................................................
4. .................. imperatori Cleopatra maxime placuit? ..................................................................
5. .................. statuas amicis Graecis monstras? ..................................................................
6. .................. amicos exspectas? ..................................................................
7. .................. femina Ulixem diu exspectavit? ..................................................................
8. .................. vir prudens elephantos trans Alpes duxit? ..................................................................
9. .................. navibus Graeci Troiam navigaverunt? ..................................................................
10. .................. virum Graecum Hector occidit? ..................................................................
11. Cum............ puero Claudia per vias ambulat? ..................................................................
12. .................. fratres Romam aedificaverunt? ..................................................................

## 94 Setze die richtige Form von *qui, quae, quod* ein und übersetze!

1. .................. monstrum Theseus occidit? ..................................................................
2. .................. puero Iulia maxime placet? ..................................................................
3. .................. libros libenter legitis? ..................................................................
4. De .............. Romanis claris iam legistis? ..................................................................
5. .................. feminas Caesar amavit? ..................................................................
6. .................. templa vidisti? ..................................................................
7. .................. hora in scholam contendis? ..................................................................
8. .................. puellas magister monet? ..................................................................
9. .................. vir Helenam secum Troiam duxit? ..................................................................
10. .................. puellae Gaius non placet? ..................................................................
11. .................. discipulo hic liber est? ..................................................................
12. .................. armis milites Romani pugnabant? ..................................................................
13. .................. puella discipula optima est? ..................................................................
14. .................. librum in schola legitis? ..................................................................

 

## B) *qui – quae – quod* als Relativpronomen

### 95 Ordne die Formen den richtigen Übersetzungen zu!

| | |
|---|---|
| 1. quod | ..... dessen/deren |
| 2. cuius | ..... den |
| 3. cui | ..... das |
| 4. quem | ..... deren |
| 5. quo | ..... die |
| 6. quorum | ..... (mit) denen |
| 7. quibus | ..... dem/der |
| 8. quas | ..... mit dem |

### 96 Bestimme Fall, Zahl, Geschlecht und übersetze die folgenden Formen! (Achtung, bei manchen Formen gibt es mehrere Möglichkeiten!)

1. cuius: ........................................................ ........................................................
2. qui: ........................................................ ........................................................
3. quibus: ........................................................ ........................................................
4. quae: ........................................................ ........................................................
5. quod: ........................................................ ........................................................
6. qua: ........................................................ ........................................................
7. quarum: ........................................................ ........................................................
8. cui: ........................................................ ........................................................
9. quo: ........................................................ ........................................................
10. quos: ........................................................ ........................................................

### 97 Kreuze an: Auf welche Substantivformen kann sich das Relativpronomen beziehen? (Beachte Geschlecht und Zahl, der Fall spielt keine Rolle!)

| | | | | |
|---|---|---|---|---|
| 1. quem | ☐ puella | ☐ vir | ☐ virum | ☐ viros |
| 2. quod | ☐ nave | ☐ nomine | ☐ oppida | ☐ canis |
| 3. cui | ☐ amici | ☐ exempla | ☐ hominis | ☐ familia |
| 4. qui | ☐ templi | ☐ flumen | ☐ clamorem | ☐ servus |
| 5. quibus | ☐ terrae | ☐ filius | ☐ populos | ☐ nuntio |
| 6. quas | ☐ arma | ☐ puellae | ☐ hora | ☐ liberos |
| 7. quorum | ☐ annos | ☐ gladium | ☐ gaudia | ☐ dea |
| 8. quae | ☐ terrae | ☐ spectacula | ☐ aedificium | ☐ discipulam |

## 98 Unterstreiche Relativpronomen und Bezugswort und übersetze!

1. Puella, quam vides, amica mea est.
2. Magistrum, qui intrat, maxime amamus.
3. Poetam, cuius libros legimus, non amamus.
4. Barbara Quintum, cui Iulia placet, exspectat.
5. Gaius et Quintus, qui numquam pensa faciunt, discipuli mali sunt.
6. Puer, quocum Livia in foro ambulat, frater meus est.
7. Templa, quae spectamus, pulchra sunt.
8. Magister puellas, quae saepe rident, monet.
9. Iulia et Quintus, qui in foro ambulant, amici boni sunt.
10. Vir, cuius filia Barbara est, magister Latinus est.
11. Quintus cum Iulia, quam maxime amat, ambulare solet.
12. Imperator milites, qui fortiter pugnaverant, laudavit.
13. Amicus meus, cui quinque fratres sunt, numquam solus est.
14. Pueri, quos magister saepe monet, discipuli mali sunt.

## 99 Achtung, Verwechslungsgefahr! Folgende Formen können sowohl Formen von *qui, quae, quod* sein, als auch ganz andere Bedeutungen haben. Gib alle Übersetzungsmöglichkeiten an!

| | | |
|---|---|---|
| 1. quam | 1) ........................... | 2) ........................... |
| | 3) ........................... | 4) ........................... |
| 2. quod | 1) ........................... | 2) ........................... |
| | 3) ........................... | |
| 3. quo | 1) ........................... | 2) ........................... |
| 4. cuius | 1) ........................... | 2) ........................... |
| 5. cui | 1) ........................... | 2) ........................... |
| 6. quem | 1) ........................... | 2) ........................... |

 

## C) *qui – quae – quod* als Relativer Anschluss

- Wenn *qui, quae, quod* nicht nach einem Beistrich, sondern am **Beginn eines neuen Satzes** steht, wird es nicht wie ein Relativpronomen, sondern wie ein Demonstrativpronomen (d. h. wie *hic* oder *is* = **„dieser, -e, -es"**) übersetzt. Man nennt das Pronomen dann „Relativen Anschluss".
- Bei Formen von *qui, quae, quod* an der Satzspitze muss es sich nicht immer um einen **Relativen Anschluss** handeln. Es kann sich auch um ein **Relativpronomen** handeln, dessen Bezugswort fehlt. In Fragesätzen handelt es sich bei den Formen von *qui, quae, quod* um das **Fragepronomen**.

### 100 Übersetze die folgenden Sätze mit Relativem Anschluss! Wenn es im vorherigen Satz ein Bezugswort gibt, unterstreiche dieses!

1. Quinto Iulia maxime placet. Quae cum Marco per forum ambulare solet.
2. Cum amicis Graecis ante meridiem multa templa Romana visitavi. Qui me post meridiem ad cenam invitaverunt.
3. Menelaus Helenam maxime amabat. Quae uxor etiam multis aliis viris placebat.
4. Caesar multis pugnis Gallos superavit. Cuius victoria Romae plurimos dies celebrabatur.
5. Hannibal cum elephantis ante portas urbis Romae venit. Qua re multi Romani territi sunt.
6. Minos, rex Cretae, Daedalum labyrinthum aedificare iussit. Quem in labyrinthum postea Minotaurus missus est.
7. Theseus cum nonnullis liberis in Cretam navigavit. Qua in insula Minotaurus, cui caput tauri et corpus hominis erat, habitabat.
8. Cicero, orator clarissimus, etiam multos libros scripsit. Quibus in libris se ipsum saepe laudat.
9. Certe iam de Lucretia audivistis. Quae femina non solum pulcherrima, sed etiam fortissima erat.
10. Orpheus pulcherrime canere solebat. Cuius carmina et homines et animalia delectabant.
11. Vidistine Claudiam, novam amicam Alexandri? Quae puella pulcherrima est!
12. In schola Quintus Iuliam spectat. Quod dum facit, a magistro interrogatur neque respondere potest.

### 101 Was bedeuten jeweils die Formen von *qui, quae, quod* in den folgenden Sätzen? Gib die Funktion der Pronomina an (s. o.) und übersetze!

1. Quam puellam Quintum amat?
2. Quintus amat Iuliam, quam pulcherrimam omnium puellarum putat.
3. Qui Iuliam pulcherrimam omnium puellarum appellant, Claudiam non iam viderunt.
4. Claudia nova amica Lucii est. Quae puella plurimis pueris placet.
5. Quae puella pulchrior est, Iulia an Claudia?
6. Qua de re multi pueri certant.
7. In schola etiam pueri sunt, qui et Claudiam et Iuliam amant.
8. Quod aliis puellis non placet.
9. Quae quoque a pueris amari volunt.
10. Sed qui pueri neque Claudiam neque Iuliam amant?
11. Non est puer, cui neque Claudia neque Iulia placet.

 

# 16. KAPITEL: ZUSAMMENSETZUNGEN MIT *QUI – QUAE – QUOD*

**102** **Dekliniere *quidam, quaedam, quoddam*! (Die Abwandlung erfolgt wie bei *qui – quae – quod*, leicht veränderte Formen sind angegeben!)**

| | *quidam, quaedam, quoddam* = „ein (gewisser)"; Plural: „einige" | | |
|---|---|---|---|
| | m. | f. | n. |
| Sg. 1. F. | | | |
| 2. F. | | | |
| 3. F. | | | |
| 4. F. | quen**d**am | quan**d**am | |
| 6. F. | | | |
| Pl. 1. F. | | | |
| 2. F. | quorun**d**am | quarun**d**am | |
| 3. F. | | | |
| 4. F. | | | |
| 6. F. | | | |

**Achtung, Verwechslungsgefahr:** *quidam* = „ein gewisser"
*quidem* = „zwar", „freilich" (*ne* … *quidem* = „nicht einmal")

**103** **Dekliniere *aliquis – aliquid* (wie *quis – quid*) und *aliqui – aliqua – aliquod*! (Wie *qui – quae – quod*, leicht veränderte Formen sind angegeben!)**

| *aliquis, aliquid* = „irgendjemand", „irgendetwas" (substantivisch) | |
|---|---|
| m. + f. | n. |
| aliquis | aliquid |
| | – |
| | – |
| | |
| | – |

| *aliqui, aliqua, aliquod* = „irgendein (-e, -es)" (adjektivisch) | | |
|---|---|---|
| m. | f. | n. |
| | aliqu**a** | |
| | | |
| | | |
| | | |
| | | |
| | | aliqu**a** |
| | | |
| | | |
| | | |
| | | |

**Achtung:**
Nach den Konjunktionen *si, nisi, num, ne, ubi, cum* fällt bei *aliquis, aliquid* bzw. *aliqui, aliqua, aliquod* die Silbe *ali-* weg – die Formen werden zu *quis, quid bzw. qui, qua, quod* verkürzt, aber nach wie vor mit „irgendjemand" bzw. „irgendein" übersetzt!

***Exempla:***
*Si quis venit, …* ► „Wenn irgendjemand kommt, …"
*Si qui vir venit, …* ► „Wenn irgendein Mann kommt, …"

## 104 Dekliniere das verallgemeinernde Relativpronomen *quicumque, quaecumque, quodcumque*! (wie *qui, quae, quod*!)

| | *quicumque, quaecumque, quodcumque* = „jeder, der“, „wer auch immer“ | | |
|---|---|---|---|
| | m. | f. | n. |
| Sg. 1. F. | | | |
| 2. F. | | | |
| 3. F. | | | |
| 4. F. | | | |
| 6. F. | | | |
| Pl. 1. F. | | | |
| 2. F. | | | |
| 3. F. | | | |
| 4. F. | | | |
| 6. F. | | | |

## 105 Übersetze:

1. aliquae puellae: ..........................................
2. quoddam aedificium: ..........................................
3. quaecumque viae: ..........................................
4. aliquem: ..........................................
5. alicuius feminae: ..........................................
6. quendam gladium: ..........................................
7. aliquem virum: ..........................................
8. quoscumque reges: ..........................................
9. quidam liberi: ..........................................
10. liberi quidem: ..........................................
11. aliquid: ..........................................
12. aliquo tempore: ..........................................
13. quorundam deorum: ..........................................
14. quaecumque bella: ..........................................
15. aliquod consilium: ..........................................
16. cuidam populo: ..........................................

## 106 Übersetze die folgenden Formen:

1. quidam viri laborant: ..........................................
2. viri quidem laborant: ..........................................
3. ne viri quidem laborant: ..........................................
4. aliqui viri laborant: ..........................................
5. aliquis laborat: ..........................................
6. si qui viri laborant: ..........................................
7. si quis laborat: ..........................................
8. Qui viri laborant? ..........................................
9. Quis laborat? ..........................................
10. Quid laborant? ..........................................
11. quicumque viri laborant: ..........................................
12. quia viri laborant: ..........................................
13. viri quoque laborant: ..........................................
14. quamquam viri laborant: ..........................................
15. quinque viri laborant: ..........................................
16. Quomodo viri laborant? ..........................................

# 17. KAPITEL: PRONOMINALADJEKTIVA

| Nach der **pronominalen Deklination** bilden den 2. F. Sg. auf ***-ius*** und den 3. F. Sg. auf ***-i***: | |
|---|---|
| *solus, -a, -um* = „allein"<br>*unus, -a, -um* = „ein (einziger)"<br>*totus, -a, -um* = „ganz"<br>*ullus, -a, -um* = „irgendein"<br>*nullus, -a, -um* = „kein" | *uter, -tra, -trum?* = „wer von beiden?"<br>*uterque, utraque, utrumque* = „jeder von beiden", „beide"<br>*neuter, -tra, -trum* = „keiner von beiden"<br>*alius, -a, -**ud*** (2. F. Sg.: *alterius*) = „ein anderer" (von mehreren)<br>*alter, -era, -erum* = „der andere" (von zweien) |

## 107 Dekliniere:

| | m. | f. | n. |
|---|---|---|---|
| **Sg. 1. F.** | solus | sola | solum |
| **2. F.** | | | |
| **3. F.** | | | |
| **4. F.** | | | |
| **6. F.** | | | |
| **Pl. 1. F.** | | | |
| **2. F.** | | | |
| **3. F.** | | | |
| **4. F.** | | | |
| **6. F.** | | | |

## 108 Übersetze:

1. ullius montis: ..........
2. neuter rex: ..........
3. toto corpore: ..........
4. unam virginem: ..........
5. alteri fratri: ..........
6. nullo loco: ..........
7. utrumque templum: ..........
8. alterius filiae: ..........
9. nulli discipulae: ..........
10. solius filii: ..........
11. ullum servum: ..........
12. cum utraque amica: ..........

## 109 Suche die zusammengehörigen Wörter und übersetze!

1. nullus ..... flumen ..........
2. totius ..... filiam ..........
3. uni ..... uxor ..........
4. alii ..... urbis ..........
5. utraque ..... anno ..........
6. ullo ..... vir ..........
7. aliud ..... homines ..........
8. solam ..... virgini ..........

## 110 Übersetze:

1. Iulia sola amica Claudiae est.

   ..........

2. Graeci totam urbem Troianorum deleverunt.

   ..........

3. Hoc ulli homini narrare tibi non licet!

   ..........

4. Marcus non cum ulla puella, sed cum Livia ad spectacula ire vult.

   ..........

5. Hostes virtute unius viri superati sunt.

   ..........

6. Neuter consul bellum gerere in animo habuit.

   ..........

7. Gaius utramque amicam ad cenam invitavit.

   ..........

8. Barbara Quintum solum amat neque alios pueros spectat.

   ..........

9. Caesar auxilio totius exercitus Romani Gallos vicit.

   ..........

10. Nulla femina erat pulchrior quam Helena.

   ..........

## 18. KAPITEL: NUMERALIA

| | | Grundzahlen | | Ordnungszahlen | |
|---|---|---|---|---|---|
| 1 | I | *unus, una, unum*<br>*unius*<br>*uni*<br>*unum, unam, unum*<br>*uno, una, uno* | ein | *primus 3* | der Erste |
| 2 | II | *duo, duae, duo*<br>*duorum, duarum, duorum*<br>*duobus, duabus, duobus*<br>*duos, duas, duo*<br>*duobus, duabus, duobus* | zwei | *secundus 3* | der Zweite |
| 3 | III | *tres, tres, tria*<br>*trium*<br>*tribus*<br>*tres, tres, tria*<br>*tribus* | drei | *tertius 3* | der Dritte |
| 4 | IV | *quattuor* | vier | *quartus 3* | der Vierte |
| 5 | V | *quinque* | fünf | *quintus 3* | der Fünfte |
| 6 | VI | *sex* | sechs | *sextus 3* | der Sechste |
| 7 | VII | *septem* | sieben | *septimus 3* | der Siebente |
| 8 | VIII | *octo* | acht | *octavus 3* | der Achte |
| 9 | IX | *novem* | neun | *nonus 3* | der Neunte |
| 10 | X | *decem* | zehn | *decimus 3* | der Zehnte |
| 11 | XI | *undecim* | elf | *undecimus 3* | der Elfte |
| 12 | XII | *duodecim* | zwölf | *duodecimus 3* | der Zwölfte |
| 100 | C | *centum* | hundert | *centesimus 3* | der Hundertste |
| 1000 | M | *mille (Pl. milia, -ium)* | tausend | *millesimus 3* | der Tausendste |

**111 Ordne die Zahlzeichen je ein Mal den lateinischen Grund- und je ein Mal den Ordnungszahlen zu!**

| | | |
|---|---|---|
| I | ..... quattuor | ..... secundus |
| II | ..... mille | ..... octavus |
| III | ..... duo | ..... quintus |
| IV | ..... octo | ..... centesimus |
| V | ..... unus | ..... nonus |
| VI | ..... sex | ..... primus |
| VII | ..... decem | ..... decimus |
| VIII | ..... tres | ..... sextus |
| IX | ..... centum | ..... tertius |
| X | ..... quinque | ..... septimus |
| C | ..... novem | ..... millesimus |
| M | ..... septem | ..... quartus |

## 112 Schreibe die richtigen Grund- und Ordnungszahlen dazu:

6: ................ / ................
9: ................ / ................

10: ................ / ................
1000: ................ / ................

1: ................ / ................
8: ................ / ................

3: ................ / ................
2: ................ / ................

100: ................ / ................
7: ................ / ................

5: ................ / ................
4: ................ / ................

## 113 Ergänze die Rechnungen und übersetze:

1. Duo et tres faciunt ..........................................................................................
2. Duo et octo faciunt ..........................................................................................
3. Unus et sex faciunt ..........................................................................................
4. Quinque et quattuor faciunt ..........................................................................................
5. Unus et tres et quinque faciunt ..........................................................................................

## 114 Achtung: Verwechsle nicht Grund- und Ordnungszahlen! Übersetze lateinisch – deutsch bzw. deutsch – lateinisch:

1. hora quarta: ..........................................................................................
2. quattuor horas: ..........................................................................................
3. anno octavo: ..........................................................................................
4. octo annos: ..........................................................................................
5. die decimo: ..........................................................................................
6. decem dies: ..........................................................................................
7. filius primus: ..........................................................................................
8. unus filius: ..........................................................................................
9. im dritten Jahr: ..........................................................................................
10. drei Jahre (lang): ..........................................................................................
11. in der neunten Stunde: ..........................................................................................
12. neun Stunden: ..........................................................................................
13. am sechsten Tag: ..........................................................................................
14. sechs Tage: ..........................................................................................
15. die zweite Tochter: ..........................................................................................
16. zwei Töchter: ..........................................................................................

## 115 Übersetze:

1. duo fratres: ..............................

2. quinque horas: ..............................

3. rex primus: ..............................

4. decem amicis: ..............................

5. hora tertia: ..............................

6. tribus gladiis: ..............................

7. unius puellae: ..............................

8. uxor secunda: ..............................

9. centum milites: ..............................

10. hora quinta: ..............................

11. quinque horas: ..............................

12. filius decimus: ..............................

13. mille homines: ..............................

14. trium fratrum: ..............................

## 116 Setze die in Klammer angegebene Zahl je nach Sinn als Grund- bzw. Ordnungszahlwörter ein und übersetze:

1. Marcus .................... (2) fratres habet.

..............................

2. Pater Marci .................... (3) filios et .................... (1) filiam habet – itaque .................... (4) liberos habet.

..............................

3. Gaius filius .................... (1), Marcus filius .................... (2) et Lucius filius .................... (3) est.

..............................

4. Pueri semper hora .................... (4) in scholam veniunt et hora .................... (10) domum contendunt.

..............................

5. Pueri libenter cum .................... (3) amicis in forum eunt, ubi .................... (5) puellas pulchras spectant.

..............................

 

# KONJUGATIONEN – Aktivformen

## 19. KAPITEL: PRÄSENS AKTIV

| | | a-Konj. | e-Konj. | kons. Konj. | i-Konj. | Mischkonj. |
|---|---|---|---|---|---|---|
| Präsens | Sg. 1. P. | *amo* | *moneo* | *mitto* | *audio* | *capio* |
| | 2. P. | *amas* | *mones* | *mittis* | *audis* | *capis* |
| | 3. P. | *amat* | *monet* | *mittit* | *audit* | *capit* |
| | Pl. 1. P. | *amamus* | *monemus* | *mittimus* | *audimus* | *capimus* |
| | 2. P. | *amatis* | *monetis* | *mittitis* | *auditis* | *capitis* |
| | 3. P. | *amant* | *monent* | *mittunt* | *audiunt* | *capiunt* |

### 117 Bestimme die folgenden Präsens-Formen durch Ankreuzen!

1. laudo — **Singular** 1 2 3 — **Plural** 1 2 3
2. interrogant — **Singular** 1 2 3 — **Plural** 1 2 3
3. laboratis — **Singular** 1 2 3 — **Plural** 1 2 3
4. rides — **Singular** 1 2 3 — **Plural** 1 2 3
5. gaudemus — **Singular** 1 2 3 — **Plural** 1 2 3
6. clamat — **Singular** 1 2 3 — **Plural** 1 2 3
7. sedemus — **Singular** 1 2 3 — **Plural** 1 2 3
8. respondet — **Singular** 1 2 3 — **Plural** 1 2 3

### 118 Bestimme und übersetze die folgenden Formen!

1. spectamus: ........................................ ........................................
2. monent: ........................................ ........................................
3. habetis: ........................................ ........................................
4. amas: ........................................ ........................................
5. exspectant: ........................................ ........................................
6. cogito: ........................................ ........................................
7. videtis: ........................................ ........................................
8. ambulas: ........................................ ........................................
9. monstrat: ........................................ ........................................
10. intramus: ........................................ ........................................

## 119 Setze die folgenden Formen in die andere Zahl (Singular ▸ Plural, Plural ▸ Singular) und übersetze dann!

EXEMPLUM: laudo (1. P. Sg.) ▸ **laudamus (1. P. Pl.)= „wir loben"**

1. spectas: ......
2. clamant: ......
3. interrogamus: ......
4. video: ......
5. monstratis: ......
6. sedet: ......
7. rides: ......
8. amo: ......
9. habet: ......
10. monetis: ......

## 120 Übersetze die folgenden Formen ins Lateinische!

1. sie schauen: ......
2. er denkt: ......
3. ich frage: ......
4. du mahnst: ......
5. sie sagt: ......
6. ihr fasst: ......
7. wir lesen: ......
8. ich herrsche: ......
9. du schenkst: ......
10. ich erschrecke: ......
11. ihr bleibt: ......
12. du eilst: ......
13. ich bleibe: ......
14. ihr besiegt: ......
15. du tötest: ......
16. er kämpft: ......

 

## 121 Gib die Stammformen zu folgenden Wörtern an und bestimme die Konjugation!

| | | |
|---|---|---|
| 1. amat | amo, -as, -are | a-Konjugation |
| 2. toleras | ........ | ........ |
| 3. regno | ........ | ........ |
| 4. dicis | ........ | ........ |
| 5. sedemus | ........ | ........ |
| 6. rapiunt | ........ | ........ |
| 7. mitto | ........ | ........ |
| 8. paratis | ........ | ........ |
| 9. venimus | ........ | ........ |
| 10. facit | ........ | ........ |
| 11. gerunt | ........ | ........ |
| 12. placet | ........ | ........ |
| 13. necatis | ........ | ........ |
| 14. pugnamus | ........ | ........ |
| 15. relinquis | ........ | ........ |
| 16. capio | ........ | ........ |
| 17. intellegunt | ........ | ........ |
| 18. reddo | ........ | ........ |
| 19. stas | ........ | ........ |
| 20. punitis | ........ | ........ |
| 21. neglegit | ........ | ........ |
| 22. solvis | ........ | ........ |
| 23. cadunt | ........ | ........ |
| 24. peto | ........ | ........ |
| 25. paremus | ........ | ........ |
| 26. inveniunt | ........ | ........ |
| 27. damus | ........ | ........ |
| 28. navigatis | ........ | ........ |
| 29. interficit | ........ | ........ |
| 30. quaerunt | ........ | ........ |

# 20. KAPITEL: IMPERFEKT AKTIV

| | | a-Konj. | e-Konj. | kons. Konj. | i-Konj. | Mischkonj. |
|---|---|---|---|---|---|---|
| **Imperfekt** | **Sg. 1. P.** | *amabam* | *monebam* | *mittebam* | *audiebam* | *capiebam* |
| | **2. P.** | *amabas* | *monebas* | *mittebas* | *audiebas* | *capiebas* |
| | **3. P.** | *amabat* | *monebat* | *mittebat* | *audiebat* | *capiebat* |
| | **Pl. 1. P.** | *amabamus* | *monebamus* | *mittebamus* | *audiebamus* | *capiebamus* |
| | **2. P.** | *amabatis* | *monebatis* | *mittebatis* | *audiebatis* | *capiebatis* |
| | **3. P.** | *amabant* | *monebant* | *mittebant* | *audiebant* | *capiebant* |

## 122 Übersetze die folgenden Imperfekt-Formen!

1. movebat: ....................................................
2. canebam: ....................................................
3. audiebamus: ....................................................
4. desinebatis: ....................................................
5. interrogabas: ....................................................
6. puniebam: ....................................................
7. vertebant: ....................................................
8. stabat: ....................................................
9. reddebatis: ....................................................
10. intellegebas: ....................................................
11. bibebam: ....................................................
12. solvebant: ....................................................

## 123 Bilde zu den folgenden Präsens-Formen die entsprechenden (gleiche Person und Zahl) Imperfekt-Formen und übersetze diese!

EXEMPLUM: amas ▸ **amabas = „du liebtest"**

1. stat: .................................... ....................................
2. manemus: .................................... ....................................
3. scitis: .................................... ....................................
4. punio: .................................... ....................................
5. debent: .................................... ....................................
6. quaerit: .................................... ....................................
7. soles: .................................... ....................................
8. facimus: .................................... ....................................
9. liberant: .................................... ....................................
10. mitto: .................................... ....................................
11. pugnas: .................................... ....................................
12. bibimus: .................................... ....................................

 

# 21. KAPITEL: FUTUR AKTIV

| | | | | | | |
|---|---|---|---|---|---|---|
| Futur | Sg. 1. P. | *amabo* | *monebo* | *mittam* | *audiam* | *capiam* |
| | 2. P. | *amabis* | *monebis* | *mittes* | *audies* | *capies* |
| | 3. P. | *amabit* | *monebit* | *mittet* | *audiet* | *capiet* |
| | Pl. 1. P. | *amabimus* | *monebimus* | *mittemus* | *audiemus* | *capiemus* |
| | 2. P. | *amabitis* | *monebitis* | *mittetis* | *audietis* | *capietis* |
| | 3. P. | *amabunt* | *monebunt* | *mittent* | *audient* | *capient* |

## 124 Übersetze die folgenden Futur-Formen!

1. persuadebit: ................................................
2. dicam: ................................................
3. augebunt: ................................................
4. claudetis: ................................................
5. invitabis: ................................................
6. tradetis: ................................................
7. incipiemus: ................................................
8. convocabo: ................................................
9. recipiam: ................................................
10. ages: ................................................
11. exercebimus: ................................................
12. ponent: ................................................

## 125 Setze die folgenden Formen ins Futur! (Die Tabellenspalten zeigen dir die Denkschritte und helfen dir so!)

| Präsens | Konjugation | b- oder a/e-Futur? | Futur-Form |
|---|---|---|---|
| certant | a-Konj. | b-Futur | certabunt |
| mittit | | | |
| manemus | | | |
| facis | | | |
| venio | | | |
| audes | | | |
| imperat | | | |
| solvimus | | | |
| bibitis | | | |
| debent | | | |
| navigo | | | |

## 126 Setze die folgenden Formen ins Futur! (nun ohne Hilfe!)

1. doleo: ..........
2. mittit: ..........
3. occupamus: ..........
4. accipiunt: ..........
5. cares: ..........
6. portatis: ..........
7. rapimus: ..........
8. venio: ..........
9. tolerant: ..........
10. relinquis: ..........
11. paretis: ..........
12. dormit: ..........

## 127 Einige Futurformen kann man leicht mit anderen Formen verwechseln. Kreuze die richtige Übersetzung der folgenden Formen an!

| | |
|---|---|
| 1. dabit: | ☐ er wird geben<br>☐ er gab |
| 2. imperabunt: | ☐ sie werden befehlen<br>☐ sie befahlen |
| 3. scribit: | ☐ er schreibt<br>☐ er wird schreiben |
| 4. solebas: | ☐ du wirst pflegen<br>☐ du pflegtest |
| 5. bibis | ☐ du wirst trinken<br>☐ du trinkst |
| 6. canent: | ☐ sie singen<br>☐ sie werden singen |

| | |
|---|---|
| 7. vertet: | ☐ er wendet<br>☐ er wird wenden |
| 8. scietis: | ☐ ihr wisst<br>☐ ihr werdet wissen |
| 9. audiam: | ☐ ich werde hören<br>☐ ich hörte |
| 10. monemus: | ☐ wir mahnen<br>☐ wir bleiben |
| 11. dabis | ☐ du wirst geben<br>☐ du gibst |
| 12. places: | ☐ du gefällst<br>☐ du wirst gefallen |

# 22. KAPITEL: ZUSAMMENFASSUNG PRÄSENSSTAMM AKTIV

## 128 Vervollständige die Tabelle!

| Präsens | Imperfekt | Futur |
|---|---|---|
| dormit | | |
| | parebant | |
| dicitis | | |
| | videbas | |
| | | faciam |
| terremus | | |
| | mittebant | |
| adiuvas | | |
| | | parabimus |
| | tolerabas | |

## 129 Bestimme und übersetze:

1. habitabamus: 1. P. Pl. Imperfekt — wir wohnten
2. rapitis: ........ ........
3. audes: ........ ........
4. audies: ........ ........
5. occidebant: ........ ........
6. servatis: ........ ........
7. fugient: ........ ........
8. deletis: ........ ........
9. tangam: ........ ........
10. contendunt: ........ ........
11. vincimus: ........ ........
12. imperabo: ........ ........
13. expellam: ........ ........
14. timet: ........ ........
15. aget: ........ ........
16. oppugnabunt: ........ ........
17. accipiebam: ........ ........
18. cadis: ........ ........

 

## 130 Übersetze ins Lateinische:

1. ich kämpfte: ...............................................
2. du wirst fassen: ..........................................
3. ich werde besiegen: ......................................
4. du kamst: ...................................................
5. ihr schenkt: ................................................
6. er machte: ..................................................
7. wir mahnten: ...............................................
8. wir werden sehen: .........................................
9. ihr erzähltet: ..............................................
10. sie hören: ...................................................

## 131 Gib die Konjugation an, bestimme die Zeit und übersetze:

| | | | |
|---|---|---|---|
| 1. vides: | e-Konj. | Präsens | du siehst |
| 2. delet: | ............................ | ............................ | ........................................ |
| 3. quaerent: | ............................ | ............................ | ........................................ |
| 4. occidetis: | ............................ | ............................ | ........................................ |
| 5. paremus: | ............................ | ............................ | ........................................ |
| 6. ludent: | ............................ | ............................ | ........................................ |
| 7. timemus: | ............................ | ............................ | ........................................ |
| 8. inveniet: | ............................ | ............................ | ........................................ |

## 132 Welche Form passt nicht zu den anderen? Warum?

1. ☐ tolerat ☐ dicam ☐ aedificamus ☐ delectatis
2. ☐ exercebis ☐ scribis ☐ timebis ☐ regnabis
3. ☐ monet ☐ debet ☐ movet ☐ ducet
4. ☐ narrabo ☐ narrabit ☐ narrabamus ☐ narrabunt

## 133 Löse das Rätsel! (Achtung: Alle deutschen Präteritum-Formen musst du mit dem lateinischen Imperfekt wiedergeben.) Das Lösungswort ergibt ein berühmtes Untier!

1. wir werden führen
2. ich werde kommen
3. er sang
4. ich mahnte
5. er wird aufsuchen
6. ihr tatet
7. sie wünschen
8. ich erschreckte
9. sie werden geben
10. du gibst

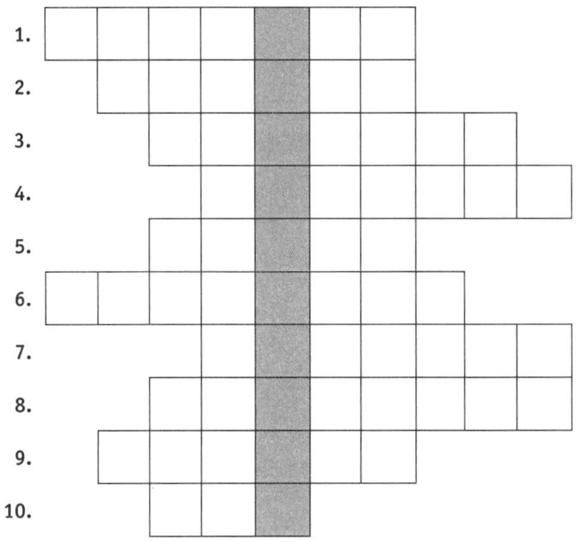

 

# 23. KAPITEL: IMPERATIVE

| | | a-Konj. | e-Konj. | kons. Konj. | i-Konj. | Mischkonj. |
|---|---|---|---|---|---|---|
| Imperative | Sg. | *ama!* | *mone!* | *mitte!*[1] | *audi!* | *cape!* [1] |
| | Pl. | *amate!* | *monete!* | *míttite!* | *audíte!* | *cápite!* |

[1] Ausnahmen: *dic!, duc!, fac!, fer!*

## 134 Übersetze:

1. clama: ..................................................
2. laborate: ..................................................
3. vide: ..................................................
4. ambula: ..................................................
5. dic: ..................................................
6. intrate: ..................................................
7. date: ..................................................
8. respondete: ..................................................
9. fac: ..................................................
10. audite: ..................................................
11. specta: ..................................................
12. gaude: ..................................................

## 135 Setze in die andere Zahl! (Singular ▸ Plural, Plural ▸ Singular) und übersetze beide Formen!

1. sede: .................................. .................................. ..................................
2. interrogate: .................................. .................................. ..................................
3. responde: .................................. .................................. ..................................
4. veni: .................................. .................................. ..................................
5. facite: .................................. .................................. ..................................
6. clamate: .................................. .................................. ..................................
7. venite: .................................. .................................. ..................................
8. legite: .................................. .................................. ..................................
9. propera: .................................. .................................. ..................................
10. dicite: .................................. .................................. ..................................

## 136 Bilde jeweils den Imperativ Singular und Plural:

1. propero: ..................................................
2. lego: ..................................................
3. appropinqua: ..................................................
4. ascendo: ..................................................
5. fugio: ..................................................
6. deleo: ..................................................
7. facio: ..................................................
8. maneo: ..................................................

## 137 Setze je nach Sinn den Imperativ Singular oder Plural ein und übersetze:

1. ............................... hostes, milites! (vinco)
2. ............................... ad forum mecum, Iulia! (venio)
3. ............................... hunc librum, discipuli! (lego)
4. ............................... mihi pensum tuum, Paule! (monstro)
5. ............................... mihi de Romanis et Graecis, magister! (narro)
6. ............................... puellas pulchras, pueri! (specto)
7. ............................... has litteras matri tuae, Corinna! (mitto)
8. ............................... in schola, Quinte et Gai! (maneo)

## 138 Achtung, Verwechslungsgefahr! Übersetze die folgenden Formen (im Zweifel kannst du das Vokabelverzeichnis im Lösungsheft zu Hilfe nehmen!):

1. aedifica: ...............................
2. aedificia: ...............................
3. parete: ...............................
4. parate: ...............................
5. terra: ...............................
6. terre: ...............................
7. da: ...............................
8. do: ...............................
9. de: ...............................
10. di: ...............................
11. manu: ...............................
12. mane: ...............................
13. redde: ...............................
14. redi: ...............................
15. cogite: ...............................
16. cogita: ...............................
17. liberate: ...............................
18. liberati: ...............................
19. certe: ...............................
20. certa: ...............................

 

# 24. KAPITEL: PERFEKT AKTIV

**Perfektstamm:**

- a-Konjugation: Präsensstamm + ***-av-*** zB *amav-*
- e-Konjugation: Präsensstamm + ***-u-*** zB *monu-*
- i-Konjugation: Präsensstamm + ***-iv-*** zB *audiv-*
- konsonantische Konjugation: unregelmäßig
- Mischkonjugation: unregelmäßig

**Bildung:**
**Perfektstamm + Endungen:**

| | |
|---|---|
| *-i* | *-imus* |
| *-isti* | *-istis* |
| *-it* | *-erunt* |

| | | |
|---|---|---|
| Perfekt Aktiv | **Sg. 1. P.** | *amavi* |
| | **2. P.** | *amavisti* |
| | **3. P.** | *amavit* |
| | **Pl. 1. P.** | *amavimus* |
| | **2. P.** | *amavistis* |
| | **3. P.** | *amavérunt* |

**139** **Bilde zu folgenden Verben das Perfekt in allen Personen!**

| | libero | prohibeo | dormio | occido | accipio |
|---|---|---|---|---|---|
| **Sg. 1. P.** | | | | | |
| **2. P.** | | | | | |
| **3. P.** | | | | | |
| **Pl. 1. P.** | | | | | |
| **2. P.** | | | | | |
| **3. P.** | | | | | |

**140** **Gib zu folgenden Verben mit regelmäßiger Perfektbildung die Präsensstammformen, die Konjugation und die 1. P. Sg. Perfekt an!**

1. navigo: navigo, -as, -are a-Konj. navigavi
2. punio: .................................. .................. ..............................................................
3. invito: .................................. .................. ..............................................................
4. debeo: .................................. .................. ..............................................................
5. voco: .................................. .................. ..............................................................
6. prohibeo: .................................. .................. ..............................................................
7. occupo: .................................. .................. ..............................................................
8. timeo: .................................. .................. ..............................................................
9. servo: .................................. .................. ..............................................................
10. careo: .................................. .................. ..............................................................

 

## 141 Gib zu folgenden Verben mit unregelmäßiger Perfektbildung die Präsensstammformen, die Konjugation und die 1. P. Sg. Perfekt an!

1. capio: capio, -is, -ere Misch-Konj. cepi
2. constituo: ................ ................ ................
3. expello: ................ ................ ................
4. mitto: ................ ................ ................
5. facio: ................ ................ ................
6. do: ................ ................ ................
7. duco: ................ ................ ................
8. relinquo: ................ ................ ................
9. vinco: ................ ................ ................
10. tango: ................ ................ ................
11. respondeo: ................ ................ ................
12. ludo: ................ ................ ................

## 142 Übersetze die folgenden Perfekt-Formen!

1. solverunt: ................
2. neglexisti: ................
3. navigavit: ................
4. cecidimus: ................
5. cupivi: ................
6. dedistis: ................
7. tetigi: ................
8. vocaverunt: ................
9. fecisti: ................
10. amisistis: ................
11. vidimus: ................
12. iuverunt: ................
13. dixit: ................
14. reliquisti: ................

 

## 143 Setze in der gleichen Person ins Perfekt und übersetze beide Formen!

| | | | |
|---|---|---|---|
| 1. amamus: | wir lieben | amavimus | wir liebten |
| 2. laudo: | ................................ | ................................ | ................................ |
| 3. dicunt: | ................................ | ................................ | ................................ |
| 4. facio: | ................................ | ................................ | ................................ |
| 5. venit: | ................................ | ................................ | ................................ |
| 6. docemus: | ................................ | ................................ | ................................ |
| 7. petis: | ................................ | ................................ | ................................ |
| 8. ducunt: | ................................ | ................................ | ................................ |
| 9. relinquimus: | ................................ | ................................ | ................................ |
| 10. dant: | ................................ | ................................ | ................................ |
| 11. legitis: | ................................ | ................................ | ................................ |
| 12. spectas: | ................................ | ................................ | ................................ |
| 13. manet: | ................................ | ................................ | ................................ |
| 14. iuvant: | ................................ | ................................ | ................................ |
| 15. capimus: | ................................ | ................................ | ................................ |

## 144 Welche der folgenden Formen stehen im Präsens, welche im Perfekt und welche können beides sein?

occidit – neglegit – punit – relinquit – solvit – rapit – petit – fugit – vidit – sedit – legit – fecit – iuvit – facit – contendit – venit – vicit – ludit – risit – constituit – restitit

| Präsens | Perfekt | Präsens und Perfekt |
|---|---|---|
| | | |
| | | |
| | | |
| | | |
| | | |
| | | |
| | | |

# 25. KAPITEL: PLUSQUAMPERFEKT AKTIV

**Bildung:**
**Perfektstamm + Endungen:**

| | |
|---|---|
| *-eram* | *-eramus* |
| *-eras* | *-eratis* |
| *-erat* | *-erant* |

| | | |
|---|---|---|
| Plusquamperfekt Aktiv | Sg. 1. P. | *ama**veram*** |
| | 2. P. | *ama**veras*** |
| | 3. P. | *ama**verat*** |
| | Pl. 1. P. | *ama**veramus*** |
| | 2. P. | *ama**veratis*** |
| | 3. P. | *ama**verant*** |

**145** **Bilde zu folgenden Verben das Plusquamperfekt in allen Personen!**

| | servo | timeo | punio | vinco | fugio |
|---|---|---|---|---|---|
| Sg. 1. P. | | | | | |
| 2. P. | | | | | |
| 3. P. | | | | | |
| Pl. 1. P. | | | | | |
| 2. P. | | | | | |
| 3. P. | | | | | |

**146** **Übersetze die folgenden Plusquamperfekt-Formen!**

1. exercuerat: ..................................................
2. vocaveramus: ..................................................
3. iusserant: ..................................................
4. duxerant: ..................................................
5. tradideras: ..................................................
6. vixerant: ..................................................
7. acceperam: ..................................................
8. clauseramus: ..................................................
9. posuerat: ..................................................
10. dixeras: ..................................................
11. gesseramus: ..................................................
12. manserant: ..................................................
13. fugerat: ..................................................
14. steteratis: ..................................................
15. cecineramus: ..................................................
16. egeram: ..................................................
17. iusserant: ..................................................
18. coeperam: ..................................................
19. defenderat: ..................................................
20. superaveras: ..................................................

 

**147** **Bilde zu folgenden Perfektformen die entsprechenden Plusquamperfektformen und übersetze diese!**

1. amaverunt: amaverant — sie hatten geliebt
2. steti: ........................ ........................
3. desiit: ........................ ........................
4. doluisti: ........................ ........................
5. vertistis: ........................ ........................
6. cecinimus: ........................ ........................
7. flevi: ........................ ........................
8. cognoverunt: ........................ ........................
9. egisti: ........................ ........................
10. didicit: ........................ ........................
11. dedit: ........................ ........................
12. misimus: ........................ ........................

**148** **Bilde zu folgenden Präsensformen die entsprechenden Plusquamperfektformen und übersetze diese! (Achtung, du musst erst den Perfektstamm bilden!)**

1. mones: monueras — du hattest ermahnt
2. cogitat: ........................ ........................
3. dormio: ........................ ........................
4. mittunt: ........................ ........................
5. ducimus: ........................ ........................
6. datis: ........................ ........................
7. vident: ........................ ........................
8. facis: ........................ ........................
9. quaerit: ........................ ........................
10. iuvo: ........................ ........................
11. mittimus: ........................ ........................
12. tangunt: ........................ ........................
13. gerimus: ........................ ........................
14. venio: ........................ ........................
15. agitis: ........................ ........................

# 26. KAPITEL: FUTUR EXAKT AKTIV

**Bildung:**
**Perfektstamm + Endungen:**

| *-ero* | *-erimus* |
|---|---|
| *-eris* | *-eritis* |
| *-erit* | *-erint* |

**Übersetzung:**
***dedero* = „ich werde gegeben haben"**
**(*Nota bene:* In zusammenhängenden Texten wird das Futur Exakt aber meist als Präsens oder Perfekt wiedergegeben!)**

| | | |
|---|---|---|
| Futur Exakt Aktiv | Sg. 1. P. | *amav**ero*** |
| | 2. P. | *amav**eris*** |
| | 3. P. | *amav**erit*** |
| | Pl. 1. P. | *amav**erimus*** |
| | 2. P. | *amav**eritis*** |
| | 3. P. | *amav**erint*** |

## 149 Bilde zu folgenden Verben das Futur Exakt in allen Personen!

| | invito | doceo | audio | peto | fugio |
|---|---|---|---|---|---|
| Sg. 1. P. | | | | | |
| 2. P. | | | | | |
| 3. P. | | | | | |
| Pl. 1. P. | | | | | |
| 2. P. | | | | | |
| 3. P. | | | | | |

## 150 Übersetze die folgenden Formen als echtes Futur Exakt

1. movero: ....................................................
2. doluerimus: ................................................
3. puniverint: ................................................
4. steteris: ....................................................
5. intellexerit: ...............................................
6. neglexeritis: ..............................................
7. cupiverint: ................................................
8. fecero: ......................................................
9. vocaverint: ................................................
10. advenerit: .................................................

## 151 Achtung, Verwechslungsgefahr! Bestimme und übersetze die folgenden Formen!

1. acceperit: ........................................ ........................................
2. acceperat: ........................................ ........................................
3. occupaverunt: ........................................ ........................................
4. occupaverant: ........................................ ........................................
5. occupaverint: ........................................ ........................................
6. dormiveramus: ........................................ ........................................
7. dormiverimus: ........................................ ........................................
8. tolerat: ........................................ ........................................
9. toleraverat: ........................................ ........................................
10. toleraverit: ........................................ ........................................

# 27. KAPITEL: ZUSAMMENFASSUNG PERFEKTSTAMM AKTIV

## 152 Ergänze zeilenweise die fehlenden Formen in der jeweils gleichen Person!

| Perfekt | Plusquamperfekt | Futur Exakt |
|---|---|---|
| oppugnavi | | |
| | expulerat | |
| | | legerimus |
| | adiuverant | |
| venisti | | |
| | | rapueritis |
| appropinquavit | | |
| | occideras | |
| | | amiserint |
| confeci | | |

## 153 Übersetze die folgenden Formen:

1. conspexisti: ..................................................
2. luserant: ..................................................
3. dedit: ..................................................
4. desierint: ..................................................
5. cessimus: ..................................................
6. iusseram: ..................................................
7. mansi: ..................................................
8. vidistis: ..................................................
9. steteram: ..................................................
10. verterunt: ..................................................
11. vicerunt: ..................................................
12. traxisti: ..................................................
13. posuerat: ..................................................
14. risimus: ..................................................
15. reliquero: ..................................................
16. tetigerunt: ..................................................

## 154 Setze ins Perfekt, Plusquamperfekt und Futur exakt:

1. regno: .................................. .................................. ..................................
2. timet: .................................. .................................. ..................................
3. ducunt: .................................. .................................. ..................................
4. scis: .................................. .................................. ..................................
5. quaerimus: .................................. .................................. ..................................

## 155 Ordne die folgenden Perfektstamm-Formen in die jeweils richtige Spalte ein!

invenerat – navigavisti – debui – interfecerimus – dedero – cecideras – petiverunt – petiverant – petiverint – cupivistis – biberamus – steti – spectavero – timueramus – monstraverunt – videris – contenderatis – regnaverint

| Perfekt | Plusquamperfekt | Futur Exakt |
| --- | --- | --- |
| | | |
| | | |
| | | |
| | | |
| | | |
| | | |

## 156 Wie muss die 1. Person Präsens der folgenden regelmäßig gebildeten Formen lauten? Gib die Stammformen an!

1. salutaveramus: ..........
2. meruit: ..........
3. optavisti: ..........
4. finivi: ..........
5. visitaverunt: ..........
6. nocueram: ..........
7. celebravero: ..........
8. debuerant: ..........
9. servivimus: ..........
10. servavimus: ..........
11. exploravimus: ..........
12. disputaverat: ..........
13. dormivistis: ..........
14. damnaverint: ..........
15. ignoraverunt: ..........
16. censui: ..........
17. nuntiavero: ..........
18. habuit: ..........

 

# 28. KAPITEL: ZUSAMMENFASSUNG ALLER AKTIVFORMEN

## 157 Ordne die folgenden Verbalformen in die jeweils richtige Spalte ein und übersetze sie!

imperaveras – interficit – quaesivero – iuvimus – dedit – debebunt – petiverunt – cadam – cupiebatis – reddidit – invitabo – biberas – consederint – doles – canes – conspexeram – discebat – exerceo – cognoveritis – agebat – receperunt – caremus – aedificas – regnabam – legeris – tolerabit – gesserant – capiebatis – miserat – paravero

| Präsens | Imperfekt | Futur | Perfekt | Plusquamperfekt | Futur Exakt |
|---|---|---|---|---|---|
| | | | | | |
| | | | | | |
| | | | | | |
| | | | | | |
| | | | | | |

## 158 Bestimme und übersetze die folgenden Formen!

1. donavi: ........ ........
2. pugnabis: ........ ........
3. manebamus: ........ ........
4. aedificabo: ........ ........
5. dixeratis: ........ ........
6. relinquit: ........ ........
7. relinquet: ........ ........
8. reliquit: ........ ........
9. gesserant: ........ ........
10. contendero: ........ ........
11. dormiunt: ........ ........
12. ascendebas: ........ ........
13. debui: ........ ........
14. accepistis: ........ ........
15. facient: ........ ........
16. vincimus: ........ ........
17. audet: ........ ........
18. audit: ........ ........
19. audiet: ........ ........
20. tangebam: ........ ........

## 159 Ergänze zeilenweise die fehlenden Formen in jeweils der gleichen Person!

| Präsens | Imperfekt | Futur | Perfekt | Plusquamperfekt | Futur Exakt |
|---|---|---|---|---|---|
| spectat | | | | | |
| | puniebam | | | | |
| | | docebimus | | | |
| | | | petiverunt | | |
| | | | | vixeratis | |
| | | | | | feceris |

## 160 Welche Form passt nicht zu den anderen? Warum?

1. ☐ fecerat ☐ tolerat ☐ miserat ☐ tulerat
2. ☐ cessi ☐ clausi ☐ voci ☐ cepi
3. ☐ exspectas ☐ ambulas ☐ properas ☐ libertas
4. ☐ dixerunt ☐ dixeram ☐ dixeras ☐ dixeratis
5. ☐ mones ☐ manes ☐ mittes ☐ doces

## 161 Löse das Verben-Rätsel! Als Lösung erhältst du den Namen einer österreichischen Römerstadt.

1. ich hatte gemacht
2. ihr gabt
3. sie haben geschickt
4. du bist gekommen
5. ich werde wünschen
6. sie fürchten
7. wir werden aufsuchen
8. sie werden lieben
9. wir lesen

1.
2.
3.
4.
5.
6.
7.
8.
9.

# KONJUGATIONEN – Passivformen

## 29. KAPITEL: PRÄSENSSTAMM PASSIV

| | | a-Konj. | e-Konj. | kons. Konj. | i-Konj. | Mischkonj. |
|---|---|---|---|---|---|---|
| **Präsens** | | *amor* | *moneor* | *mittor* | *audior* | *capior* |
| | | *amaris* | *monéris* | *mítteris* | *audiris* | *cáperis* |
| | | *amatur* | *monetur* | *mittitur* | *auditur* | *capitur* |
| | | *amamur* | *monemur* | *mittimur* | *audimur* | *capimur* |
| | | *amamini* | *monemini* | *mittimini* | *audimini* | *capimini* |
| | | *amantur* | *monentur* | *mittuntur* | *audiuntur* | *capiuntur* |
| **Futur** | | *amabor* | *monebor* | *mittar* | *audiar* | *capiar* |
| | | *amaberis* | *moneberis* | *mittéris* | *audieris* | *capieris* |
| | | *amabitur* | *monebitur* | *mittetur* | *audietur* | *capietur* |
| | | *amabimur* | *monebimur* | *mittemur* | *audiemur* | *capiemur* |
| | | *amabimini* | *monebimini* | *mittemini* | *audiemini* | *capiemini* |
| | | *amabuntur* | *monebuntur* | *mittentur* | *audientur* | *capientur* |
| **Imperfekt** | | *amabar* | *monebar* | *mittebar* | *audiebar* | *capiebar* |
| | | *amabaris* | *monebaris* | *mittebaris* | *audiebaris* | *capiebaris* |
| | | *amabatur* | *monebatur* | *mittebatur* | *audiebatur* | *capiebatur* |
| | | *amabamur* | *monebamur* | *mittebamur* | *audiebamur* | *capiebamur* |
| | | *amabamini* | *monebamini* | *mittebamini* | *audiebamini* | *capiebamini* |
| | | *amabantur* | *monebantur* | *mittebantur* | *audiebantur* | *capiebantur* |

**162** Konjugiere im Präsens Passiv und übersetze!

| | vocare | | tangere | |
|---|---|---|---|---|
| Sg. 1. P. | vocor | ich werde gerufen | | |
| 2. P. | | | | |
| 3. P. | | | | |
| Pl. 1. P. | | | | |
| 2. P. | | | | |
| 3. P. | | | | |

**163** Setze die folgenden Formen ins Passiv und übersetze beide Formen:

1. amas: du liebst ► amaris du wirst geliebt
2. duco: .......................... ► .......................... ..........................
3. videmus: .......................... ► .......................... ..........................
4. vincebant: .......................... ► .......................... ..........................
5. videbit: .......................... ► .......................... ..........................
6. vocatis: .......................... ► .......................... ..........................
7. defendebas: .......................... ► .......................... ..........................
8. spectant: .......................... ► .......................... ..........................
9. servabis: .......................... ► .......................... ..........................
10. rapit: .......................... ► .......................... ..........................

## 164 Bestimme und übersetze die folgenden Formen:

1. toleraris: ........................................ ........................................
2. relinquebar: ........................................ ........................................
3. timebimini: ........................................ ........................................
4. auditur: ........................................ ........................................
5. audietur: ........................................ ........................................
6. adiuvabamur: ........................................ ........................................
7. rapior: ........................................ ........................................
8. delectabor: ........................................ ........................................
9. pugnabatur: ........................................ ........................................
10. conspiciemini: ........................................ ........................................
11. interficiuntur: ........................................ ........................................
12. invitamur: ........................................ ........................................
13. neglegeris (*2 Mögl.*): ........................................ ........................................

    ........................................ ........................................
14. appellor: ........................................ ........................................
15. ducuntur: ........................................ ........................................
16. laudabantur: ........................................ ........................................
17. defendimur: ........................................ ........................................

## 165 Unterteile in aktive und passive Formen und übersetze:

expellebar – dormis – ducuntur – tolerabunt – dicis – relinquebamini – rapiuntur – mittet – exspectaris – videbitis

| Aktiv | | Passiv | |
|---|---|---|---|
| | | | |
| | | | |
| | | | |
| | | | |
| | | | |

 

## 166 Vertausche Aktiv und Passiv und übersetze die neue Form:

1. monet: **monetur** **er/sie/es wird ermahnt**
2. tangis: .......................................... ..........................................
3. inveniuntur: .......................................... ..........................................
4. amabo: .......................................... ..........................................
5. videbamini: .......................................... ..........................................
6. monstrabit: .......................................... ..........................................
7. delectatis: .......................................... ..........................................
8. spectabamur: .......................................... ..........................................
9. servaris: .......................................... ..........................................
10. accipient: .......................................... ..........................................

## 167 Ordne den Verbformen die richtige Übersetzung zu!

| | |
|---|---|
| 1. amas | ..... du liebtest |
| 2. amabas | ..... du wirst geliebt |
| 3. amabis | ..... du wirst lieben |
| 4. amabaris | ..... du wurdest geliebt |
| 5. amaberis | ..... du wirst geliebt werden |
| 6. amaris | ..... zu lieben |
| 7. amare | ..... du liebst |

## 168 Kreuze an: Welche ist die richtige Übersetzung?

| | | |
|---|---|---|
| 1. moneor | ☐ ich werde ermahnen | ☐ ich werde ermahnt |
| 2. superaris | ☐ du wirst besiegen | ☐ du wirst besiegt |
| 3. audient | ☐ sie werden hören | ☐ sie werden gehört |
| 4. docebuntur | ☐ sie werden unterrichtet | ☐ sie werden unterrichtet werden |
| 5. capimur | ☐ wir werden gefasst | ☐ wir werden fassen |
| 6. capiemur | ☐ wir werden gefasst | ☐ wir werden gefasst werden |
| 7. laudamini | ☐ ihr werdet gelobt | ☐ ihr werdet loben |
| 8. defendes | ☐ du wirst verteidigt | ☐ du wirst verteidigen |
| 9. negleguntur | ☐ sie werden vernachlässigt | ☐ sie werden vernachlässigen |
| 10. certabatur | ☐ es wurde gestritten | ☐ es wird gestritten werden |

# 30. KAPITEL: PERFEKTSTAMM PASSIV

| | | | | | | | | |
|---|---|---|---|---|---|---|---|---|
| **Perfekt Passiv** | *amatus 3** | *sum* | **Plqpf. Passiv** | *amatus 3* | *eram* | **Futur Exakt Passiv** | *amatus 3* | *ero* |
| | *amatus 3* | *es* | | *amatus 3* | *eras* | | *amatus 3* | *eris* |
| | *amatus 3* | *est* | | *amatus 3* | *erat* | | *amatus 3* | *erit* |
| | *amati 3*** | *sumus* | | *amati 3* | *eramus* | | *amati 3* | *erimus* |
| | *amati 3* | *estis* | | *amati 3* | *eratis* | | *amati 3* | *eritis* |
| | *amati 3* | *sunt* | | *amati 3* | *erant* | | *amati 3* | *erunt* |

*) *amatus 3 = amatus/-a/-um*, **) *amati 3 = amati/-ae/-a*

## 169 Bilde zu folgenden regelmäßigen Verben das PPP und übersetze es!

1. laudo 1: .................................................... ....................................................
2. prohibeo 2: .................................................... ....................................................
3. voco 1: .................................................... ....................................................
4. audio 4: .................................................... ....................................................
5. moneo 2: .................................................... ....................................................
6. punio 4: .................................................... ....................................................
7. narro 1: .................................................... ....................................................

## 170 Bilde zu folgenden unregelmäßigen Verben das PPP und übersetze es!

1. ago 3: .................................................... ....................................................
2. facio M: .................................................... ....................................................
3. vinco 3: .................................................... ....................................................
4. traho 3: .................................................... ....................................................
5. mitto 3: .................................................... ....................................................
6. video 2: .................................................... ....................................................
7. dico 3: .................................................... ....................................................
8. do 1: .................................................... ....................................................
9. capio M: .................................................... ....................................................
10. iubeo 2: .................................................... ....................................................
11. defendo 3: .................................................... ....................................................
12. statuo 3: .................................................... ....................................................

 

## 171 Übersetze die Passivformen:

1. invitatus est: ...
2. monita erat: ...
3. auditi sunt: ...
4. lecti erant: ...
5. clausus es: ...
6. factum est: ...
7. vocata erat: ...
8. dictum erat: ...
9. comprehensi sunt: ...
10. visae eratis: ...
11. iussum est: ...
12. victi eramus: ...
13. relicta sum: ...
14. missus es: ...
15. latum erat: ...
16. datae sunt: ...
17. coacti estis: ...
18. conspecta erat: ...
19. delecti erant: ...
20. captus es: ...

## 172 Übersetze die folgenden Wortgruppen:

1. hostes victi: ...
2. hostes victi sunt: ...
3. porta clausa: ...
4. porta clausa erat: ...
5. pensa facta: ...
6. pensa facta erant: ...
7. femina relicta: ...
8. femina relicta est: ...
9. liberi neglecti: ...
10. liberi neglecti sunt: ...

## 173 Setze ins Passiv und übersetze die Passivformen:

1. laudavit: .................................................... ....................................................
2. audiverunt: .................................................... ....................................................
3. monueras: .................................................... ....................................................
4. misi: .................................................... ....................................................
5. legit: .................................................... ....................................................
6. duxeramus: .................................................... ....................................................
7. dederatis: .................................................... ....................................................
8. defendi: .................................................... ....................................................
9. spectavistis: .................................................... ....................................................
10. tulerant: .................................................... ....................................................

## 174 Ergänze jeweils die fehlende Form und übersetze die passive Form:

| Aktiv | Passiv | Übersetzung |
|---|---|---|
| spectavi | spectatus/-a sum | |
| duxit | | |
| | redditi sunt | |
| puniveramus | | |
| invitavisti | | |
| | intellectum erat | |
| interfecerant | | |
| | iutus es | |
| quaesivistis | | |
| iussi | | |
| | traditum erat | |
| coegerunt | | |
| | visa erat | |
| vicerunt | | |

## 175 Unterstreiche in folgenden Sätzen das PPP und übersetze!

1. Penelope ab Ulixe in patria relicta erat.

..................................................................................................................................

2. Troiani urbem occupatam defenderunt.

..................................................................................................................................

3. Marcus a magistro monitus erat, sed Barbara laudata est.

..................................................................................................................................

4. Troiani victi a Graecis occisi sunt.

..................................................................................................................................

5. Hector, vir fortissimus Troianorum, ab Achille interfectus erat.

..................................................................................................................................

6. Menelaos uxorem amatam, quae a Paride rapta erat, domum ducere volebat.

..................................................................................................................................

## 176 Ergänze die richtigen Endungen des PPP und übersetze!

1. Minotaurus in labyrintho inclus....... est.

..................................................................................................................................

2. Ariadne a Theseo in insula relict...... est.

..................................................................................................................................

3. Helena a Paride rapt...... erat.

..................................................................................................................................

4. Decem annos ante Troiam pugnat...... est.

..................................................................................................................................

5. Multi Graeci ante Troiam occis....... sunt.

..................................................................................................................................

6. Galli a Caesare et exercitu eius vict...... erant.

..................................................................................................................................

7. Militibus magna praemia dat...... sunt.

..................................................................................................................................

8. Tantalus et Sisyphus a dis punit...... erant.

..................................................................................................................................

9. Iussa Daedali a Icaro neglect...... sunt.

..................................................................................................................................

10. Hoc pensum non a Marco, sed a Quinto fact...... erat.

..................................................................................................................................

## 177 Setze die Perfektpartizipien der angegebenen Verba im jeweils richtigen Fall ein und übersetze!

1. Penelope Ulixem, maritum ........................ (amo), multos annos exspectavit.

...........................................................................................................................................

2. Nero urbem ........................ (incendo) spectabat et canebat.

...........................................................................................................................................

3. Paris cum femina ........................ (rapio) celerrime Troiam navigavit.

...........................................................................................................................................

4. Vir miser multas horas ante portam ........................ (claudo) feminae ........................ (amo) sedebat.

...........................................................................................................................................

...........................................................................................................................................

5. Graeci urbem .................................. (deleo) reliquerunt et uxores virorum .................................. (vinco) et ...................................... (interficio) secum duxerunt.

...........................................................................................................................................

...........................................................................................................................................

6. Bacchus Ariadnam in insula .................................. (relinquo) in matrimonium duxit.

## 178 Ergänze zeilenweise die Passivformen!

| Präsens | Imperfekt | Futur | Perfekt | Plusquampf. |
|---|---|---|---|---|
| vocor | | | | |
| | | | ducti sumus | |
| | occidebantur | | | |
| | | | | datum erat |
| videtur | | | | |
| | laudabaris | | | |
| | | monebitur | | |
| | | | doctus est | |

 

# KONJUGATIONEN – Nominalformen

## 31. KAPITEL: INFINITIVE

| | a-Konj. | e-Konj. | kons. Konj. | i-Konj. | Mischkonj. |
|---|---|---|---|---|---|
| **Präsens aktiv** | *amare* | *monére* | *míttere* | *audire* | *cápere* |
| **Präsens passiv** | *amari* | *monéri* | *mitti* | *audiri* | *capi* |
| **Perfekt aktiv** | *amavisse* | *monuisse* | *misisse* | *audivisse* | *cepisse* |
| **Perfekt passiv** | *amatum* esse* | *monitum esse* | *missum esse* | *auditum esse* | *captum esse* |
| **Futur aktiv** | *amaturum* esse* | *moniturum esse* | *missurum esse* | *auditurum esse* | *capturum esse* |

*) Beim passiven Perfekt- und beim aktiven Futurinfinitiv passen sich die Endungen in Fall, Zahl und Geschlecht an das Bezugswort an. Da dieses meist im Akkusativ steht (ACI!), lauten die Endungen also im Sg. *amatum, -am, -um esse,* im Pl. *amatos, -as, -a esse.*

### 179 Bilde alle fünf Infinitive und übersetze diese!

servo: ............................................................ ............................................................

............................................................ ............................................................

............................................................ ............................................................

............................................................ ............................................................

............................................................ ............................................................

ago: ............................................................ ............................................................

............................................................ ............................................................

............................................................ ............................................................

............................................................ ............................................................

............................................................ ............................................................

### 180 Ordne die folgenden Infinitive in die richtigen Spalten ein und übersetze:

ambulavisse – quaeri – iussum esse – puniturum esse – convocari – tenere – cognovisse – agere – invitaturum esse – didicisse – actum esse – contineri – versum esse – stare – lecturum esse

| Präsens aktiv | Präsens passiv | Perfekt aktiv | Perfekt passiv | Futur aktiv |
|---|---|---|---|---|
| | | | | |
| Üs.: | | | | |
| | | | | |
| Üs.: | | | | |
| | | | | |
| Üs.: | | | | |

## 181 Bilde alle fünf Infinitive von:

specto – moneo – punio – dico – rapio – do – video – pono

| Präsens aktiv | Präsens passiv | Perfekt aktiv | Perfekt passiv | Futur aktiv |
|---|---|---|---|---|
| | | | | |
| | | | | |
| | | | | |
| | | | | |
| | | | | |
| | | | | |
| | | | | |
| | | | | |

## 182 Übersetze:

1. ambulare: ..................................................
2. timuisse: ..................................................
3. auditum esse: ..................................................
4. rapi: ..................................................
5. visum esse: ..................................................
6. fecisse: ..................................................
7. docere: ..................................................
8. laudari: ..................................................
9. delevisse: ..................................................
10. fugere: ..................................................
11. acceptum esse: ..................................................
12. tangi: ..................................................

## 183 Kreuze an: Welche ist die richtige Übersetzung?

| | | |
|---|---|---|
| 1. superari | ☐ besiegt zu werden | ☐ besiegt zu haben |
| 2. dictum esse | ☐ gesagt zu haben | ☐ gesagt worden zu sein |
| 3. agi | ☐ gemacht zu werden | ☐ gemacht zu haben |
| 4. clausisse | ☐ geschlossen zu werden | ☐ geschlossen zu haben |
| 5. capi | ☐ gefasst zu werden | ☐ gefasst zu haben |
| 6. lectum esse | ☐ gelesen zu werden | ☐ gelesen worden zu sein |
| 7. videri | ☐ gesehen zu werden | ☐ gesehen zu haben |
| 8. dici | ☐ gesagt zu werden | ☐ ich habe gesagt |

## 184 Übersetze:

1. Alexander Magnus vinci non potuit.
2. Multi discipuli laudari volunt.
3. Magistri multos discipulos laudare non possunt.
4. Haec porta claudi non potest.
5. Paris Helenam rapere voluit, Helena quoque rapi cupiebat.
6. Graeci Troianos superare in animo habuerunt.
7. Troianis a Graecis superari non placuit.

## 185 Achtung, Verwechslungsgefahr! Bestimme und übersetze die folgenden Formen! (Mehrfachnennungen möglich!)

| | | | | |
|---|---|---|---|---|
| 1. audiri | ☐ Inf. Präsens passiv | ☐ 1. P. Sg. Pf. | ☐ Imperativ Sg. | Üs: ................................ |
| 2. trahi | ☐ Inf. Präsens passiv | ☐ 1. P. Sg. Pf. | ☐ Imperativ Sg. | Üs: ................................ |
| 3. movi | ☐ Inf. Präsens passiv | ☐ 1. P. Sg. Pf. | ☐ Imperativ Sg. | Üs: ................................ |
| 4. audi | ☐ Inf. Präsens passiv | ☐ 1. P. Sg. Pf. | ☐ Imperativ Sg. | Üs: ................................ |
| 5. rapi | ☐ Inf. Präsens passiv | ☐ 1. P. Sg. Pf. | ☐ Imperativ Sg. | Üs: ................................ |
| 6. vidi | ☐ Inf. Präsens passiv | ☐ 1. P. Sg. Pf. | ☐ Imperativ Sg. | Üs: ................................ |
| 7. solvi | ☐ Inf. Präsens passiv | ☐ 1. P. Sg. Pf. | ☐ Imperativ Sg. | Üs: ................................ |
| 8. puni | ☐ Inf. Präsens passiv | ☐ 1. P. Sg. Pf. | ☐ Imperativ Sg. | Üs: ................................ |
| 9. iuvi | ☐ Inf. Präsens passiv | ☐ 1. P. Sg. Pf. | ☐ Imperativ Sg. | Üs: ................................ |
| 10. legi | ☐ Inf. Präsens passiv | ☐ 1. P. Sg. Pf. | ☐ Imperativ Sg. | Üs: ................................ |
| 11. cessi | ☐ Inf. Präsens passiv | ☐ 1. P. Sg. Pf. | ☐ Imperativ Sg. | Üs: ................................ |
| 12. veni | ☐ Inf. Präsens passiv | ☐ 1. P. Sg. Pf. | ☐ Imperativ Sg. | Üs: ................................ |
| 13. bibi | ☐ Inf. Präsens passiv | ☐ 1. P. Sg. Pf. | ☐ Imperativ Sg. | Üs: ................................ |
| 14. clausi | ☐ Inf. Präsens passiv | ☐ 1. P. Sg. Pf. | ☐ Imperativ Sg. | Üs: ................................ |
| 15. senti | ☐ Inf. Präsens passiv | ☐ 1. P. Sg. Pf. | ☐ Imperativ Sg. | Üs: ................................ |
| 16. feci | ☐ Inf. Präsens passiv | ☐ 1. P. Sg. Pf. | ☐ Imperativ Sg. | Üs: ................................ |
| 17. agi | ☐ Inf. Präsens passiv | ☐ 1. P. Sg. Pf. | ☐ Imperativ Sg. | Üs: ................................ |
| 18. dormi | ☐ Inf. Präsens passiv | ☐ 1. P. Sg. Pf. | ☐ Imperativ Sg. | Üs: ................................ |
| 19. lusi | ☐ Inf. Präsens passiv | ☐ 1. P. Sg. Pf. | ☐ Imperativ Sg. | Üs: ................................ |
| 20. poni | ☐ Inf. Präsens passiv | ☐ 1. P. Sg. Pf. | ☐ Imperativ Sg. | Üs: ................................ |

# 32. KAPITEL: PARTIZIPIA

| Partizip Präsens Aktiv (PPA) | Partizip Perfekt Passiv (PPP) | Partizip Futur Aktiv (PFA) |
|---|---|---|
| *amans, -antis*<br>*monens, -entis*<br>(etc.) | *amatus, -a, -um*<br>*monitus, -a, -um*<br>(etc.) | *amaturus, -a, -um*<br>*moniturus, -a, -um*<br>(etc.) |
| 1) liebend<br>2) einer, der liebt<br>3) der Liebende | 1) geliebt<br>2) einer, der geliebt worden ist<br>3) der Geliebte | 1) einer, der lieben wird<br>2) um zu lieben |

## 186 Ordne die folgenden Partizipien in die richtigen Spalten ein und übersetze sie!

petens – coniunctus – canens – daturus – vocantes – victuri – ducta – liberati – dormientes – dictura – toleratum – capturi – contendentes – missa – aedificaturus

| PPA (Partizip Präsens Aktiv) | PPP (Partizip Perfekt Passiv) | PFA (Partizip Futur) |
|---|---|---|
| | | |
| Üs.: | | |
| | | |
| Üs.: | | |
| | | |
| Üs.: | | |
| | | |
| Üs.: | | |
| | | |
| Üs.: | | |

## 187 Bilde von den folgenden Verba die drei Partizipia und übersetze!

| | Partizip Präsens | Partizip Perfekt | Partizip Futur |
|---|---|---|---|
| specto | <br>Üs.: | | |
| moneo | <br>Üs.: | | |
| punio | <br>Üs.: | | |
| duco | <br>Üs.: | | |
| capio | <br>Üs.: | | |
| video | <br>Üs.: | | |
| pono | <br>Üs.: | | |

 

## 188 Ergänze die fehlenden Formen:

| Partizip Präsens (PPA) | Partizip Perfekt (PPP) | Partizip Futur (PFA) |
|---|---|---|
| laudans | | |
| | territus | |
| | | victurus |
| | datus | |
| faciens | | |
| | relictus | |
| | | missurus |
| | iutus | |
| ferens | | |

## 189 Übersetze als Substantiva im richtigen Fall:

EXEMPLUM: amanti ► **dem Liebenden (3. F. Sg.)**

1. interrogatus: ................................................
2. ridentes: ................................................
3. clamantis: ................................................
4. victi (1. F. Pl.): ................................................
5. timentem: ................................................
6. expulsam: ................................................
7. raptos: ................................................
8. missorum: ................................................
9. legentes: ................................................
10. fugientibus: ................................................
11. ambulanti: ................................................
12. amatae *(3 Mögl.)*: ................................................

................................................

................................................

## 190 Ordne den Substantiva die passenden Partizipia zu und übersetze die Wortpaare:

1. virginem ..... coniunctis ................................................
2. exercitu ..... imperantis ................................................
3. discipulum ..... deleta ................................................
4. matrum ..... deletum ................................................
5. poetae ..... raptam ................................................
6. servos ..... canenti ................................................
7. manibus ..... punitos ................................................
8. regis ..... victo ................................................
9. urbs ..... flentium ................................................
10. oppidum ..... discentem ................................................

## 191 Übersetze:

1. magistri legentis: ..........
2. matri monenti: ..........
3. filiam clausam: ..........
4. tempus actum: ..........
5. amici iuvantes: ..........
6. praemio cupito *(2 Mögl.)*: ..........
7. cum imperatore victuro: ..........
8. puellas ridentes: ..........
9. itineri quaesito: ..........
10. hostium expulsorum: ..........
11. viris bibentibus: ..........
12. canis iacens: ..........
13. bellis gestis *(2 Mögl.)*: ..........
14. amicus venturus: ..........
15. in urbe defensa: ..........
16. facinus commissum: ..........
17. amicam dormientem: ..........
18. vitam amissam: ..........
19. urbis expugnatae: ..........
20. exercitui victo: ..........
21. voces auditae: ..........

## 192 Kreuze an: Mit welchen Substantiva können die folgenden Partizipformen übereingestimmt sein? (Mehrfachnennungen möglich!). Achte dabei besonders auf die Deklination und das Geschlecht des jeweiligen Substantivs!

| | | | | |
|---|---|---|---|---|
| 1. amata | ☐ virgo | ☐ puella | ☐ nave | ☐ feminae |
| 2. venientis | ☐ patris | ☐ amicis | ☐ puellae | ☐ viri |
| 3. laudantes | ☐ magistri | ☐ magistros | ☐ magistris | ☐ magistro |
| 4. monituri | ☐ matri | ☐ parentes | ☐ patri | ☐ magistri |
| 5. clamanti | ☐ amice | ☐ amico | ☐ amica | ☐ amici |
| 6. superatis | ☐ militis | ☐ viris | ☐ imperatori | ☐ hostibus |
| 7. dormiens | ☐ discipulus | ☐ amica | ☐ servi | ☐ canis |

 

## 33. KAPITEL: *ESSE* UND *POSSE*

| | esse | posse | | esse | posse |
|---|---|---|---|---|---|
| **Ind. Präs.** | *sum* | *possum* | **Ind. Perf.** | *fui* | *potui* |
| | *es* | *potes* | | *fuisti* | *potuisti* |
| | *est* | *potest* | | *fuit* | *potuit* |
| | *sumus* | *possumus* | | *fuimus* | *potuimus* |
| | *estis* | *potestis* | | *fuistis* | *potuistis* |
| | *sunt* | *possunt* | | *fuerunt* | *potuerunt* |
| **Futur** | *ero* | *potero* | **Futur exakt** | *fuero* | *potuero* |
| | *eris* | *poteris* | | *fueris* | *potueris* |
| | ▼ | ▼ | | ▼ | ▼ |
| | *erunt* | *poterunt* | | *fuerint* | *potuerint* |
| **Ind. Impf.** | *eram* | *poteram* | **Ind. Plqpf.** | *fueram* | *potueram* |
| | *eras* | *poteras* | | *fueras* | *potueras* |
| | ▼ | ▼ | | ▼ | ▼ |
| | *erant* | *poterant* | | *fuerant* | *potuerant* |

| | esse | posse |
|---|---|---|
| **Imperativ** | *es! / este!* | — |
| **Infinitiv Präs. aktiv** | *esse* | *posse* |
| **Infinitiv Perf. aktiv** | *fuisse* | *potuisse* |
| **Infinitiv Futur aktiv** | *futurum esse (= fore)* | — |

### 193 Ordne zu!

| | |
|---|---|
| 1. est | ...... du kannst |
| 2. possunt | ...... sie sind |
| 3. sumus | ...... er ist |
| 4. potestis | ...... ihr seid |
| 5. potes | ...... sie können |
| 6. sunt | ...... du bist |
| 7. possum | ...... wir sind |
| 8. estis | ...... sie kann |
| 9. potest | ...... ihr könnt |
| 10. es | ...... ich kann |

### 194 Ordne folgende Formen in die richtige Spalte ein und übersetze sie!

estis – potuerunt – eram – potueramus – erunt – potueritis – fuisti – fueram – poterat – fuero – potero – potest – sum – fuerint – potueramus – erant – eris – fuerunt

| Präsens | Imperfekt | Futur | Perfekt | Plqpf. | Futur Exakt |
|---|---|---|---|---|---|
| | | | | | |
| Üs.: | | | | | |
| | | | | | |
| Üs.: | | | | | |
| | | | | | |
| Üs.: | | | | | |

 

## 195 Übersetze:

1. fuit: ........................................................
2. possunt: ........................................................
3. eram: ........................................................
4. fuisse: ........................................................
5. poteratis: ........................................................
6. sumus: ........................................................
7. poteramus: ........................................................
8. potuistis: ........................................................
9. posse: ........................................................
10. fuisti: ........................................................
11. poteram: ........................................................
12. erunt: ........................................................
13. eris: ........................................................
14. eras: ........................................................
15. fuerant: ........................................................
16. potest: ........................................................

## 196 Setze in alle Zeiten und übersetze!

| Präsens | Imperfekt | Futur | Perfekt | Plqpf. | Futur Exakt |
|---|---|---|---|---|---|
| sunt | | | | | |
| | | | | | |

| Präsens | Imperfekt | Futur | Perfekt | Plqpf. | Futur Exakt |
|---|---|---|---|---|---|
| potest | | | | | |
| | | | | | |

## 197 Achtung, Verwechslungsgefahr! Bestimme die folgenden Formen:

1. erunt: ........................................................
   erant: ........................................................
2. fuerunt: ........................................................
   fuerant: ........................................................
3. potueris: ........................................................
   poteris: ........................................................
4. poterat: ........................................................
   potuerat: ........................................................
5. eris: ........................................................
   eras: ........................................................
6. potuerunt: ........................................................
   potuerant: ........................................................

## 198 Wieder Verwechslungsgefahr, diesmal mit anderen Wörtern! Übersetze:

1. summus: ........................................................
   sumus: ........................................................
2. erat: ........................................................
   errat: ........................................................
3. erro: ........................................................
   ero: ........................................................
4. potuimus: ........................................................
   posuimus: ........................................................
5. potuit: ........................................................
   posuit: ........................................................
6. fui: ........................................................
   fugi: ........................................................

## 199 Übersetze ins Lateinische:

1. wir sind: ...
2. sie waren: ...
3. ich werde sein: ...
4. er war gewesen: ...
5. ich kann: ...
6. du konntest: ...
7. ich werde sein: ...
8. sie können: ...

## 200 Gib die Stammformen und Bedeutung der folgenden Komposita an!

1. absum: ... : ...
2. adsum: ... : ...
3. desum: ... : ...
4. intersum: ... : ...
5. prosum: ... : ...

## 201 Übersetze:

1. adfuerunt: ...
2. dees: ...
3. aberatis: ...
4. interero: ...
5. profuerat: ...
6. adfuit: ...
7. afuit: ...
8. interfuisti: ...
9. adsunt: ...
10. deerat: ...
11. prodest: ...
12. afuerat: ...
13. abestis: ...
14. intererunt: ...
15. prosunt: ...
16. deerunt: ...

# 34. KAPITEL: *IRE*

| Präsens | Futur | Imperfekt | Perfekt | Futur Exakt | Plusquamperfekt |
|---|---|---|---|---|---|
| *eo* | *ibo* | *ibam* | *ii* | *iero* | *ieram* |
| *is* | *ibis* | *ibas* | *isti* | *ieris* | *ieras* |
| *it* | *ibit* | *ibat* | *iit* | *ierit* | *ierat* |
| *imus* | *ibimus* | *ibamus* | *iimus* | *ierimus* | *ieramus* |
| *itis* | *ibitis* | *ibatis* | *istis* | *ieritis* | *ieratis* |
| *eunt* | *ibunt* | *ibant* | *ierunt* | *ierint* | *ierant* |

| | |
|---|---|
| **Imperativ** | *i! / ite!* |
| **Infinitiv Präsens aktiv** | *ire* |
| **Infinitiv Präsens passiv** | *iri* |
| **Infinitiv Perfekt aktiv** | *isse* |
| **Infinitiv Perfekt passiv** | *itum esse* |
| **Infinitiv Futur aktiv** | *iturum esse* |

| | |
|---|---|
| **Partizip Präsens** | *iens, euntis* |
| **Partizip Perfekt** | *itum 3* |
| **Partizip Futur** | *iturum 3* |

## 202 Setze in alle Zeiten und übersetze!

| | Präsens | Imperfekt | Futur | Perfekt | Plqpf. | Futur Exakt |
|---|---|---|---|---|---|---|
| **Lat.:** | it | | | | | |
| **Dt.:** | er/sie geht | | | | | |

## 203 Ordne die folgenden Formen in die richtige Spalte ein!

is – ii – iero – ibant – ibit – eunt – ierant – ibam – ibunt – ierint – ierunt – ieram

| Präsens | Imperfekt | Futur | Perfekt | Plqpf. | Futur Exakt |
|---|---|---|---|---|---|
| | | | | | |
| | | | | | |

## 204 Übersetze die folgenden Indikativformen:

1. eunt: ........................................................
2. ii: ........................................................
3. ibis: ........................................................
4. ieramus: ........................................................
5. ibatis: ........................................................
6. isti: ........................................................
7. ibo: ........................................................
8. ieras: ........................................................
9. imus: ........................................................
10. ibat: ........................................................
11. is: ........................................................
12. istis: ........................................................

 

## 205 Übersetze die folgenden Formen:

1. i!: ..........
2. euntis: ..........
3. ire: ..........
4. eunt: ..........
5. ieras: ..........
6. ibo: ..........
7. ite! ..........
8. iens: ..........
9. eundi: ..........
10. ite: ..........
11. isse: ..........
12. euntem: ..........

## 206 Übersetze ins Lateinische:

1. du gehst: ..........
2. zu gehen: ..........
3. ich ging: ..........
   ..........
4. sie waren gegangen: ..........
5. sie gehen: ..........
6. er wird gehen: ..........
7. sie gingen: ..........
   ..........
8. wir werden gehen: ..........
9. geh!: ..........
10. sie wird gehen: ..........

## 207 Die folgenden Formen können sowohl von *ire* als auch von zwei Pronomina kommen. Übersetze beide Möglichkeiten:

1. is: .......... / ..........
2. isti: .......... / ..........
3. ii: .......... / ..........
4. istis: .......... / ..........
5. eo: .......... / ..........

## 208 Achtung, diese Wörter sehen ähnlich aus wie Formen von *ire*, stammen aber von anderen Wörtern! Was bedeuten sie?

1. ibi: ..........
2. id: ..........
3. iam: ..........
4. ea: ..........
5. eum: ..........
6. ita: ..........
7. iis: ..........
8. ei: ..........
9. idem: ..........
10. eos: ..........

 

## 209 Gib die Stammformen und Bedeutung der folgenden Komposita an!

1. abeo, ........................................................: ..........................................................................
2. adeo, ........................................................: ..........................................................................
3. exeo, ........................................................: ..........................................................................
4. ineo, ........................................................: ..........................................................................
5. intereo, ....................................................: ..........................................................................
6. redeo, ......................................................: ..........................................................................

## 210 Bestimme und übersetze:

1. exit: ..........................................................................................................................
2. inierunt: ....................................................................................................................
3. adibam: .....................................................................................................................
4. abibunt: .....................................................................................................................
5. intereuntes: ...............................................................................................................
6. adimus: .....................................................................................................................
7. abieras: .....................................................................................................................
8. redisse: .....................................................................................................................
9. exibamus: ..................................................................................................................
10. abire: .......................................................................................................................
11. inite: ........................................................................................................................
12. redeunt: ...................................................................................................................
13. exiens: .....................................................................................................................
14. abisti: ......................................................................................................................
15. adibatis: ..................................................................................................................
16. interire: ...................................................................................................................
17. abiit: .......................................................................................................................
18. adierunt: .................................................................................................................
19. exibis: .....................................................................................................................
20. abi: .........................................................................................................................
21. redeunt: ..................................................................................................................

 

# 35. KAPITEL: *VELLE* UND *NOLLE*

| | | |
|---|---|---|
| **Ind. Präs.** | *volo* | *nolo* |
| | *vis* | *non vis* |
| | *vult* | *non vult* |
| | *volumus* | *nolumus* |
| | *vultis* | *non vultis* |
| | *volunt* | *nolunt* |
| **Inf. Präs.** | *velle* | *nolle* |
| **Imperative** | – | *noli!/nolite!* |

| | | |
|---|---|---|
| **Ind. Impf.** | *volebam* | *nolebam* |
| | *volebas* | *nolebas* |
| | ▼ | ▼ |
| | *volebant* | *nolebant* |
| **Futur** | *volam* | *nolam* |
| | *voles* | *noles* |
| | ▼ | ▼ |
| | *volent* | *nolent* |

Die **Perfektformen** werden regelmäßig von den Stämmen *volu-* bzw. *nolu-* gebildet.

Mit ***noli(te)* + Infinitiv** wird ein Verbot ausgedrückt:

Sg.: *Noli me tangere!* = „Berühr mich nicht!"
Pl.: *Nolite nos relinquere!* = „Verlasst uns nicht!"

## 211 Setze die Form in die angegebenen Zeiten und übersetze!

| | Präsens | Imperfekt | Futur | Perfekt | Plqpf. |
|---|---|---|---|---|---|
| **Lat.:** | vult | | | | |
| **Dt.:** | | | | | |

## 212 Übersetze:

1. volunt: ....................
2. nolam: ....................
3. nolebamus: ....................
4. vis: ....................
5. volueratis: ....................
6. nolumus: ....................
7. velle: ....................
8. non vult: ....................
9. voluit: ....................
10. noluerunt: ....................
11. voluerant: ....................
12. nolens: ....................
13. voluisse: ....................
14. noli: ....................
15. volebas: ....................
16. nolo: ....................

## 213 Übersetze ins Lateinische:

1. er will: ....................
2. wir wollen nicht: ....................
3. du wirst wollen: ....................
4. ihr hattet gewollt: ....................
5. sie wollen: ....................
6. nicht zu wollen: ....................
7. sie wollten: ....................
8. du willst nicht: ....................
9. wir wollen: ....................
10. ihr wollt: ....................

 

## 214 Achtung, Verwechslungsgefahr und Doppelgänger! Bestimme und übersetze die folgenden Formen!

1. vultis: ..................................................

2. vultus: ..................................................

3. volumus: ..................................................

4. volamus: ..................................................

5. vis: 1) ..................................................

   2) ..................................................

6. volunt: ..................................................

7. volant: ..................................................

## 215 Übersetze:

1. Noli pueros laudare! ..................................................
2. Nolite in scholam ire! ..................................................
3. Nolite his verbis credere! ..................................................
4. Noli me relinquere! ..................................................
5. Noli hunc virum occidere! ..................................................
6. Nolite haec facere! ..................................................
7. Noli discipulos monere! ..................................................
8. Nolite in schola dormire! ..................................................

## 216 Verwandle die Befehle in Verbote und übersetze die Verbote!

EXEMPLUM: Fugite! ► **Nolite fugere! – „Flieht nicht!"**

1. Insulam relinque! ..................................................
2. Graecis credite! ..................................................
3. Mecum veni! ..................................................
4. Urbem deletam spectate! ..................................................
5. Domum contendite! ..................................................
6. I! ..................................................
7. Hunc librum lege! ..................................................
8. Date mihi pensa hodie! ..................................................

# 36. KAPITEL: *FERRE*

| Aktiv | | | Passiv | | |
|---|---|---|---|---|---|
| **Präsens** | **Futur** | **Imperfekt** | **Präsens** | **Futur** | **Imperfekt** |
| *fero* | *feram* | *ferebam* | *feror* | *ferar* | *ferebar* |
| *fers* | *feres* | *ferebas* | *ferris* | *fereris* | *ferebaris* |
| *fert* | *feret* | *ferebat* | *fertur* | *feretur* | *ferebatur* |
| *ferimus* | *feremus* | *ferebamus* | *ferimur* | *feremur* | *ferebamur* |
| *fertis* | *feretis* | *ferebatis* | *ferimini* | *feremini* | *ferebamini* |
| *ferunt* | *ferent* | *ferebant* | *feruntur* | *ferentur* | *ferebantur* |

Die Formen des **Perfektstammes** werden vom Stamm *tul-* bzw. dem PPP *latus 3* regelmäßig gebildet.

| | |
|---|---|
| **Imperativ** | *fer! / ferte!* |
| **Infinitiv Präsens aktiv** | *ferre* |
| **Infinitiv Präsens passiv** | *ferri* |
| **Infinitiv Perfekt aktiv** | *tulisse* |
| **Infinitiv Perfekt passiv** | *latum esse* |
| **Infinitiv Futur aktiv** | *laturum esse* |

| | |
|---|---|
| **Partizip Präsens** | *ferens, -entis* |
| **Partizip Perfekt** | *latus 3* |
| **Partizip Futur** | *laturus 3* |

## 217 Übersetze:

1. tulerunt: ..................................................
2. fers: ..................................................
3. latum est: ..................................................
4. tuleram: ..................................................
5. feret: ..................................................
6. fer: ..................................................
7. tulisse: ..................................................
8. feruntur: ..................................................
9. lati erant: ..................................................
10. ferebatur: ..................................................
11. ferentes: ..................................................
12. latum esse: ..................................................
13. ferar: ..................................................
14. tulero: ..................................................
15. ferebatis: ..................................................
16. ferre: ..................................................

## 218 Übersetze ins Lateinische:

1. du trägst: ..................................................
2. sie hatten getragen: ..................................................
3. sie trägt: ..................................................
4. du wirst getragen: ..................................................
5. wir trugen: ..................................................
6. sie hat getragen: ..................................................
7. ihr werdet tragen: ..................................................
8. tragt!: ..................................................
9. es wurde getragen: ..................................................
10. er ist getragen worden: ..................................................
11. die Tragenden: ..................................................
12. ich trug: ..................................................
13. er wird getragen: ..................................................
14. er war getragen worden: ..................................................
15. sie tragen: ..................................................
16. zu tragen: ..................................................

 

## 219 Setze die aktiven Formen ins Passiv und die passiven ins Aktiv! Übersetze die Formen auch:

| Aktiv | | Passiv | |
|---|---|---|---|
| fero | Üs.: ich trage | | |
| | | ferebaris | |
| tulerunt | | | |
| | | lati sumus | |
| tulerat | | | |
| | | ferentur | |
| ferre | | | |
| | | latum esse | |
| ferens | | | |
| | | lata est | |

## 220 Gib Stammformen und Bedeutung der folgenden Komposita an!

1. affero, ........................................................ : „.............................................................."
2. aufero, ........................................................ : „.............................................................."
3. confero, ........................................................ : „.............................................................."
4. perfero, ........................................................ : „.............................................................."
5. refero, ........................................................ : „.............................................................."

## 221 Übersetze:

1. referunt: ..................................................
2. contulistis: ..................................................
3. ablatum est: ..................................................
4. perferam: ..................................................
5. attuleramus: ..................................................
6. rettulerunt: ..................................................
7. allati erant: ..................................................
8. conferebatis: ..................................................
9. abstulerant: ..................................................
10. perfertur: ..................................................
11. relati sunt: ..................................................
12. conferuntur: ..................................................
13. perferent: ..................................................
14. affers: ..................................................
15. collatum erat: ..................................................
16. aufer: ..................................................

 

# 37. KAPITEL: ZUSAMMENFASSUNG DER UNREGELMÄSSIGEN VERBA

**222** **Ordne die folgenden Formen in die richtige Spalte ein und übersetze!**

sunt – potui – imus – eras – volueram – fueratis – vult – ieratis – potest – volebam – potuerant – voluistis – fert – poterant – feres – potero – ibam – ibunt – tuleramus – ierunt – volet – ferebant – erunt – tulistis – fuisti

| | Präsens | Imperfekt | Futur | Perfekt | Plqpf. |
|---|---|---|---|---|---|
| **esse** | | | | | |
| Üs.: | | | | | |
| **posse** | | | | | |
| Üs.: | | | | | |
| **ire** | | | | | |
| Üs.: | | | | | |
| **velle** | | | | | |
| Üs.: | | | | | |
| **ferre** | | | | | |
| Üs.: | | | | | |

**223** **Löse das Rätsel! Als Lösung erhältst du den Namen einer Göttin.**

1. ich habe gekonnt
2. zu bringen
3. ich werde wollen
4. er ist
5. du bringst
6. sie sind gegangen
7. er kann
8. sie ist gegangen
9. sie waren
10. wir gingen

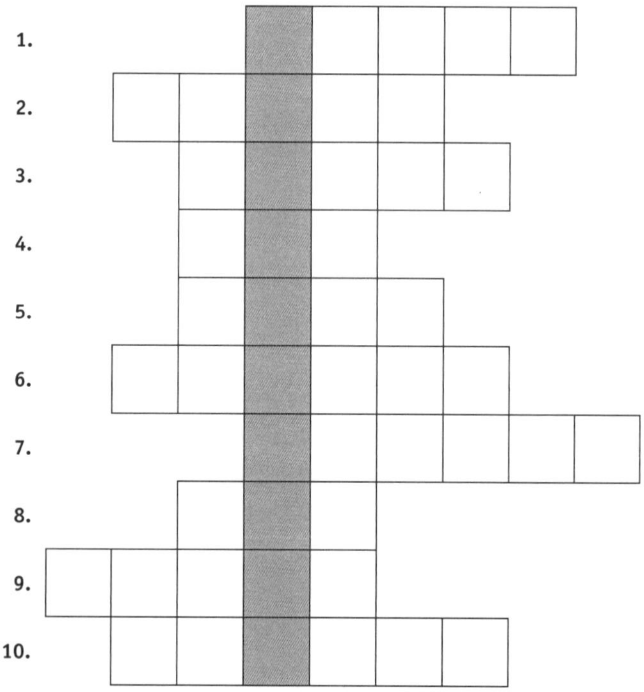

 

# 38. KAPITEL: ZUSAMMENFASSUNG DER KONJUGATIONEN

## 224 Welche Zeiten werden von welchem Stamm gebildet? Ergänze!

**Präsensstamm**

.................. .................. ..................

**Perfektstamm**

.................. .................. ..................

## 225 Präsensstamm: Welche Endungen bzw. Zeitzeichen haben diese Zeiten?

<table>
<tr><th rowspan="2">Zeit</th><th rowspan="2">Zeitzeichen</th><th colspan="4">Endungen</th></tr>
<tr><th colspan="2">Aktiv</th><th colspan="2">Passiv</th></tr>
<tr><td rowspan="2">Präsens</td><td rowspan="2">---</td><td>Sg. 1. P.</td><td></td><td>Sg. 1. P.</td><td></td></tr>
<tr><td>2. P.</td><td></td><td>2. P.</td><td></td></tr>
<tr><td rowspan="2">Imperfekt</td><td rowspan="2"></td><td>3. P.</td><td></td><td>3. P.</td><td></td></tr>
<tr><td>Pl. 1. P.</td><td></td><td>Pl. 1. P.</td><td></td></tr>
<tr><td rowspan="2">Futur</td><td rowspan="2">1)<br>2)</td><td>2. P.</td><td></td><td>2. P.</td><td></td></tr>
<tr><td>3. P.</td><td></td><td>3. P.</td><td></td></tr>
</table>

## 226 Perfektstamm: Wie werden diese Zeiten gebildet?

| Zeit | Aktiv<br>Endungen: | Passiv<br>Bildung: |
|---|---|---|
| Perfekt | | PPP + |
| Plusquamperfekt | | PPP + |
| Futur Exakt | | PPP + |

## 227 Ordne richtig zu!

1. spectavit ...... Präsens aktiv
2. spectatum est ...... Präsens passiv
3. spectare ...... Imperfekt aktiv
4. spectamus ...... Imperfekt passiv
5. spectaverant ...... Futur aktiv
6. spectans ...... Futur passiv
7. spectatur ...... Perfekt aktiv
8. spectabitis ...... Perfekt passiv
9. spectavisse ...... Plusquamperfekt aktiv
10. specta ...... Plusquamperfekt passiv
11. spectatus erat ...... Imperativ Singular
12. spectabas ...... Futur exakt passiv
13. spectatum ...... Infinitiv Präsens aktiv
14. spectabor ...... Infinitiv Präsens passiv
15. spectatum esse ...... Infinitiv Perfekt aktiv
16. spectavero ...... Infinitiv Perfekt passiv
17. spectabamur ...... Infinitiv Futur
18. spectari ...... Partizip Präsens
19. spectate ...... Partizip Perfekt
20. spectaturus ...... Partizip Futur
21. spectaturum esse ...... Imperativ Plural

## 228 Setze die Verba in der angegebenen Person aktiv und passiv in alle Zeiten!

| | Präsens | Imperfekt | Futur | Perfekt | Plusquampf. | Futur Exakt |
|---|---|---|---|---|---|---|
| A | voco | | | | | |
| P | | | | | | |
| A | moves | | | | | |
| P | | | | | | |
| A | punit | | | | | |
| P | | | | | | |
| A | vincimus | | | | | |
| P | | | | | | |
| A | trahunt | | | | | |
| P | | | | | | |
| A | est | | | | | |

 

## 229 Ordne die folgenden Formen in die richtigen Spalten ein!

ducunt – liberaverat – veniebatis – interficiemini – constitutum erat – dormiebam – vertuntur – dices – tactus est – parabunt – amavisti – paruerunt – occideras – servati erant – quaerar – videt – conspexeramus – iuvero – missae erimus – vocabimur – cecideris – tolerati erunt – intellegitur – contendistis – habemus – neglegebaris – cognoscor – liberati sunt – vocabatur – ferebantur – audiam – ducti estis – occupata erat – ambulabas – dederint – factum erit

| | Präsens | Imperfekt | Futur | Perfekt | Plqpf. | Futur Exakt |
|---|---|---|---|---|---|---|
| Aktiv | | | | | | |
| | | | | | | |
| | | | | | | |
| Passiv | | | | | | |
| | | | | | | |
| | | | | | | |

## 230 Bestimme und übersetze die folgenden Formen!

1. dixerat: .................... ....................
2. lectum est: .................... ....................
3. rapient: .................... ....................
4. necare: .................... ....................
5. ceperunt: .................... ....................
6. habebunt: .................... ....................
7. habitabant: .................... ....................
8. estis: .................... ....................
9. tulisti: .................... ....................
10. appropinquatis: .................... ....................
11. delectati sumus: .................... ....................
12. potes: .................... ....................
13. miseram: .................... ....................
14. expuli: .................... ....................
15. expelli: .................... ....................
16. dormite: .................... ....................
17. acceperunt: .................... ....................
18. acceperant: .................... ....................
19. vult: .................... ....................
20. fugiam: .................... ....................
21. vincit: .................... ....................
22. vicit: .................... ....................
23. factum erat: .................... ....................
24. ero: .................... ....................
25. ludo: .................... ....................

 

## 39. KAPITEL: STÄDTENAMEN

Bei Namen von **Städten** werden die Ortsbestimmungen **ohne Präpositionen** gebildet.

| Frage | Fall | Beispiel |
|---|---|---|
| „wohin?" | **Akkusativ** | *Romam* = nach Rom<br>*Carthaginem* = nach Karthago |
| „woher?" | **Ablativ** | *Roma* = aus Rom<br>*Carthagine* = aus Karthago |
| „wo?" | Städtenamen der a- und o-Deklination im Sg. (d.h. auf ***-us, -a, -um***): so genannter **Lokativ** (entspricht dem 2. Fall Sg.) | *Romae* = in Rom |
| | bei allen anderen Städtenamen: **Ablativ** | *Carthagine* = in Karthago<br>*Athenis* = in Karthago |

Auch ***domus*** verhält sich ähnlich wie Städtenamen:
*domum* = „nach Hause", *domo* = „von zu Hause", *domi* = „zu Hause"

### 231 Übersetze die folgenden Formen der unten angegebenen Städtenamen vom Lateinischen ins Deutsche:

1. Athenas: ....................
2. Romae: ....................
3. Carthagine: ....................
   ....................
4. Monaci: ....................
5. Iuvavum: ....................
6. Brigantio: ....................
7. Lutetiae: ....................
8. Mediolano: ....................
9. Pisas: ....................
10. Vindobonam: ....................
11. Athenis: ....................
    ....................
12. Massilia: ....................
13. Lugduni: ....................
14. Lutetiam: ....................
15. domo: ....................
16. domi: ....................

### 232 Übersetze die folgenden Formen der unten angegebenen Städtenamen vom Deutschen ins Lateinische!

1. in Athen: ....................
2. aus Rom: ....................
3. nach Wien: ....................
4. aus Bregenz: ....................
5. in Salzburg: ....................
6. aus Mailand: ....................
7. nach Karthago: ....................
8. in Wien: ....................
9. nach Paris: ....................
10. nach Hause: ....................

Athenae, -arum f. (Pl.): „Athen"
Vindobona, -ae f.: „Wien"
Carthago, -inis f.: „Karthago"
Brigantium, -i n.: „Bregenz"
Monacum, -i n.: „München"
Iuvavum, -i n.: „Salzburg"
Mediolanum, -i n.: „Mailand"
Pisae, -arum f. (Pl.): „Pisa"
Verona, -ae f.: „Verona"
Lutetia, -ae f.: „Paris"
Massilia, -ae f.: „Marseille"
Lugdunum, -i n.: „Lyon"

 

# 40. KAPITEL: KASUSLEHRE

## A) Genetiv

| Frage | Übersetzung | Bezeichnung | Beispiel |
|---|---|---|---|
| **wessen?** | (als Genetiv) | Gen. des Besitzers *(gen. possessivus)* | *canis Iuliae* = Julias Hund |
| --- | „von", „mit" | Eigenschaftsgenetiv *(gen. qualitatis)* | *vir magni ingenii* = ein Mann von (mit) großer Begabung |
| **wovon?** | „von" oder als Nominativ | Teilungsgenetiv *(gen. partitivus)* | *multum panis* = viel (vom) Brot |
| **wessen?** | (als Genetiv) | *gen. subiectivus* | *amor patris* = die Liebe des Vaters |
| --- | (mit passender Präposition) | *gen. obiectivus* | *amor patris* = die Liebe zum Vater |

### 233 Unterstreiche den *Genetivus qualitatis* und übersetze ihn zuerst mit „von", dann auch freier (mit Adjektiv):

EXEMPLUM: vir summae virtutis ► **ein Mann von höchster Tapferkeit / ein sehr tapferer Mann**

1. Claudia puella magnae pulchritudinis est.
2. Frater meus, puer octo annorum, discipulus bonus est.
3. Multi Romani Augustum, imperatorem summi honoris, amabant.
4. Parentes mei hoc anno iter quinque dierum facient.
5. Romani Hannibalem, ducem magnae gloriae, maxime timuerunt.
6. Cena huius generis nobis non placet.
7. Milites Romani saepe viri summae fortitudinis erant.
8. Lucretia, feminae magnae pulchritudinis et virtutis, se ipsam occidit.
9. Tiberis flumen summae longitudinis est.
10. Aeneas cum filio, puero decem annorum, et cum patre, viro summae aetatis, Troiam reliquit.

### 234 Unterstreiche den *Genetivus partitivus* und übersetze:

1. Graeci multum vini bibere solebant.
2. Quis vestrum linguam Latinam non amat?
3. Amicus meus semper magnam copiam vini in domo sua habet.
4. Pulcherrima omnium feminarum Helena erat.
5. Iulia tres filios habet. Unus eorum Marcus est.
6. In foro Romano saepe magna multitudo hominum ambulat.
7. Omnes nostrum Romam amant, sed nemo nostrum iam in Graecia fuit.
8. Troiani Ulixem, prudentissimum omnium Graecorum, maxime timuerunt.
9. Nemo Romanorum suam patriam non amabat.
10. Dic mihi: Quid novi est?

## 235 Übersetze den Genetiv bei den folgenden Wortgruppen als *Genetivus subiectivus* und *Genetivus obiectivus*:

1. amor patris: .................................................. ..................................................
2. metus Romanorum: .................................................. ..................................................
3. cura amicae: .................................................. ..................................................
4. timor hostium: .................................................. ..................................................
5. cura liberorum: .................................................. ..................................................
6. amor parentum: .................................................. ..................................................

## 236 Unterstreiche den Genetiv und überlege jeweils, ob es sich um einen *Genetivus subiectivus* oder einen *Genetivus obiectivus* handelt oder ob beides möglich wäre, und übersetze:

1. Metus Europae Iovem non movit.
2. Caesar cupiditate imperii captus erat.
3. Daedali cura filii magna erat.
4. Ulixes Graecos timore Troianorum liberavit.
5. Multi homines timore canis nostri commoti in domum nostram intrare non audent.
6. Paris Helenam secum duxit, quod amor eius feminae magna erat.
7. Ante pugnas timor militum saepe non parvus erat.

## 237 Bestimme, um welchen Genetiv es sich handelt, und übersetze!

1. Marcus frater Iuliae est.

.......................................................................................................................................

2. Hannibal contra magnam copiam hostium pugnavit.

.......................................................................................................................................

3. Daedalus amore patriae commotus Cretam relinquere voluit.

.......................................................................................................................................

4. Caesar vir summae virtutis erat.

.......................................................................................................................................

5. Liber Quinti in schola est.

.......................................................................................................................................

6. Quis vestrum libenter in scholam it?

.......................................................................................................................................

7. Venus dea magnae pulchritudinis erat.

.......................................................................................................................................

8. Venus pulcherrima omnium dearum erat.

.......................................................................................................................................

 

## B) Dativ

| Frage | Übersetzung | Bezeichnung | Beispiel |
|---|---|---|---|
| **wem?** | (als Dativ) | Objektsdativ | *tibi librum do* =<br>ich gebe dir ein Buch |
| --- | „haben" | Dativ des Besitzers<br>*(dat. possessivus)* | *mihi otium est* =<br>ich habe Freizeit |
| **wofür?** | „für" | Dativ des Vorteils<br>*(dat. commodi)* | *vitae disco* =<br>ich lerne für die Schule |
| **wozu?** | „dienen zu",<br>„bereiten" o. ä. | Zweckdativ<br>*(dat. finalis)* | *id mihi gaudio est* =<br>das bereitet mir Freude |

### 238 Unterstreiche den *Dativus possessivus* und übersetze:

1. Mihi nomen est Clara.
2. Iuliae multae amicae bonae sunt.
3. Huic feminae tres filii et duae filiae sunt.
4. Illi viro claro non solum domus Romae, sed etiam villa in Graecia est.
5. Quod Marco amica non est, semper puellas pulchras spectare potest.
6. Huic puero misero neque mater neque pater est.
7. Discipulis, quibus magister magna pensa dare solet, vix otium est.
8. Tibine frater est?
9. Romanis multa templa et aedificia erant.
10. Quinto multi libri sunt, sed eos legere ei minime placet.

### 239 Unterstreiche den *Dativus commodi* und übersetze:

1. Non vitae, sed scholae discimus.
2. Hoc pensum Quinto facile non est.
3. Parentes multa liberis suis facere solent.
4. Hanc cenam mihi soli feci.
5. Pensa magistri Latini multis discipulis difficilia sunt.
6. Graecis facile non erat Troianos superare.
7. Haec omnia familiae meae feci.
8. Milites multa patriae tolerare debent.
9. Haec omnia non mihi, sed tibi feci!
10. Iste imperator non imperio Romano, sed sibi soli bellum gessit.

### 240 Unterstreiche den *Dativus finalis* und übersetze:

1. Pensa multis discipulis gaudio non sunt.
2. Mors Icari Daedalo magno dolori erat.
3. Hoc bellum imperatori commodo est.
4. Hic amicus tibi certe usui erit.
5. Copiae magnae Romanis auxilio venerunt.
6. Helena marito suo maximae curae erat.
7. Mihi magno dolori erat, quod amica mea me reliquit.
8. Nonnullis Gallis notissimis pugnae cum Romanis maximo gaudio sunt.
9. Lucretia multis feminis Romanis exemplo erat.
10. Rex amicis milites auxilio misit.

 

## C) Ablativ

| Frage | Übersetzung | Bezeichnung | Beispiel |
|---|---|---|---|
| **womit?, wodurch?** | „durch", „mit" | Mittelsablativ<br>*(abl. instrumenti)* | *armis pugnare* =<br>mit Waffen kämpfen |
| **wovon?, von wem?** | „von" | Ablativ des Grundes<br>*(abl. causae)* | *spectaculis delectari* =<br>von Schauspielen erfreut werden |
| **wie?** | (je nach Zusammenhang) | Abl. der Art und Weise<br>*(abl. modi)* | *more Romano* =<br>nach römischer Sitte |
| **wovon?** | „von" | Trennungsablativ<br>(*abl. separationis*) | *metu liberare* =<br>von der Furcht befreien |
| **wann?** | (je nach Zusammenhang) | Zeitablativ<br>*(abl. temporis)* | *meridie* =<br>zu Mittag |
| **wo?** | „in", „auf" | Ortsablativ<br>*(abl. loci)* | *in eo oppido* =<br>in dieser Stadt |
| --- | „von" oder frei | Abl. der Eigenschaft<br>*(abl. qualitatis)* | *vir summo ingenio* =<br>ein Mann von (mit) höchster Begabung |
| **(beim Komparativ)** | „als" | Vergleichsablativ<br>*(abl. comparationis)* | *Marco maior sum* =<br>ich bin größer als Markus |

### 241 Unterstreiche den *Ablativus temporis* („WANN?") bzw. *Ablativus loci* („WO?") und übersetze:

1. Quo die amici tui Romam venient?
2. Hoc anno Marcus iam decem amicas ad se invitavit.
3. Aetate Augusti imperium Romanum magnum erat.
4. Cum quo hac nocte per vias Romae ambulabas?
5. Hora secunda discipuli in scholam contendunt, hora septima domum veniunt.
6. Quid Marcus meridie fecit?
7. Temporibus regum Romani multa bella gesserunt.
8. Eo loco Quintus semper cum amica sua convenit.
9. In ea urbe parentes mei habitant.
10. Alexander iam saepe in Italia erat.

### 242 Unterscheide den *Ablativus temporis* („WANN?") vom Akkusativ der Zeitstrecke („WIE LANGE?"):

1. Graeci decem annos Troiam oppugnabant.
2. Graeci decimo anno Troianos superaverunt.
3. Hora tertia cum amicis per forum ambulavi.
4. Tres horas cum amicis per forum ambulabam.
5. Discipuli hora secunda in scholam contendunt, sed Gaius hora quarta in scholam venit, quod antea duas horas dormiebat.
6. Duos annos Iulia amica Quinti erat, tertio autem eum reliquit.
7. Duas noctes Quintus dormire non potuit, sed die tertio novam amicam invenit.
8. Pater meus octo annos in Graecia habitabat. Nono anno Romam revenit.

 

## 243 Unterstreiche den *Ablativus instrumenti* („WOMIT/WODURCH?"), *Ablativus causae* („WOVON?") bzw. *Ablativus modi* („WIE?") und übersetze:

1. Achilles Hectorem gladio interficit.
2. Magister Claudiam et Barbaram saepe magna voce monet.
3. Patroclus armis Achillis contra Hectorem pugnavit.
4. Magister linguam Latinam libro bono docet.
5. Graeci Troianos longo bello vicerunt.
6. Cicero multis civibus suis verbis persuadere potuit.
7. Graeci summa Ulixis prudentia hostes postremo vincere potuerunt.
8. Hostes magno clamore in urbem intraverunt.
9. Romani more patrum dis gratias agere solebant.
10. Theseus auxilio Ariadnae Minotaurum occidit.

## 244 Unterstreiche den *Ablativus separationis* („WOVON?") und übersetze:

1. Scipio Romanos timore magno liberavit.
2. Canis noster omnes homines alienos domo prohibet.
3. Familia regis patria expulsa est.
4. Exercitus Romanus multos hostes Italia prohibuit.
5. Me cura magna liberavisti!
6. Lucretia se morte sua culpa liberare voluit.
7. Milites multos viros feminasque eo oppido expulerunt.
8. Theseus liberos Athenienses summo metu liberavit.
9. Post breve tempus Marcus Roma rediit.
10. Pater meus magno periculo ereptus est.

## 245 Unterstreiche den *Ablativus comparationis* und übersetze:

1. Iulia Claudia pulchrior est.
2. Quis Achille fortior erat?
3. Nemo Graecorum Ulixe prudentior erat.
4. Pensa mea semper pensis tuis difficiliora sunt!
5. Nullus imperator Nerone crudelius regnabat.
6. Graeci Romanis plus vini bibebant.
7. Domus Aurea ceteris domibus imperatorum maior erat.
8. Quintus Gaio melius, sed Barbara peius canit.
9. Id luce clarius est.
10. Quid lingua Latina pulchrius est?

**246** **Drücke die Vergleiche an Stelle von *quam* ... mit dem *Ablativus comparationis* aus und übersetze:**

1. Venus pulchrior est quam ceterae deae.
2. Ulixes prudentior erat quam ceteri Graeci.
3. Quis est fortior quam ille vir?
4. Num aedificium maius quam hanc domum vidisti?
5. Nemo facinora atrociora commisit quam ille imperator crudelis.
6. Mater mea sapientior est quam pater meus.

**247** **Unterstreiche den *Ablativus qualitatis* und übersetze:**

1. Ulixes rex summa prudentia erat.
2. Lucretia femina magna pulchritudine et summa virtute erat.
3. Ulixes ad insulam Polyphemi, monstri uno oculo, pervenit.
4. Octavianus et Antonius, viri summo honore, bellum gesserunt.
5. Et Quintus et Gaius Iuliam, puellam magna pulchritudine, amant.
6. In senatu viri summa auctoritate conveniebant.
7. Hic imperator vir magna cupiditate est.

## D) Zusammenfassung der Kasuslehre

**248** **Gib die genauen Fall-Bezeichnungen (zB: *Gen. obiectivus*) für die unterstrichenen Wörter an und übersetze:**

1. Amico meo tres canes sunt. ► ..............................
2. Milites multos hostes imperio Romano prohibuerunt. ► ..............................
3. Ariadna amore Thesei adducta patriam reliquit. ► ..............................
4. Decimo anno Graeci postremo Troianos vincere potuerunt. ► ..............................
5. Pensa Latina multis discipulis difficilia sunt. ► ..............................
6. Caesar vir summae prudentiae erat. ► ..............................
7. Romulus fratrem suum gladio occidit. ► ..............................
8. Ille rex, vir magna virtute, decem annos regnabat. ► ..............................
9. Nemo nisi frater meus mihi auxilio venit. ► ..............................
10. Quis vestrum mecum ad spectacula venit? ► ..............................
11. Quae puella amica mea pulchrior est? ► ..............................

# 41. KAPITEL: PRÄPOSITIONEN

- Die Präpositionen ***ab, ex, de, cum, sine, pro*** und ***prae*** sind mit dem **Ablativ** verbunden.
- ***in*** und ***sub*** stehen auf die Frage **„wo?"** beim **Ablativ** und auf die Frage **„wohin?"** beim **Akkusativ**.

  zB *In schol**a** sum.* = Ich bin **in der Schule**
  *In schol**am** venio.* = Ich komme **in die Schule**

- **Alle übrigen Präpositionen** sind mit dem **Akkusativ** verbunden.

## 249 Kreuze die zur Präposition passende Form an und übersetze!

| | | | |
|---|---|---|---|
| 1. cum … | ☐ amicum | ☐ amico | ........................................ |
| 2. post … | ☐ aedificium | ☐ aedificio | ........................................ |
| 3. per … | ☐ vias | ☐ viis | ........................................ |
| 4. a … | ☐ Romanos | ☐ Romanis | ........................................ |
| 5. sine … | ☐ puellas | ☐ puellis | ........................................ |
| 6. pro … | ☐ discipulos | ☐ discipulis | ........................................ |
| 7. inter … | ☐ puellas | ☐ puellis | ........................................ |
| 8. ad … | ☐ forum | ☐ foro | ........................................ |
| 9. e … | ☐ scholam | ☐ schola | ........................................ |
| 10. ante … | ☐ aedificia | ☐ aedificiis | ........................................ |
| 11. apud … | ☐ amicas | ☐ amicis | ........................................ |
| 12. de … | ☐ deum | ☐ deo | ........................................ |
| 13. in (!) … | ☐ templum | ☐ templo | ........................................ |
| 14. sub (!) … | ☐ aquam | ☐ aqua | ........................................ |

## 250 Übersetze (Achtung: Bei lateinischen Präpositionen darfst du nicht nach dem Fall fragen. Ausnahmen: *in* und *sub*):

1. aus der Stadt: ........................................................................................................
2. für die Schüler: ........................................................................................................
3. zwischen den Männern: ........................................................................................................
4. bei dem Lehrer: ........................................................................................................
5. zum Tempel: ........................................................................................................
6. über die Römer: ........................................................................................................
7. ohne die Freundinnen: ........................................................................................................
8. von der Schule: ........................................................................................................
9. durch die Straßen: ........................................................................................................
10. vor dem Gebäude: ........................................................................................................

 

**251** **Setze die angegebenen Substantiva im passenden Fall (Akkusativ oder Ablativ; Achtung auf die angegebene Zahl!) ein und übersetze:**

1. ante ............ (aedificium): ............
2. cum ............ (pueri): ............
3. pro ............ (magister): ............
4. inter ............ (amici): ............
5. apud ............ (poeta): ............
6. sine ............ (puellae): ............
7. post ............ (statua): ............
8. a ............ (deus): ............
9. ad ............ (schola): ............
10. per ............ (via): ............
11. ex ............ (aqua): ............
12. de ............ (Graeci): ............
13. in ............ (templum): ............
    ............ (templum): ............

**252** **Übersetze und achte dabei auf die Fragen „wo?“ und „wohin?“:**

1. in oppidum: ............
2. in oppido: ............
3. sub libro: ............
4. in aedificio: ............
5. sub aquam: ............
6. in foro: ............
7. in hostes: ............
8. sub templo: ............
9. in Graeciam: ............
10. in terra: ............
11. sub terram: ............
12. in aqua: ............
13. in aquam: ............
14. in Italiam: ............

## 253 Überlege jeweils, ob die Präposition den Akkusativ oder den Ablativ verlangt. Setze die richtige Form des Substantivs ein und übersetze:

1. Hora secunda liberi in .......................... (schola) veniunt.
2. Quintus sub .......................... (aqua) est et Iuliam terret.
3. Magister discipulos in .......................... (schola) linguam Latinam docet.
4. Marcus cum amica in .......................... (forum) ambulat.
5. Theseus Ariadnam in .......................... (insula) reliquit.
6. Pueri sub .......................... (pons[1]) properant.
7. Aestate in .......................... (Italia) iter facere solemus.
8. Quam libenter in .......................... (Italia) sum!

## 254 Setze die angegebenen Präpositionen an passender Stelle ein und übersetze:

ad – ad – ad – cum – cum – cum – cum – de – de – in – in – post – sine – sine

1. Orpheus ............... Eurydica[2] feliciter vitam agebat.
2. Sed uno die Eurydica serpente[3] necata est.
3. Orpheus ............... Eurydica vivere noluit.
4. Itaque ............... Tartarum ............... Plutonem et Proserpinam descendit[4].
5. Deos carmine suo movere volebat: ............... amore doloreque magno cecinit.
6. Pluto ............... uxore sua constituit Eurydicam Orpheo reddere – sed una condicione.
7. Dixit: „Potes ............... uxore tua ............... terram redire.
8. Sed tibi non licet ............... te respicere."
9. Orpheus ............... uxore amata Tartarum reliquit, sed mox non iam ............... condicione Plutonis cogitavit et caput suum vertit.
10. Statim Eurydica ............... Tartarum relapsa est[5].
11. Itaque Orpheus ............... ea ............... terram redire debuit.

[1] *pons, pontis m.*: „Brücke"
[2] *Eurydica, -ae f.*: „Eurydice"
[3] *serpens, -ntis f.*: „Schlange"
[4] *descendo 3*: „hinabsteigen"
[5] *relapsa est*: „sie verschwand"

## 255 Ergänze die fehlenden Endungen und übersetze!

Puellae cum puer......... (Pl.) a schol........ in for......... properant. Quintus cum Iuli......... solus ambulare in animo habet. Post templ........ Iovis amicis suis dicit: „Cum puellis ad spectacul........ (Pl.) ite – sed sine ......... (ego) et Iuli.........! Ego cum Iuli........., puell........ pulchr........., primo per for........., deinde ad therm......... properare in animo habeo!" Pueri amic......... su......... parent et cum ceter......... puell........ ad spectacul........ (Pl.) eunt. Nunc Quintus cum Iuli......... solus est. Huic puellae pulchrae multa de vit........ su......... narrare in animo habet, sed subito Iulia clamat: „Ante aedifici......... Alexander, amicus meus, sedet!" Ad amic......... properat neque de Quint. cogitat. Itaque Quintus sine Iuli......... et sine amic......... (Pl.) in therm......... it.

## 256 Übersetze vom Deutschen ins Lateinische:

1. mit den Schülern: ..........
2. ohne die Schüler: ..........
3. zum Tempel: ..........
4. vor der Schule: ..........
5. aus dem Gebäude: ..........
6. vor den Tempeln: ..........
7. in der Schule: ..........
8. in die Schule: ..........
9. über die Göttin: ..........
10. bei dem Lehrer: ..........
11. aus der Schule: ..........
12. nach Italien: ..........
13. hinter dem Tempel: ..........
14. zwischen den Buben: ..........
15. beim Lehrer: ..........
16. über die Götter: ..........
17. für die Schüler: ..........
18. bei der Freundin: ..........
19. zu dir: ..........
20. mit dir (!): ..........

## 42. KAPITEL: AKTIV/PASSIV/MEDIUM (GENERA VERBI)

Im Gegensatz zum Deutschen gibt es im Lateinischen drei Genera (Zustandsformen) des Verbums:

- **Aktiv:** „Tätigkeitsform": Ich tue etwas. (zB *delecto* = „ich erfreue")
- **Passiv:** „Leideform": Mir geschieht etwas. (zB *delector* = „ich werde erfreut")
  Das Passiv der 3. P. Sg. kann auch mit „man" (+ Aktiv!) übersetzt werden.
  (zB *curritur* = „es wird gelaufen" = „man läuft")
- **Medium:** Es weist dieselben Endungen wie das Passiv auf, wird aber reflexiv (rückbezüglich) übersetzt. (zB *delector* = Cich erfreue mich")

### 257 Teile in aktive und passive Formen und bestimme die Zeit:

er lobt – sie wurde gelobt – wir werden gelobt werden – ich hatte gelobt – sie werden loben – du wirst gelobt – ihr seid gelobt worden – ich habe gelobt – du lobtest – wir waren gelobt worden – gelobt zu werden – zu loben – gelobt zu haben – gelobt worden zu sein

| AKTIV | | PASSIV | |
|---|---|---|---|
| Deutsch | Zeit | Deutsch | Zeit |
| | | | |
| | | | |
| | | | |
| | | | |
| | | | |
| | | | |
| | | | |

### 258 Kreuze die richtige Zustandsform an und übersetze:

| | | | | | |
|---|---|---|---|---|---|
| 1. ducitur | ☐ aktiv<br>☐ passiv | | 6. ducens | ☐ aktiv<br>☐ passiv | |
| 2. duces | ☐ aktiv<br>☐ passiv | | 7. ducturus | ☐ aktiv<br>☐ passiv | |
| 3. duci | ☐ aktiv<br>☐ passiv | | 8. duxisse | ☐ aktiv<br>☐ passiv | |
| 4. duxi | ☐ aktiv<br>☐ passiv | | 9. ducam | ☐ aktiv<br>☐ passiv | |
| 5. ductum | ☐ aktiv<br>☐ passiv | | 10. ducar | ☐ aktiv<br>☐ passiv | |

## 259 Übersetze wörtlich und mit „man":

1. Apud Romanos saepe de principatu certabatur.

........................................................................................................................................

2. Multum de fratre tuo narratur.

........................................................................................................................................

3. Postquam hostes victi sunt, diu celebrabatur.

........................................................................................................................................

4. In schola diu laboratur.

........................................................................................................................................

5. De amica tua ridebitur.

........................................................................................................................................

6. In amphitheatro saepe pugnatur.

........................................................................................................................................

7. Quid tibi narratum est?

........................................................................................................................................

8. Sine bello feliciter vivebatur.

........................................................................................................................................

9. Post meridiem ad forum itur.

........................................................................................................................................

10. In illo bello summis viribus pugnatum est.

........................................................................................................................................

11. Antiquis temporibus saepe de bellis scribebatur.

........................................................................................................................................

## 260 Übersetze als Passiv und/oder als Medium:

1. Nocte facile terreor.
2. Quintus, dum magister Latinus docet, saepe ad Iuliam vertitur.
3. Milites armis exerciti sunt.
4. Post proelium hic miles fuga servatus est.
5. In domo magistri multi libri Latini et Graeci inveniuntur.
6. Populus rege crudeli liberatus est.
7. Frater meus in schola includitur!
8. Multi Romani spectacula delectabantur.

 

# 43. KAPITEL: DIE ZEITEN (TEMPORA)

- **Das PRÄSENS** stellt Ereignisse der **Gegenwart** oder **Allgemeingültiges** dar.

- **Das FUTUR** stellt **zukünftige Handlungen** dar.
  **Parallelfutur:** Das Futur steht auch in Nebensätzen, in denen im Deutschen meist das Präsens verwendet wird:

  *Gaudebo, si me visitabis.* = Ich werde mich freuen, wenn du mich besuchst.

- **Das FUTUR EXAKT** steht in Nebensätzen und drückt die **Vorzeitigkeit zu einem Futur** aus. Im Deutschen wird es mit dem **Präsens** oder **Perfekt** übersetzt:

  *Cum Romam venero, tibi scribam.*= Wenn ich nach Rom komme (gekommen bin), werde ich dir schreiben.

- **Das PERFEKT** stellt **einmalige**, in der Vergangenheit abgeschlossene **Vorgänge** dar. Es wird im Deutschen meist mit dem Präteritum wiedergegeben:

  *Veni, vidi, vici.* = Ich kam, sah und siegte.

  **Präsentisches Perfekt**: Einige lateinische Verba haben Perfektformen, aber Präsensbedeutung:

  | | |
  |---|---|
  | *odi* | ich hasse |
  | *novi* | ich kenne, ich weiß |
  | *consuevi* | ich bin gewohnt |
  | *memini* | ich erinnere mich |

- **Das IMPERFEKT** stellt **lang andauernde** oder **wiederholte** Handlungen dar:

  *Dormiebam; subito magister intravit.* = Ich schlief; plötzlich trat der Lehrer ein.

- **Das PLUSQUAMPERFEKT** drückt die **Vorzeitigkeit** zu einer **vergangenen Handlung** aus:

  *Amicus, qui Romam venerat, mihi litteras scripsit.* = Der Freund, der nach Rom gekommen war, schrieb mir einen Brief.

## 261 Übersetze in möglichst gutem Deutsch! (In einem deutschen Nebensatz steht meist kein Futur oder Futur exakt!)

1. Magister Quinto dicit: „Si pensa tua feceris, tandem te laudabo!"
2. Quintus respondet: „Numquam pensa facere potero, nisi faciliora erunt!"
3. Theseus Ariadnae dixit: „Si me adiuveris, te mecum in patriam meam ducam!"
4. Imperator ad milites: „Nisi fortissime pugnaveritis, hostes nos superabunt!"
5. Uxor marito dixit: „Nisi alias feminas spectare desieris, te relinquam!"
6. Maritus uxori respondit: „Si me relinqueris, tandem aliis feminis liber ero!"
7. Ulixes Graecis dixerat: „Si equum ingentem fecerimus, Troianos vincemus!"
8. Achilles a matre audiverat: „Si Troiam ieris, certe occideris."
9. Marcus amico Graeco dixit: „Cum in foro ambulabis, multa templa videbis."
10. Pater filio dixit: „Numquam felix eris, si hanc feminam in matrimonium duxeris!"

## 262 Übersetze die folgenden Formen (Achtung, präsentisches Perfekt!):

1. odisti: ......
2. meminerat: ......
3. noverint: ......
4. consueveram: ......
5. meminimus: ......
6. odisse: ......
7. noveram: ......
8. consuevistis: ......

## 263 Übersetze folgende Sätze, die ein präsentisches Perfekt beinhalten:

1. Novistisne Quintum, novum amicum Claudiae?
2. Quintus cum multis puellis pulcherrimis in foro ambulare consueverat.
3. Nunc cum Claudia ibi ambulare consuevit.
4. Sed priorum amicarum meminisse Quinto etiam nunc placet.
5. Omnes amicae priores Quinti quoque meminerunt.
6. At multae earum secum cogitant: „Quintum odi et semper odero!"
7. Cur hae puellae Quintum oderunt?
8. Quia Quintum plurimas amicas uno tempore habere consueverat.

## 264 Übersetze ins Lateinische (Achtung, präsentisches Perfekt!):

1. wir kennen: ......
2. sie sind gewohnt: ......
3. ich war gewohnt: ......
4. du erinnerst dich: ......
5. er wird hassen: ......
6. gewohnt zu sein: ......
7. sie erinnerten sich: ......
8. ich hasse: ......
9. ihr kanntet: ......
10. zu hassen: ......
11. sie kennt: ......
12. sie hassten: ......

## 265 Sollte das Prädikat im Imperfekt oder Perfekt stehen? Unterstreiche jeweils die richtige Form und übersetze:

1. Graeci Troiam decem annos **oppugnaverunt / oppugnabant**.
2. Troia decimo anno a Graecis **expugnata est / expugnabatur**.
3. Post victoriam Graecorum Aeneas cum nonnullis Troianis **fugit / fugiebat** et diu per maria **erravit / errabat**.
4. Deinde tandem in Italiam **pervenit / perveniebat**, sed ibi quoque bella gerere **debuit / debebat**.
5. Summa virtute Aeneas hostes **vicit / vicebat**, tum urbem **aedificavit / aedificabat** et cum uxore nova vitam pulchram **egit / agebat**.
6. Multis annis post in Italia alia urbs **aedificata est / aedificabatur**, cuius nomen **fuit / erat** Roma.
7. Romulus cum Remo fratre hanc urbem aedificare **voluit / volebat**.
8. Sed fratres certare **coeperunt / incipiebant**.
9. Romulus Remum, qui de moenibus novis riserat, **occidit / occidebat**.

## 266 Unterstreiche und bestimme (Zeit, Person, aktiv/passiv) alle Verbformen und übersetze!

1. Menelaos uxorem amatam, quae a Paride rapta erat, domum reducere[1] volebat.
2. Itaque omnes reges Graeciae cum exercitibus eorum in litore coegit, quod celeriter Troiam navigare in animo habuit.
3. Sed Diana irata ventos[2] mittere nolebat, quod cerva[3] eius ab Agamemnone occisa erat.
4. Dea regi per oraculum haec verba dixit: „Si filiam tuam Iphigeniam mihi immolaveris[4], vobis ventos[2] mittam!"
5. Agamemnon, quamquam dolor eius maximus erat, filiam immolare[4] constituit et eam venire iussit.
6. Virgo, quae patrem semper maxime amaverat, cum Clytaimnestra matre celerrime ad exercitum venit.
7. Cum filia in ara[5] posita est, Clytaimnestra clamavit: „Numquam hoc facinus tolerabo! Agamemnon, si filiam nostram interfeceris, ego te crudeliter occidam!"
8. Sed Agamemnon verba uxoris neglexit et filiam immolari[4] iussit.
9. At Iphigenia a Diana servata est.

## 267 Welche Zeit passt in den Satz? Unterstreiche jeweils das richtige Prädikat und übersetze:

1. Europa, quae a Iove **rapta est / rapta erat / rapta erit**, postea cum patre deorum tres filios habuit.
2. Si mihi magnam copiam auri **das / dedisti / dederis**, te adiuvabo!
3. Iulia diu amica Quinti erat, at tum eum **relinquit / reliquebat / reliquit**.
4. Theseus, qui cum liberis in Cretam **missus est / missus erat / missus erit**, Minotaurum interfecit.
5. Si per forum **ambulatis / ambulabitis / ambulaveritis**, etiam templum Iovis videbitis.
6. Quod Orpheus uxorem maxime **amaverat / amabat / amavit**, etiam in Tartarum iit.
7. Quintus, quamquam iam saepe a magistro **laudatus est / laudatus erat / laudatus erit**, tamen totam horam bene dormiebat.
8. Ulixes cum sociis ad illam insulam venit, in qua Polyphemus **habitaverat / habitabat / habitavit**.
9. Omnia pensa mea iam **feci / fereram / faciam**, nunc cum amicis in thermas ire possum.
10. Cur solus es, Marce? Ubi est puella, cum qua semper **ambulavisti / ambulabas / ambulaveras**?

[1] *reduco 3*: „zurückführen"
[2] *ventus, -i m.*: „Wind"
[3] *cerva, -ae f.*: „Hirschkuh"
[4] *immolo 1*: „opfern"
[5] *ara, -ae f.*: „Altar"

 

## 44. KAPITEL: TEMPORALSÄTZE (*UBI, DUM, POSTQUAM*)

Die Einleitewörter ***ubi, dum*** und ***postquam*** verlangen im Lateinischen bestimmte Zeiten:

- ***dum*** **+ Präsens = „während"**
- ***postquam*** **+ Perfekt = „nachdem"**
- ***ubi*** **+ Perfekt = „sobald"**

Im Deutschen musst du die Zeiten anpassen, um das richtige Zeitverhältnis zum übergeordneten Verbum auszudrücken:

- ***dum*** **► gleichzeitig**
- ***ubi, postquam*** **► vorzeitig**

**EXEMPLA:**

***Dum*** *Quintus* ***dormit*** (Präsens!), *magister* docebat.
= **Während** Quintus **schlief** (Präteritum!), unterrichtete der Lehrer (► gleichzeitig)

***Postquam*** *Theseus Minotaurum* ***necavit*** (Perfekt!), *domum navigavit.*
= **Nachdem** Theseus den Minotaurus **getötet hatte** (Plqpf.!), segelte er nach Hause. (► vorzeitig)

### 268 Übersetze! Achte darauf, dass im Gliedsatz die passende Zeit steht!

1. Dum pensa facio, frater meus dormit.
2. Dum pensa facio, frater meus dormiebat.
3. Ubi pensa finivi, cum amicis convenire possum.
4. Ubi pensa finivi, cum amicis convenire poteram.
5. Postquam pensa feci, cum amicis ad spectacula eo.
6. Postquam pensa feci, cum amicis ad spectacula ii.

### 269 Übersetze!

1. Ariadna, postquam a Theseo relicta est, a Baccho in matrimonium ducta est.
2. Paris Helenam rapuit, dum Menelaus abest.
3. Ubi Menelaus domum rediit, uxorem suam quaesivit.
4. Dum magister de Romanis claris narrat, Quintus et Marcus dormiebant.
5. Magister, postquam haec intellexit, pueros monuit.
6. Ubi magister discipulos monere desiit, Marcus et Quintus iterum dormiverunt.
7. Remus, postquam trans vallum saltavit[1], a fratre occisus est.
8. Iuppiter, ubi Europam, virginem pulcherrimam, vidit, statim amore affectus est.
9. Dum tu in thermis es, ego domi pensa feci.
10. Postquam feminae a Romanis raptae sunt, Sabini bellum paraverunt.

[1] *salto 1*: „springen"

### 270 Heißt *ubi* in den folgenden Sätzen „wo" oder „sobald"? Übersetze!

1. Iulia in scholam venit, ubi a Quinto iam exspectatur.
2. Ubi Quintum vidit, Iulia ad amicas suas properavit.
3. Ubi sunt discipulae discipulique?
4. Ulixes in insulam venit, ubi Polyphemus habitabat.
5. Quaero locum, ubi noctem agere possum.
6. Ubi hanc vocem audivi, amicum meum cognovi.
7. Frater meus saepe in thermis est, ubi puellas spectare solet.
8. Ubi Ariadna Theseum conspexit, eum amare coepit.

 

# 45. KAPITEL: RELATIVSÄTZE

- Die häufigste **Einleitung** von Relativsätzen ist ***qui, quae, quod***. Übersetzung: **„der, die, das"** oder „welcher, welche, welches".
- Das Relativpronomen richtet sich in **Geschlecht und Zahl** nach dem (meist davor stehenden) **Bezugswort**, im **Fall** nach der **Funktion**, die es im Relativsatz hat.
- Mitunter **fehlt** (vor allem bei *qui* und *quod*) das **Bezugswort** für das Relativpronomen:

  *Qui hoc dicit, errat.* = Wer das sagt, irrt. *Quod dicis, falsum est.* = Was du sagst, ist falsch.

## 271 Bestimme Fall, Zahl, Geschlecht und übersetze die Relativpronomina! (Achtung, oft gibt es mehrere Möglichkeiten!)

1. quas: ..........
2. quorum: ..........
3. cui: ..........
4. quo: ..........
5. quod: ..........
6. qui: ..........
7. quibus: ..........
8. cuius: ..........
9. quae: ..........
10. quem: ..........

## 272 Unterstreiche und bestimme die Relativpronomina und übersetze:

1. Quintus amat Iuliam, quae amica Marci est.

   ..........

2. Quintus amat Iuliam, quam magister saepe laudat.

   ..........

3. Quintus amat Iuliam, cuius oculi pulchri sunt.

   ..........

4. Quintus amat Iuliam, quacum numquam ambulavit.

   ..........

5. Quintus amat Iuliam, cui ipse non placet.

   ..........

6. Quintus amat Iuliam, sine qua vivere non vult.

   ..........

 

## 273 Unterstreiche Relativpronomen und Bezugswort und übersetze!

1. Marcus, quem magister saepe laudat, discipulus bonus est.
2. Claudia Quintum, cui Barbara placet, amat.
3. Romulus et Remus, quorum pater Mars erat, urbem aedificare constituerunt.
4. Iuppiter Europam, quae puella pulchra erat, rapuit.
5. Romani Hannibalem, qui elephantos trans Alpes duxit, maxime timuerunt.
6. Romani feminas Sabinorum, quos ad spectacula invitaverant, rapuerunt.
7. Pater deorum, qui maritus Iunonis erat, multas feminas amabat.
8. Uxori Iovis, quae dea magna erat, hoc non placebat.
9. Ulixes ad speluncam Polyphemi, cui unus oculus erat, pervenit.
10. Graeci Troianos, quorum optimus imperator Hector erat, diu vincere non poterant.
11. Decimo anno Graeci consilio Ulixis, qui prudentissimus erat, Troianos superaverunt.
12. Decimo anno Graeci consilio Ulixis, quod prudentissimum erat, Troianos superaverunt.

## 274 Ordne die Relativsätze den passenden Hauptsätzen zu und übersetze:

| | |
|---|---|
| 1. Magister Barbaram, .............., saepe monet. | a) quem discipuli maxime amant |
| 2. Magister pueros, .............., saepe laudat. | b) quas duo fratres spectant |
| 3. Quintus cum fratre, .............., puellas spectat. | c) quae in foro sunt |
| 4. Puellis, .............., hoc non placet. | d) quae in schola dormire solet |
| 5. Pensum, .............., non feci. | e) cuius nomen est Titus |
| 6. Magister, .............., libenter in scholam venit. | f) qui semper pensa diligenter faciunt |
| 7. Cum amicis templa, .............., spectare amo. | g) quod difficile est |

## 275 Welches Relativpronomen ist das richtige? Streiche die falschen Formen durch und übersetze!

1. Theseus, **qui / cuius / quem** pater rex Athenarum erat, Minotaurum occidere voluit.

.................................................................................................................................

2. Liberi, **qui / quos / quibus** parentes in Cretam mittere debuerunt, cum Theseo in Cretam navigaverunt.

.................................................................................................................................

3. Ariadna, **qui / quae / quod** filia Minois erat, Theseum adiuvit.

.................................................................................................................................

4. Theseus, **cui / cuius / quem** Ariadna maxime amavit, Minotaurum occidit.

.................................................................................................................................

5. Theseus Ariadnam, **quae / cui / quam** non amavit, in insula reliquit.

.................................................................................................................................

6. Ariadna a Baccho, **cuius / cui / quem** maxime placuit, in matrimonium ducta est.

.................................................................................................................................

7. Rex Athenarum, **qui / cuius / quem** filius monstrum occiderat, Aegeus erat.

.................................................................................................................................

8. Aegeus, **qui / cuius / cui** filium mortuum putabat, se ipsum occidit.

.................................................................................................................................

## 276 Setze die folgenden Relativpronomina an richtiger Stelle ein und übersetze!

cum quo – cuius – quos – quae – quae – quam – qui – cui

1. Iulia, ............... magister saepe monet, discipula mala est.
2. Multi discipuli, ............... pensa semper ipsi faciunt, discipuli boni sunt.
3. Amici mei, ............... maxime amo, mecum ad spectacula veniunt.
4. Multa aedificia, ............... in foro spectamus, templa deorum Romanorum sunt.
5. Marcus, ............... pater vir clarus est, ad thermas contendit.
6. Iulius, ............... puellae pulchrae maxime placent, Iuliam spectat.
7. Barbara et Claudia, ............... amicae bonae sunt, per vias Romae ambulant.
8. Alexander, ............... spectacula vides, frater meus est.

## 277 In den folgenden Sätzen fehlt das Bezugswort für das Relativpronomen. Übersetze!

1. Qui mihi has litteras misit, me certe amat.
2. Quod pueri totum diem faciunt, plurimis puellis non placet.
3. Qui hoc facit, a magistro punitur.
4. Multi parentes non sciunt, quod liberi post scholam faciunt.
5. Qui numquam pensa faciunt, linguam Latinam numquam discent.
6. Tibi narrare debeo, quod filius tuus fecit!
7. Qui semper in schola dormiunt, certe discipuli mali sunt.
8. Qui in exercitu pugnat, miles appellatur.
9. Quod nescio, tibi narrare non possum.

## 278 Was bedeutet *quod* in den folgenden Sätzen? Übersetze:

1. Pensum, quod magister nobis dederat, diligenter feci.
2. Pensum diligenter feci, quod a magistro laudari volo.
3. Dic mihi, quod cogitas!
4. Romulus oppidum, quod Roma appellata est, aedificavit.
5. Roma sic appellata est, quod a Romulo aedificata erat.
6. Iuppiter Europam rapuit, quod ei illa virgo maxime placuit.
7. Romani, quod milites boni erant, multos hostes vicerunt.
8. Facinus, quod Tantalus commisit, crudelissimum est.
9. Hector, quod Patroclum occiderat, ab Achille interfectus est.
10. Monstrabo tibi hoc aedificium, quod pulcherrimum est.

# 46. KAPITEL: DIREKTE FRAGESÄTZE

- **Direkte Fragesätze** werden eingeleitet durch **Fragepronomina** (*quis, qui* etc.), **Frageadverbia** (*cur, ubi* etc.) oder **Fragepartikel** (*-ne, num, nonne*).

## 279 Übersetze!

1. Num Iulia Quintum amat?
2. Nonne omnibus pueris Claudia placet?
3. Facitisne semper pensa vestra?
4. Nonne in schola esse debes?
5. Properasne domum?
6. Num haec spectacula te delectant?
7. Iuliane amica tua est?
8. Nonne me adiuvare in animo habes?
9. Num pensa difficilia solus facere debeo?
10. Videsne haec aedificia pulchra?

## 280 Ordne die Fragepronomina und Frageadverbia der richtigen Bedeutung zu!

| | |
|---|---|
| 1. quis | ....... warum? |
| 2. ubi | ....... wem? |
| 3. cur | ....... wohin? |
| 4. quid | ....... wer? |
| 5. quod | ....... welches? |
| 6. quo | ....... wie? |
| 7. cui | ....... was? |
| 8. qui | ....... welche? |
| 9. quem | ....... wessen? |
| 10. quomodo | ....... wann? |
| 11. cuius | ....... wo? |
| 12. quando | ....... wen? |
| 13. quae | ....... welcher? |

## 281 Füge das richtige Fragewort ein und übersetze:

quis – cui – cur – ubi – quae – quomodo – quo – quid – quando – cuius

1. .......................... est Quintus? – In schola.
2. .......................... est ante portam? – Magister tuus.
3. .......................... puella Gaio maxime placet? – Iulia.
4. .......................... liberi contendunt? – Domum.
5. .......................... pater reveniet? – Hora decima.
6. .......................... magister discipulos docet? – Linguam Latinam.
7. .......................... spectacula non placent? – Mihi.
8. .......................... auxilio pensa fecisti, Claudia? – Auxilio patris mei.
9. .......................... Ariadna Theseum adiuvit? – Ei filum[1] dedit.
10. .......................... Ariadna Theseum adiuvit? – Eum amabat.

[1] *filum, -i n.*: „Faden"

 